CENT
10
MO

FREUD ET SES PATIENTS

DU MÊME AUTEUR

- *Le Racisme,* MA éditions, 1985, (préface de Léon Poliakov).
- *L'homme Freud,* collection « La Librairie du XXᵉ siècle », Paris, Seuil, 1991.
- *Casanova ou l'exercice du bonheur,* collection « La Librairie du XXᵉ siècle », Paris, Seuil, 1995.

Traduction (de l'américain)
- *La mégalomanie de Freud,* Israël Rosenfield, Seuil, 2000.

Ouvrage collectif (participation)
- *La violence des familles,* Autrement, éd., 1997.
- *Construire l'histoire,* Monographies de la Revue française de psychanalyse, PUF, 1998.
- *Séduction et sociétés,* Seuil, 2001.

LYDIA FLEM

FREUD
ET SES PATIENTS

La Vie Quotidienne

HACHETTE
Littératures

Collection fondée par Georges Liébert
et dirigée par Joël Roman

© Mary Evans/Sigmund Freud
© Hachette Littératures, 1986.

J.-B. Pontalis a bien voulu être mon premier lecteur et je le remercie pour sa vigilance.

Maurice Olender a eu l'idée de ce livre dont la démarche lui doit beaucoup.

« *Mon but était précisément d'attirer l'attention sur des choses que tout le monde connaît et comprend de la même manière, autrement dit de réunir des faits de tous les jours et de les soumettre à un examen scientifique. Je ne vois pas pourquoi on refuserait à cette sorte de sagesse, qui est la cristallisation des expériences de la vie quotidienne, une place parmi les acquisitions de la science.* »

Psychopathologie de la vie quotidienne

« *J'avais le choix entre mes propres rêves et ceux de mes patients qui sont en analyse. A l'utilisation de ce dernier matériel s'opposait la complication indésirable qu'introduit le caractère névrotique dans les mécanismes du rêve. Pour communiquer mes propres rêves, il fallait me résigner à exposer aux yeux de tous beaucoup plus de ma vie privée qu'il ne me convenait et qu'on ne le demande à un auteur qui n'est point poète mais homme de science. C'était pénible mais indispensable.* »

L'Interprétation des rêves

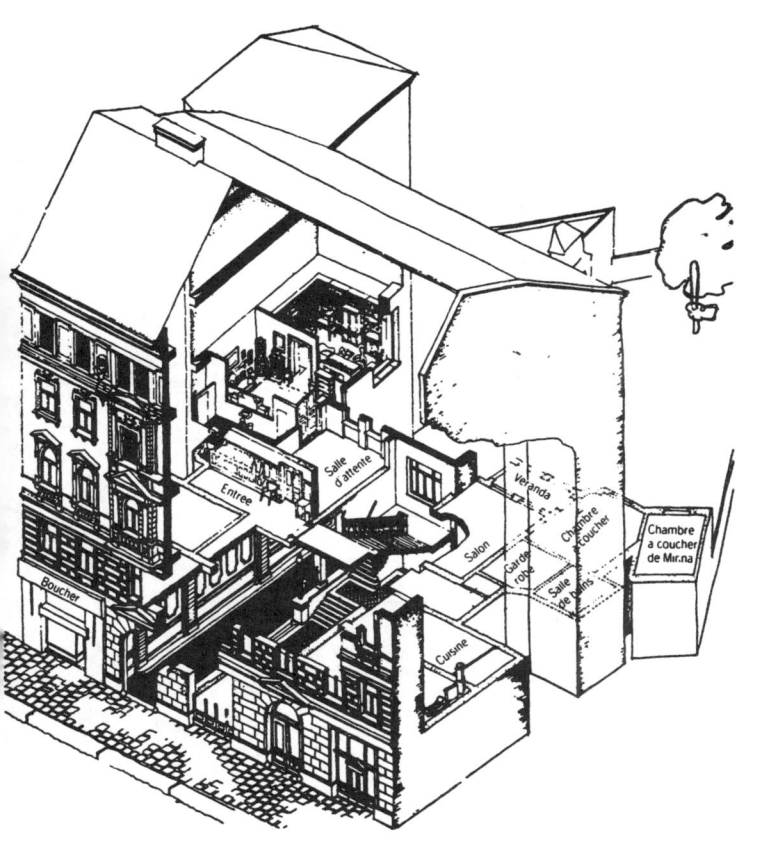

Maison de Freud

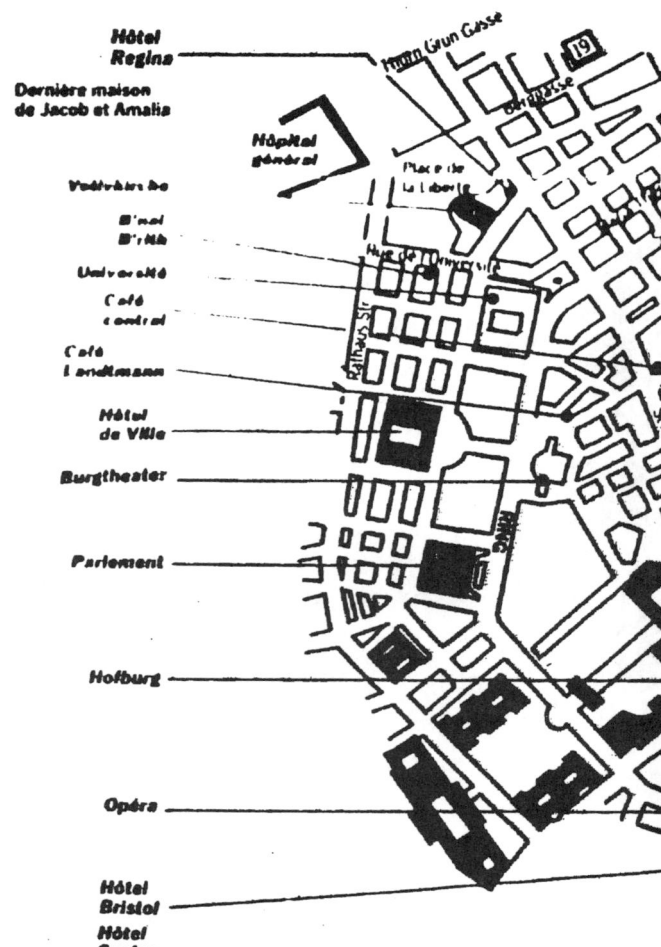

Plan de Vienne

PRATER

LEOPOLDSTAD

Synagogue où se sont mariés les parents de Freud

Editeur Heller

Maison de Breuer et Hammerschlag

St-Etienne

St-Michel
Marchand de cigares

Michaelerplatz
Maison de Loos

BELVÉDÈRE

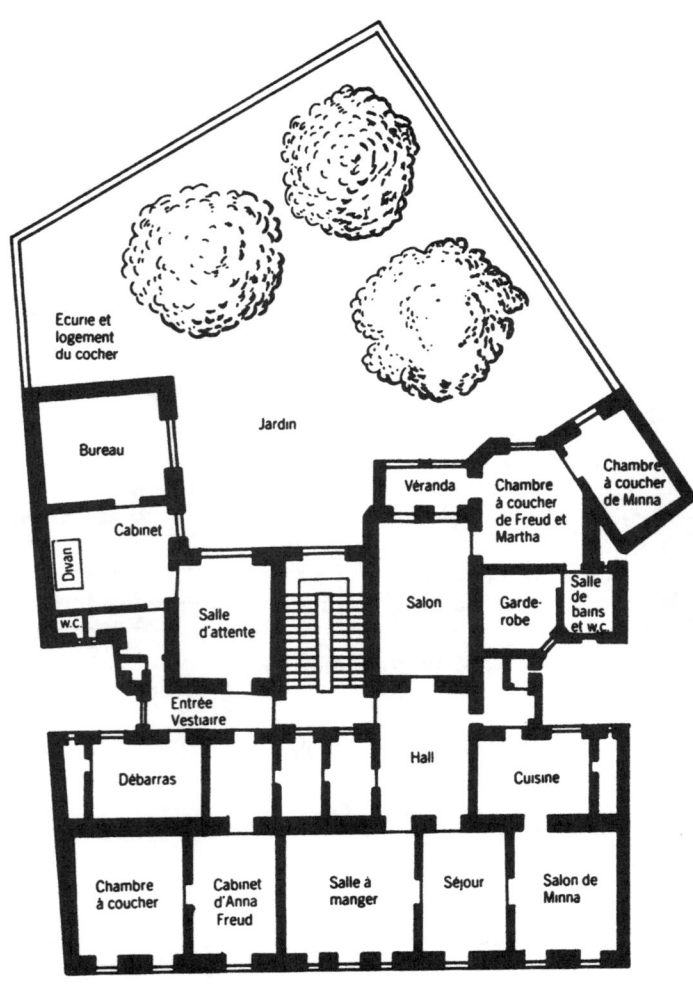

Plan de la Berggasse, 19

Une nuit, quelques mois avant d'écrire ce livre, j'ai fait un rêve : j'étais dans un restaurant, dans la salle à manger d'une communauté, du B'nai B'rith peut-être. Je mangeais, seule ou accompagnée, je ne m'en souviens pas. Il était assis à une table voisine, dans mon dos, je crois; Martha en face de lui. Il avait son visage des dernières photos; quelque chose d'infiniment doux, de tendre et de triste aussi dans le regard. Ses gestes étaient lents et presque féminins. Il s'est levé à la fin du repas. J'ai hésité puis je me suis levée à mon tour et l'ai suivi. Je lui ai dit que je n'avais pas connu mes grands-pères et qu'il en était un pour moi. Je ne sais pas s'il m'a répondu quelque chose mais il m'a prise par le bras et nous avons fait quelques pas ensemble.

INTRODUCTION

Comment n'y avoir pas songé plus tôt ? S'il est un maître du quotidien, c'est, bien sûr, Sigmund Freud. Qui d'autre que lui a choisi la vie quotidienne comme projet scientifique ? Ce savant, qui croit encore à la science mais ne craint pas de se mettre en marge des cercles officiels, a élu le rire et le rêve, l'oubli et l'erreur, l'enfance et l'étrange, l'émoi et l'illusion. Il s'est attaché aux choses banales de la vie de tous les jours, à ces petits riens que tout le monde connaît, pour en dévoiler une vérité et une sagesse nouvelles.

Son œuvre, Sigmund Freud l'a construite, non en mesurant les astres, les crânes ou les grands flux économiques, mais en écoutant l'inaudible, le honteux et l'incohérent des êtres humains. Et d'abord de lui-même. Il a inventé une œuvre théorique à partir de sa propre intimité. Comme un poète ou un romancier, il parle de la trame de ses jours et de ses nuits, de tout ce qui est généralement considéré comme « insignifiant » et il y cherche, en savant, les traces d'un autre monde dont il fait l'hypothèse : la réalité psychique, la réalité de l'inconscient.

Aussi, évoquer aujourd'hui les menus faits et gestes de Sigmund Freud et de ses visiteurs de la Berggasse, ce n'est pas seulement peindre l'atmosphère

– discrète et passionnée – d'un tout petit cercle de Viennois et d'étrangers de passage à Vienne au tournant du siècle. Car c'est justement de leur vie quotidienne, de leurs rêves, de leurs amours, de leurs angoisses qu'est née la psychanalyse. Voila un siècle déjà qu'un docteur invraisemblable a fait de la vie privée l'enjeu d'une recherche qu'il voulait scientifique et du pouvoir des mots un outil de guérison. Un geste involontaire, une parole trop rapide, une pensée déraisonnable, un rapprochement inattendu, l'inconscient se lit là où communément on ne voyait que hasard, raté, inconséquence, étourderie. Désormais, il n'y a plus d'anecdotes, de « petites histoires » mais l'intensité d'un savoir nouveau, né du quotidien.

Le craquement du bois dans le poêle de faïence au pied du divan, l'odeur d'un cigare moelleux, la pénombre irisée du cabinet, les rues enneigées et les vitrines des cafés où les patients attendent l'heure de la séance, la petite bonne qui ouvre la porte, pas un élément qui ne soit fidèle aux souvenirs des témoins, et pourtant, au fil des détails mis en scène, ce qui surgit, ce n'est pas seulement un récit historique mais aussi une histoire romanesque. Comme si Dora, Emma, la femme au « coq de bruyère », le petit Hans, H.D. et Sigmund Freud lui-même cessaient de s'appartenir pour composer ensemble une sorte de fiction, un « roman freudien », la genèse quasi mythique de la psychanalyse, une généalogie dont nous pourrions rêver d'être les descendants en droite ligne.

Ni biographie du fondateur, ni essai théorique sur les origines de la psychanalyse, ce livre convie plutôt son lecteur à une promenade. Une promenade du côté de *l'homme Freud* et de quelques-unes des silhouettes venues s'allonger sur son divan couvert de tapis orientaux.

INTRODUCTION

Mais par la porte entrouverte du cabinet, peu de secrets s'échappent. Grand ordonnateur du dévoilement, Sigmund Freud n'a pourtant jamais cessé de jouer avec les masques de la pudeur. Exposer son intimité lui reste pénible. Il dénude et travestit, nomme et garde anonyme. La chambre des parents la nuit préserve son mystère. Peut-être doit-il toujours rester à l'homme, pour vivre, quelque chose d'indicible, quelque chose que les mots ne peuvent traduire sans trahir. Il y a aussi de la sagesse à ne pas tout dire.

CHAPITRE PREMIER

UN DOCTEUR INVRAISEMBLABLE

(1886-1895)

Elisabeth von R., la jeune aristocrate hongroise secrètement amoureuse de son beau-frère, Katharina, la fille séduite par son « oncle » l'aubergiste, Rosalie H., la cantatrice à la gorge serrée, seraient-elles des personnages de roman ? Et le docteur S.F, un auteur de science-fiction ? A la fin du siècle dernier, les membres austères de la Société Psychiatrique de Vienne ne sont pas loin de le penser, lorsqu'au printemps 1896, un docteur invraisemblable tente de démontrer l'étiologie sexuelle de l'hystérie [1] en leur parlant de fouilles archéologiques, de collier de perles, d'arbres généalogiques, d'accident de chemin de fer et de la source du Nil. « On dirait un conte de fées scientifique [2] », concluent-ils. Et puis, comment peut-on prétendre à la respectabilité de la science, alors qu'on a l'inconvenance de se nommer monsieur « Joyeux », Herr Freud, et d'accorder, de surcroît, du crédit aux sornettes de femmes atteintes de maladies « utérines » ?

« Qu'ils aillent au diable ! [3] », réplique intérieurement l'éconduit. Tel Robinson Crusoé [4], Sigmund Freud s'accommodera désormais de son île solitaire, certain d'avoir hérité tout l'esprit d'insubordination et toute la passion de ses ancêtres quand ils défendaient le

Temple de Jérusalem [5]. Il ne doute pas d'avoir le tempérament d'un *conquistador,* d'un explorateur. Il a l'intime conviction de faire partie de ceux qui peuvent troubler le sommeil du monde [6]. Pourtant, c'est sous la bannière de la raison, de la vérité et de la tradition scientifique, et non sous celle des belles-lettres qu'il désire inscrire son œuvre. Et s'il ne cessera jamais d'être fasciné par ceux, tels Goethe et Léonard de Vinci, qui ont su marier l'art à la science, il ne renoncera cependant pas à soumettre ses intuitions poétiques et introspectives aux exigences savantes. Et bien qu'il s'étonne, en rédigeant l'histoire de ses premiers patients, que l'exposé détaillé de leur vie psychique s'apparente étroitement aux descriptions que l'on a coutume de trouver chez les romanciers et qu'il ne porte pas le cachet du sérieux propre aux écrits des savants, on ne peut s'empêcher de supposer qu'il s'en réjouit aussi : « Je suis moi-même encore singulièrement touché que les histoires de malades que j'écris se lisent comme des romans [7]. »

Mais au-delà de l'opposition traditionnelle entre science et littérature, faits et fiction, réalité matérielle et débordements de l'imagination, Freud va inventer une autre réalité, *la réalité psychique,* cette « autre scène », ce monde des lapsus, des rêves, des actes manqués, des jeux de mots, des mobiles cachés des gestes de la vie quotidienne et des coulisses de la conscience habituelle. Conquérant de cet espace encore inexploré par l'Université, mais si souvent parcouru par les poètes, il en deviendra tout à la fois l'archéologue, le législateur et son plus grand écrivain.

Dès son origine, la psychanalyse se présente comme un récit en cours d'écriture, un roman initiatique écrit à la première personne du singulier. Pour ce voyage en terres inconscientes, Sigmund Freud va s'entourer des meilleurs compagnons : Goethe, Shakespeare, Dante, Virgile, Sophocle, mais aussi Heine, Schliemann ou Moïse. Ces grandes figures du patrimoine occidental l'accompagnent, scandent ses démonstrations, nourrissent ses hypothèses théoriques et surtout dialoguent avec sa propre écriture.

C'est parce qu'il aime vivre avec les mots et qu'il croit intuitivement à leur pouvoir thérapeutique que le docteur Sigmund Freud, *Privat-Dozent* en neuropathologie, ose renoncer petit à petit à l'arsenal médical classique de son temps : électrothérapie, massages, bains chauds et cure de suralimentation. Quant à la suggestion hypnotique, c'est grâce à ses premières patientes – Emmy, Lucy, Katharina ou Emma, ces Viennoises, ces Hongroises, ces Anglaises, aristocrates ou gouvernantes, catholiques, juives ou protestantes – qu'il l'abandonne pour se mettre à l'écoute unique et nue de leurs fables et contes personnels. Grâce aussi à cette « part féminine » de sa personnalité qui lui permet de quitter la réserve hautaine du spécialiste pour se pencher avec respect, amitié et attention sur le corps des hystériques et de croire que celui-ci a aussi « son mot à dire [8] ».

« LA DAME AU COQ DE BRUYÈRE »

La matinée est tiède, presque sucrée, ce mercredi 1ᵉʳ mai 1889, et Freud adore marcher. De son pas étonnamment rapide, il traverse la Maria-Theresienstrasse, où il habite depuis bientôt trois ans, et gagne le fameux boulevard circulaire, la Ringstrasse, où l'empereur François-Joseph a fait construire par les plus brillants architectes une succession ahurissante de bâtiments officiels, dans une débauche de styles divers : niches, colonnes, galeries, tympans, cariatides empruntés à l'art classique se mêlent aux façades Renaissance, aux arcs du gothique victorien ou à l'inspiration du maniérisme italien. Le faste de ces édifices n'impressionne guère Freud. Il entretient avec Vienne des rapports tendus et ne manifeste pas pour la royale et impériale cour d'Autriche un attachement excessif.

Encore adolescent, il avait décrit à son ami Emil Fluss, resté dans leur ville natale, Freiberg, le jubilé des vingt-cinq ans de règne de l'empereur d'une manière plus attrayante que respectueuse : « Si, dans vingt ou trente ans, vous deviez lire quelque part " Le 1er mai de l'an 1873 fut parmi les plus beaux jours que notre climat septentrional vît jamais. Le bonheur proverbial de Sa Majesté l'empereur François-Joseph 1er ne l'avait pas non plus abandonné en cette occasion solennelle. Dans la voiture découverte, accompagné des plus grands princes de son temps, la figure chevaleresque s'avançait au milieu d'une foule transportée de ravissement, etc. ", tout cela écrit dans le style des historiographes de la cour de Byzance; eh bien n'y croyez pas, mais accordez foi à mes assurances : le 1er mai 1873 régnait un froid quasi sibérien, une pluie démocratique détrempait prés et chemins, Sa Majesté avait l'air aussi peu chevaleresque que notre (car il est aussi mien) marchand de balais, les princes étrangers ne semblaient consister qu'en moustaches et décorations, et enfin, personne n'acclamait les altesses apostoliques sinon quelques gamins grimpés dans les arbres cependant que le bon peuple s'abritait sous les parapluies et que c'est à peine si les chapeaux se soulevaient. Que votre sincère ami et narrateur n'ait pas fait partie du lot, cela se conçoit aisément; aussi petit qu'il puisse souvent se sentir, aussi grand il se sent comme homme de pensée et citoyen intègre face à cette troupe couronnée dont l'existence est la meilleure preuve contre la doctrine de la finalité − car ces princes ne servent pas même à quoi servent les faux-bourdons chez les abeilles −, nous n'en avons aussi nul besoin [9]. »

Ce fougueux jeune homme voulait devenir « naturaliste », le voici à présent neurologue, chercheur et praticien un peu malgré lui. Et si sa « lutte avec Vienne » est bien engagée, le succès et l'argent sont loin d'affluer. Le docteur Freud, à peine âgé de trente-trois ans, se sent isolé, « engourdi » et parfois même résigné, mais, bien qu'il ne se l'avoue pas volontiers, il est avide de gloire et ne désespère pas de laisser après lui quelque chose qui justifie son existence ni d'inscrire son nom au fronton des bibliothèques.

Sur la Ringstrasse, Freud hèle une élégante voiture tirée par deux chevaux, un fiacre, comme il se doit pour tout médecin respectable. Bien sûr, une voiture à un seul cheval serait plus réaliste pour une économie précaire, mais se rendre au chevet d'un patient avec un *Einspaenner* jetterait le discrédit sur le praticien qui se présenterait de la sorte. Quant à l'utilisation du tramway, c'était hors de question !

Freud se rend aujourd'hui chez une « grande dame », une aristocrate d'origine allemande, venue spécialement à Vienne pour se faire soigner par Joseph Breuer qui la lui a ensuite adressée. Un trop soudain veuvage l'a plongée dans un état de dépression, accompagné de douleurs et symptômes divers dont un bizarre claquement de la langue qui interrompt régulièrement sa conversation. Selon certains médecins, amateurs de chasse, ce curieux bruit dans la bouche d'une femme du monde rappellerait le son qu'émet le coq de bruyère lors de l'accouplement...

Cette dame que Freud allait immortaliser sous le nom de Emmy von N. portait en vérité le nom de Fanny Sulzer-Wart, et son nom d'épouse était Moser, depuis son alliance, trop brève, avec un riche industriel suisse de quarante ans son aîné. Alors que le docteur Freud se dirige vers la pension chic où elle est descendue, venant de son château des bords de la Baltique, il sait déjà qu'il va utiliser pour la première fois le procédé d'investigation par hypnose de son amical collègue, le docteur Joseph Breuer. Mais il ne peut deviner qu'avec cette « dame au coq de bruyère », il va se trouver confronté à la « scène primitive » de ce qui allait devenir la psychanalyse.

Étendue sur un divan, la tête appuyée sur un traversin en cuir, c'est ainsi que Fanny Moser attend son jeune médecin, et dès qu'elle l'aperçoit, d'une voix angoissée, elle s'écrie : « Ne bougez pas! Ne dites rien! Ne me touchez pas [10]! » Pourtant, Freud – qui n'a pas encore inventé la « règle de tout dire » pour le patient ni la « règle d'abstinence » pour le thérapeute – lui parlera, la massera, la pressera même de tant de questions qu'elle lui répliquera d'un ton bourru : « Il ne faut pas toujours me demander d'où provient ceci ou cela mais me laisser raconter ce que j'ai à dire! » « J'y consens », lui répondit-il, impressionné par cette femme dont l'intelligence et l'énergie vraiment « viriles », la grande culture et l'amour de la vérité lui en imposent. Il admire en elle sa modestie innée, l'élégance de ses manières et le souci qu'elle manifeste pour le bien-être des gens d'une situation sociale inférieure à la sienne. Sa personnalité lui inspire tant d'intérêt qu'il va la voir chaque jour de la semaine, du lundi au dimanche, parfois même deux fois dans la journée.

Après cette première visite, Freud rentre en

grande hâte chez lui et jette sur le papier les notes suscitées par ce traitement déjà passionnant. De son ample écriture gothique dont les lignes tracées si proches les unes des autres semblent dessiner un tissu de mots, il vient de rédiger les premiers paragraphes de son roman originel. La psychanalyse n'est pas encore née mais le faire-part de sa conception pourrait bien porter cette date du 1er mai de l'année 1889 — qui vit aussi l'inauguration officielle de la tour Eiffel, le suicide du prince Rodolphe et la parution d'un pamphlet raciste : *Les Fondements du XIXe siècle* de H.S. Chamberlain, venu s'installer cette année-là à Vienne.

Mais comme « on ne peut pas toujours être médecin », Freud s'empresse ensuite de rejoindre ses amis, Oscar Rie, Leopold Königstein et Ludwig Rosenberg chez Joseph Paneth, pour une orgie de jeux de cartes jusqu'à une heure avancée de la nuit. En aucun cas il ne renoncerait à sa traditionnelle partie de *Tarock*. Dans l'empire austro-hongrois, le jeu de tarot est un passe-temps très prisé, presqu'une institution nationale. Venu vraisemblablement d'Orient, ce jeu comprend outre 56 cartes ordinaires une série de 21 atouts (ou « triomphes ») ainsi qu'un atout spécial, le *Fou*, qui dans les pays germaniques est la carte la plus forte du jeu.

De quelles figures se composent les « lames » de tarot que manipulent Freud et ses amis ? Vues du Paris de 1848, tarot de la Révolution libérale, scènes campagnardes des peuples de l'Empire des Habsbourg, turqueries ou cartes *Industrie und Glück* ?

Et tout en jouant, Freud rêve-t-il à quelque couple oriental langoureusement allongé sous la lune, à la si désirable Italie de Colombine et Arlequin ou à la représentation du *Fou*, avec son costume à carreaux et son chapeau sur lequel danse un modèle réduit du même personnage? Dans cette atmosphère amicale et fiévreuse, entre les plaisirs de la fumée de cigare et ceux des pâtisseries viennoises, qu'est-ce qui l'attache à la table des joueurs? Le culte de l'amitié et ses rituels? La complicité chaleureuse de quelques amis juifs, qui partageront un peu plus tard une autre fraternité, celle de l'association libérale juive du B'nai B'rith? Le soutien de quatre collègues médecins? Jusqu'à ce que la mort les condame à la séparation, ils seront tous fidèles à leur partie hebdomadaire de tarot, et cette longue durée – fait unique dans l'histoire des amitiés freudiennes – tient sans doute au caractère purement privé de ces rencontres. Car dans son catalogue amical, seuls ceux et celles qui demeureront étrangers à ses soucis et ses travaux psychanalytiques traverseront les générations avec lui.

Le lendemain, il est si fatigué qu'il décide de remettre à plus tard la réponse qu'il veut faire à une lettre du docteur Joseph Breuer, mais il se promet de lui rendre visite un de ces soirs prochains [11]. Joseph et Mathilde Breuer, ainsi que son vieux professeur d'hébreu, Samuel Hammerschlag, habitent le même immeuble au centre de Vienne, derrière la cathédrale Saint-Étienne : 8, Brandstätte.

Voilà bien des années qu'il passe devant la vitrine du marchand de cassettes et de coffres-forts avant de monter saluer ses paternels soutiens. Il ne connaît pas d'êtres meilleurs, plus humains ou plus généreux. Ce sont des amis bons et compréhensifs qui lui dispensent, comme à un fils, chaleur, conseils et argent. Parler avec eux, c'est comme « être assis en plein soleil ». Alors qu'il était encore au lycée, Samuel Hammerschlag lui a communiqué l'amour de la culture classique et a réveillé son enthousiasme en lui enseignant l'histoire juive, mais « sans nationalisme ni dogmatisme ». A sa mort, il lui rendra hommage par ces mots : « Une étincelle du même feu qui anima l'esprit des grands voyants et prophètes juifs brûlait en lui [12]. » Quant à Joseph Breuer, médecin très réputé, de quatorze ans son aîné, il lui envoie des patients et le soutient, pour l'instant, dans sa démarche scientifique. C'est vers 1880 que Freud l'a rencontré à l'Institut de Physiologie. Peu de temps après, Breuer soignera la fameuse Anna O., alias Bertha Pappenheim, dont le nom reste associé aux prémices de la psychanalyse. C'est elle qui inventa pour la méthode cathartique sous hypnose le nom imagé de « ramonage de cheminée » ou « *talking cure* ». Lorsqu'à la fin de son traitement elle présenta tous les signes d'une grossesse nerveuse et s'écria : « Voilà l'enfant du docteur Breuer qui arrive », celui-ci, affolé, s'enfuit et emmena tout aussitôt son épouse pour un deuxième voyage de noces à Venise ! Et quelques mois plus tard naquit leur fille Dora... Cinquante ans après ces événements, alors que Freud se sera lui-même vaillamment mesuré aux puissances diaboliques de l'inconscient et aux rejetons inattendus du transfert, il commentera ainsi cette fuite : « Breuer à ce moment-là avait en main la clé qui nous aurait ouvert " les portes des Mères ", mais il l'a laissée tomber. Malgré ses grands dons intellectuels, il n'avait en lui rien de faustien [13]. »

Le docteur Freud-Faust n'a jamais cessé, au contraire, de défier tous les diables de l'enfer : « Celui qui réveille, comme je le fais, les pires démons incomplètement domptés au fond de l'âme humaine, afin de les combattre, doit se tenir prêt à n'être pas épargné dans cette lutte [14] », pense-t-il, lucide et résolu. Curieux aussi de voir la suite du traitement entrepris avec Emmy von N.

Jour après jour donc, pendant sept semaines, il revient voir la « dame au coq de bruyère ». Voici qu'elle évoque à présent d'effroyables rêves d'animaux : les pieds des chaises et les dossiers des fauteuils se transforment en serpents, un monstre à tête de vautour la mordille par tout le corps, crapauds, souris et vermines lui sautent dessus. « Tiens, songe Freud, tous les animaux dont Méphistophélès se vante d'être le grand maître... » Mais lorsqu'il tente, sous hypnose autant qu'à l'état de veille, d'adoucir ses angoisses et d'atténuer les reproches qu'elle s'adresse à elle-même, la leçon ne lui fait pas plus d'effet qu'elle n'en aurait fait à un moine ascète du Moyen Age, qui voyait dans le plus petit incident le concernant le doigt de Dieu ou la tentation du Diable.

« Quel jeu de patience! », pense-t-il en prenant congé. Et tout en marchant à travers la vieille ville, son esprit vagabonde. « Tout se passe comme si l'on dépouillait des archives tenues dans un ordre parfait [...] Mais ce qui rend le travail analytique si malaisé, c'est que l'ordre chronologique d'apparition des incidents s'y trouve inversé [...] A mesure que l'on pénètre plus profondément dans la conscience, la reconnaissance des souvenirs se fait plus difficile et l'on avance en zigzag comme le cavalier sur les damiers des jeux d'échecs! » Souriant de cette comparaison, Freud se représente alors la « fente étroite de la conscience » et se dit que l'ensemble des souvenirs pathogènes pourrait bien avoir l'allure d'un chameau cherchant à passer par le trou d'une aiguille [15]! Et poursuivant sa marche rapide, peut-être se souvient-il des paroles de Faust inquiet : « Oh! Si la force de l'esprit et de la parole me dévoilait les secrets que j'ignore, et si je n'étais plus obligé de dire péniblement ce que je ne sais pas; si enfin je pouvais connaître tout ce que le monde cache en lui-même, et, sans m'attacher davantage à des mots inutiles, voir ce que la nature contient de secrète énergie et de semences éternelles ! »

Les cloches de la Votivkirche, l'église néo-gothique érigée après un attentat manqué contre l'empereur en 1853, sonnaient-elles alors que Freud regagnant son domicile pensait à cette vieille patiente angoissée, devenue d'une telle piété qu'elle le recevait en tenant caché dans sa main un petit crucifix en ivoire ? « Comme si j'étais Satan », se dit-il, non sans plaisir sans doute.

Avec sa barbe élégamment taillée, sa chevelure épaisse et noire, disciplinée par une raie sur le côté gauche, ses vêtements stricts et bien coupés, Sigmund Freud avait davantage l'allure d'un jeune bourgeois que d'un esprit du mal. Seuls ses yeux peut-être vibraient d'un éclat étrangement intense. Et ce regard vif, pénétrant et grave, par son excès, brisait la calme ordonnance de sa personne. Jadis, au temps de ses longues fiançailles, il s'était à plusieurs reprises interrogé sur son aspect physique et il avait même déclaré à Martha : « Penses-tu réellement que j'aie l'air si sympathique ? J'en doute fort, vois-tu [...] C'est un grand malheur pour moi, je crois, que la nature ne m'ait pas donné ce je ne sais quoi qui attire les gens [16]. » Mais depuis presque trois ans qu'il vit enfin avec sa bien-aimée « Martoune », sa « douce petite princesse », sa « Cordélia », le voilà devenu plus paisible. Et lorsqu'il contemple sa fillette âgée de dix-huit mois, il ne peut s'empêcher de la trouver belle et de penser que, tout compte fait, elle lui ressemble... « Un petit être humain à part entière et bien sûr, profondément féminin », dit-il de cette jeune citoyenne du monde qu'il a « naturellement » appelée Mathilde comme la jolie et chaleureuse épouse de Breuer [17].

Bien avant de devenir la marraine de sa première-née, Mathilde Breuer avait déjà tenu à jouer les bonnes fées lors de l'installation du premier cabinet médical de Freud. En avril 1886, il avait, en effet, emménagé à la Rathausstrasse, derrière l'Hôtel de Ville, récemment construit avec faste et ostentation en sytle néo-gothique, entre un parlement pseudo-classique et une université de type Renaissance. Mathilde avait souhaité fixer elle-même les plaques sur lesquelles, en lettres d'or, s'inscrivaient le nom du jeune docteur S. Freud et son heure de consultation : une plaque en verre noir à la porte cochère et une plaque en porcelaine à l'entrée de l'appartement. Dix jours plus tard, le dimanche 25 avril 1886, jour de Pâques, paraissait une annonce dans le célèbre journal libéral, *Neue Freie Presse,* ainsi libellée [18].

> Le docteur Sigmund Freud, chargé de cours de neurologie à la faculté de Vienne, est de retour après un séjour de six mois à Paris et habite maintenant Rathausstrasse 7

Par plaisanterie, ses hypothétiques malades étaient appelés des « nègres », allusion à une caricature parue dans un journal humoristique, *Fliegende Blätter*, où l'on voyait un lion bâillant, et sans doute affamé, se plaignant : « Déjà midi et pas de nègres! » « A ma consultation d'aujourd'hui, écrit-il le 6 mai, jour anniversaire de ses trente ans, les deux vieux malades de Breuer, personne d'autre. J'en ai généralement cinq : deux pour des traitements électriques, un qui ne paye pas, un resquilleur et un *Schadtren* (marieur en yiddish) [19]. »

Avec ses modestes premiers honoraires, Freud acheta du vin pour ses proches et une plume de chapeau pour Martha! Sa salle d'attente se remplit lentement mais peu de patients payent. Si un cas le retient particulièrement, il le prend en charge à titre gracieux. Deux fonctionnaires de la police, l'ambassadeur du Portugal, quelques épouses de professeurs et de médecins sont parmi les premiers patients à le consulter. Malgré tout, le succès se fait attendre. Il lui arrive alors d'utiliser le temps de sa consultation pour rédiger sa correspondance. Ainsi décrit-il un jour avec humour sa maigre clientèle : « Je me demande si je ne vais pas accrocher ma photographie dans la salle d'attente avec l'inscription "Enfin seul". Elle n'y trouverait malheureusement guère d'admirateurs [20] ! »

LA GOUVERNANTE, LE DIRECTEUR ET L'ENTREMETS BRÛLÉ

« L'hystérie n'a jamais empêché les femmes de s'illustrer dans l'histoire ou les lettres; elle n'est nullement incompatible avec les dons les plus riches et les plus originaux », s'insurge le jeune neurologue viennois, en parfaite opposition avec les notions de tares héréditaires et de stigmates de dégénérescence de l'École française de psychiatrie. « Qualifier mes patientes de "dégénérées" serait modifier jusqu'à rendre méconnaissable le sens de ce mot [21] », gronde-t-il.

Ces femmes décentes et dévouées à leur famille, Freud leur reconnaît mille qualités morales mais il admire également chez elles cette intuition qui les pousse à puiser à la source même du langage, à lui redonner son sens primitif, littéral. Ainsi, lorsqu'elles avouent : « Ça m'a donné un coup au cœur », ont-elles réellement mal dans la région cardiaque ou lorsqu'elles ont dû subir, sans pouvoir réagir, une offense et qu'il leur a donc fallu « avaler quelque chose », ont-elles tout aussitôt la gorge nouée. Si elles convertissent leurs émois et leurs peines en souffrances du corps, c'est en somme par excès de sincérité... mais une sincérité qui se travestit et se dissimule à soi-même. C'est ensuite de bonne foi qu'elles se plaignent de leurs jambes paralysées, de leurs nausées ou de leur difficulté à respirer. Elles ont oublié, ces « belles indifférentes », la traduction des maux en mots. « C'est de réminiscences surtout qu'elles souffrent ! » se dit le docteur Freud, qui, avec l'émotion d'un Champollion, vient de découvrir à partir du double alphabet hystérique que vomissement équivaut à dégoût ou paralysie à saisissement.

« En vérité, elles savent tout sans savoir, il faut seulement que je les force à le révéler... » songe-t-il en gagnant son cabinet pour l'heure de la consultation. Comme la semaine précédente, il attend Miss Lucy R., une gouvernante anglaise qui travaille chez un directeur d'usine dans la banlieue viennoise. La route est longue jusqu'à son domicile et sa rue – la Berggasse, depuis quelques mois – est fort escarpée, aussi la jeune fille arrive-t-elle toujours pâlotte et essoufflée. Elle souffre d'humeurs noires et de fatigue mais surtout d'une odeur d'entremets brûlé qui la poursuit où qu'elle aille. Il a bien tenté de l'hypnotiser pour lui faire raconter l'origine de ses symptômes mais en vain; aussi a-t-il résolu de procéder autrement cette fois-ci. Il l'a donc fait s'allonger puis, appuyant une main sur son front, il lui déclare : « Vous allez vous souvenir sous la pression de mes mains. Au moment où cette pression cessera, vous verrez quelque chose devant vous ou il vous passera par la tête une idée qu'il faudra saisir, ce sera celle que nous cherchons. Eh bien, qu'avez-vous vu ? Vous souvenez-vous des circonstances qui ont entouré l'apparition de la sensation olfactive d'entremets brûlé ?

— Oh! oui, répond Miss Lucy, je le sais très bien,

c'est il y a deux mois environ, deux jours avant mon anniversaire. Je me trouvais dans la salle d'études avec les enfants et je jouais avec les deux fillettes à faire la cuisine. On me remet une lettre que le facteur vient d'apporter. D'après le timbre et l'écriture, je reconnais que c'est une lettre de ma mère qui habite Glasgow; je veux l'ouvrir et la lire, mais les enfants se jettent sur moi, m'arrachent la lettre des mains en criant : " Non, tu ne la liras pas maintenant, c'est sûrement une lettre pour ton anniversaire, nous allons la mettre de côté. " Tandis que les enfants s'amusent ainsi autour de moi, voilà qu'une intense odeur de brûlé se répand tout à coup. Les enfants avaient planté là l'entremets qu'elles faisaient cuire, et il brûlait. Cette odeur me poursuit, je la sens tout le temps et elle devient plus forte quand je m'énerve.

— Vous voyez distinctement cette scène? lui demande alors Freud.

— Tout à fait comme je l'ai vécue, dit-elle, avec force.

— Qu'est-ce qui a pu vous frapper à ce point dans cet incident?

— J'ai été touchée de voir combien les enfants se montraient affectueuses à mon égard.

— Ne l'étaient-elles pas toujours? demande Freud.

— Oui, mais c'était justement au moment où je venais de recevoir la lettre de ma mère.

— Je ne comprends pas, renchérit Freud, comment les témoignages d'affection des enfants et la lettre de votre mère ont pu susciter le contraste auquel vous semblez faire allusion.

— J'avais justement l'intention de partir chez Maman et il me parut bien pénible de quitter ces chères enfants, lui réplique-t-elle.

– Parlez-moi de votre mère, interroge alors Freud, se sent-elle isolée, veut-elle vous faire revenir ? Ou bien est-elle malade en ce moment et attendez-vous de ses nouvelles ?

– Non, elle est maladive mais non vraiment malade et elle a auprès d'elle une dame de compagnie.

– Pourquoi, alors, allez-vous quitter les enfants ? » demande Freud, surpris et curieux de connaître sa réponse.

Après un bref silence, Miss Lucy répond : « La maison est devenue intenable, l'intendante, la cuisinière et la Française semblent penser que je me crois supérieure ; elles ont intrigué ensemble contre moi et ont raconté au grand-père des enfants toutes sortes de choses sur mon compte. Je n'ai pas trouvé auprès des deux messieurs l'appui sur lequel je comptais quand je me suis plainte. Là-dessus, j'ai offert ma démission au directeur, le père des fillettes. Il m'a dit très amicalement de réfléchir encore deux semaines avant de lui faire part de ma décision définitive. C'est dans cette période de flottement que je me trouvais, je pensais quitter la maison, mais j'y suis restée, conclut-elle.

– En dehors de l'affection des enfants, y a-t-il quelque chose d'autre qui vous attache à cette maison ? interroge Freud, soupçonneux et nullement satisfait par sa réponse.

– Oui, à son lit de mort, j'avais promis à la mère des enfants, qui est une parente éloignée de ma mère, de me consacrer aux petites de toute mon âme, de ne pas les abandonner et de leur tenir lieu de maman. En donnant ma démission, je trahissais ma promesse », ajoute-t-elle, en lissant d'une main distraite les plis de sa robe sévère.

Prenant alors tout son courage, Freud ose lui

révéler la vérité en face : « Je ne crois pas que cela explique entièrement vos sentiments à l'égard des enfants; je soupçonne plutôt que vous êtes amoureuse de votre patron, le directeur, peut-être sans vous en rendre compte vous-même. Vous devez nourrir l'espoir de prendre vraiment la place de la mère. A cela s'ajoute le fait que vous êtes devenue très susceptible à l'égard des domestiques avec qui vous entreteniez depuis des années de bonnes relations. Vous craignez qu'elles ne s'aperçoivent de vos espoirs et qu'elles ne se moquent de vous à cause de cela.

— Oui, je crois bien que c'est ça, répond Lucy R., avec sa brièveté habituelle.

— Mais puisque vous savez que vous aimez le directeur, pourquoi ne me l'avez-vous pas dit ? s'étonne Freud, en soupirant très légèrement.

— Je l'ignorais ou plutôt je ne voulais pas le savoir, je voulais le chasser de mon esprit, ne plus jamais y penser, et je crois y avoir réussi ces temps derniers », dit la jeune gouvernante, avec conviction [22].

Freud jeta alors un coup d'œil sur la montre qu'il venait discrètement de sortir de sa poche et, remerciant la jeune fille pour sa collaboration, il la pria de revenir la semaine suivante. Tout en la raccompagnant jusqu'au salon d'attente, où d'autres malades l'attendaient déjà, il s'irritait intérieurement de devoir interrompre ainsi, prématurément, cette séance d'analyse psychologique. La conversation n'avait pu être poursuivie assez loin pour éliminer définitivement le symptôme et il faudrait la prochaine fois renouer le fil coupé...

Cette gouvernante amoureuse de l'homme qui l'emploie, madame Emmy von N. qui languit au fond de son château, privée d'homme depuis le décès de son mari, cette autre jeune fille qui espère épouser son beau-frère devenu veuf... ce sont de vrais personnages de roman! songe Freud. Et il introduit le patient suivant dans son cabinet de consultation.

Le lendemain matin, après une bonne douche froide, il jette son habituel coup d'œil sur la *Neue Freie Presse,* où il peut découvrir en première page le célèbre feuilleton littéraire : Arthur Schnitzler, Hugo von Hofmannsthal, Theodor Herzl – ou plus tard Stefan Zweig – y tiennent régulièrement en haleine le public viennois. Est-ce en les lisant qu'il vient à l'esprit de Freud cette comparaison avec son propre travail ? : « Les interruptions inévitables des traitements, les modifications dans les heures des séances... ce sont là des désagréments comparables à ceux qui gâchent, pour le lecteur d'un journal, la lecture des fragments quotidiens de son feuilleton, quand, immédiatement après la parole décisive de l'héroïne ou après la détonation du coup de feu, il peut lire : " La suite au prochain épisode. " [23] »

Freud avait toutes les raisons de se sentir proche de la sensibilité de cette génération d'écrivains, préoccupés par le mensonge et le vide masqué du langage, de l'esthétique traditionnelle, du *moi* et de la Maison d'Autriche. « Ce ne sont pas les mots qui sont dans le pouvoir des hommes, mais les hommes dans le pouvoir des mots », écrit Hofmannsthal. Ou cette autre intuition de l'inconscient, inspirée par Shakespeare, que note l'auteur de la *Lettre à Lord Chandos* et d'*Andréas* : « Nous ne possédons pas notre moi, il nous vient du dehors, porté par le vent. »

Ce silence soudain, cotonneux, serait-ce déjà la neige qui blanchit Vienne ? Assis près d'un des nombreux poêles en vieille faïence de son appartement, Freud se laisse gagner par la rêverie, ce matin de l'hiver 1892. Wilhelm Fliess, l'ami berlinois qui lui est devenu si cher, viendra-t-il pour Noël avec sa nouvelle épouse, Ida Bondy, une ancienne patiente de Breuer ? Et Breuer, justement... pourquoi s'éloigne-t-il de lui à présent ? La façon dont celui-ci a accueilli la sortie de son livre *Sur la conception de l'aphasie,* qui lui était personnellement dédié, a vraiment été bizarre. Il l'a à peine remercié, s'est montré très embarrassé et, ce qui lui semble incompréhensible, n'a fait que des commentaires péjoratifs. Il ne s'est souvenu d'aucun point favorable. Et pour finir, en guise de calmant, il l'a complimenté sur la qualité de son style, se dit Freud, amer [24]. « Rien ne peut pour moi remplacer les contacts avec un ami, c'est un besoin qui répond à quelque chose en moi, peut-être à quelque chose de féminin », songe-t-il [25], en se réjouissant d'avoir trouvé un nouveau « public » en la personne de l'oto-rhino-laryngologiste allemand, qui publiera sur son insistance, à Vienne en 1897, *Les Relations entre le nez et les organes génitaux féminins, présentées selon leurs significations biologiques.*

En lui adressant quelques esquisses théoriques, Freud lui recommande de cacher ces manuscrits à sa jeune femme et choisit même d'écrire l'un d'eux en caractères latins, ce qu'il ne fait jamais. Est-ce pour voiler les choses du sexe ? Avec près d'un siècle d'avance sur la mentalité de son époque, il notait alors : « ... Le seul système serait d'autoriser les libres rapports entre jeunes gens et jeunes filles de bonne famille, mais cela ne saurait advenir que si l'on disposait de méthodes anticonceptionnelles inoffensives [26]. »

« L'étiologie des névroses me poursuit partout, comme la chanson de Marlborough poursuit le voyageur anglais », confie-t-il à son ami Fliess [27]. Est-ce donc de lier troubles névrotiques et troubles sexuels qui indispose tant ses collègues, et même Joseph

Breuer ? Et réfléchissant à lui-même, comme il le demande à ses malades, il lui faut bien reconnaître ceci : « A peine sorti de l'école de Charcot, je rougissais de la connexion entre l'hystérie et le thème de la sexualité, à peu près comme les patientes elles-mêmes le font en général [28]. »

Ainsi, Fraulein Elisabeth von R., une de ses jeunes malades, poussa-t-elle de hauts cris lorsqu'en termes précis il lui exposa les faits en lui montrant que depuis longtemps elle était amoureuse de son beau-frère. « Ce n'est pas vrai, c'est impossible, ce serait impardonnable », a-t-elle protesté, affolée et se plaignant tout aussitôt d'affreuses douleurs dans les jambes – pour lesquelles elle était venue consulter cet étrange médecin, jeteur de vérité en face. « Pauvre enfant! » pensa Freud, et il chercha ensuite à la consoler, en lui disant qu'on n'est pas responsable de ses sentiments et que son comportement, son attitude, sa maladie témoignaient suffisamment de sa haute moralité [29]. Dès le début du traitement, il avait soupçonné que la jeune fille connaissait les motifs de sa maladie, qu'elle était habitée non point par un corps étranger, mais seulement par un secret. Lorsque Elisabeth le considérait avec un air malicieux et sarcastique, Freud s'imaginait un instant être son père, ce père qui disait de sa fille préférée qu'elle était « insolente ». En présence d'une adolescente, d'une jeune fille, il a toujours tendance à s'identifier au rôle parental. Le silence, la neutralité, fût-elle bienveillante, ne sont pas ses outils thérapeutiques, bien au contraire. Il n'épargne d'ailleurs pas sa peine, ni son temps. Et bien qu'Elisabeth commence par lui causer une grosse déception, il ne peut lui refuser une amicale sympathie. Pas un instant il ne doute que l'intérêt qu'il lui témoigne, la compréhension qu'il lui fait sentir, l'espoir de guérison qu'il lui présente pousseront la malade à livrer son « secret ». Il se met à son écoute avec la même attention fébrile, la même passion curieuse qu'un archéologue découvrant une ville ensevelie.

S'étant fait raconter par la patiente tout ce qui lui était connu, il pousse ensuite plus avant dans les couches profondes du souvenir en recommandant de ne rien laisser échapper, de dire tout ce qui surgirait devant son regard intérieur. « Souvent, note Freud, tout se passait comme si elle lisait un gros volume illustré dont on aurait feuilleté les pages devant ses yeux [30]. » D'autres fois, au contraire, des obstacles insurmontables se dressent mais il tient bon, il a confiance dans sa nouvelle technique et insiste. Aucune trace, aucun indice, si minimes soient-ils, ne doit lui échapper, et lorsqu'il a quelque soupçon, il tente de provoquer un éclaircissement décisif. Il veut savoir. Sans hésiter, il encourage Elisabeth von R., dont l'enfance s'est déroulée dans un domaine de Hongrie, à fréquenter une société où elle pourra retrouver des amis de jeunesse ou bien il l'envoie sur la tombe de sa sœur : toutes les situations susceptibles de ramener à la surface de la conscience des souvenirs oubliés doivent être favorisées. Et quand, enfin, il est arrivé à la soulager en lui permettant de se libérer de ses émois accumulés, il cherche activement à l'aider davantage encore en se préoccupant fort amicalement de sa situation actuelle. Par un entretien avec la mère d'Elisabeth, il s'assure que le dénouement espéré avec son beau-frère est réellement impossible et, puisque tel est le cas, il l'invite à supporter paisiblement l'incertitude du destin...

Quelques semaines après Noël, au début de l'année 1893, Miss Lucy R., la gouvernante anglaise, revint à sa consultation. L'odeur de brûlé qui la poursuivait auparavant avait bien disparu mais à présent ce qui la tourmentait c'était une odeur de fumée de cigare. Aussi Freud n'est-il pas très satisfait du résultat de son traitement. Après l'entretien, il notera : « Il s'était produit ce qui se produit toujours quand on ne fait usage que d'une thérapeutique appliquée aux seuls symptômes : j'avais remplacé un symptôme par un autre [31]. »

Cette entêtante odeur de cigare dont souffre Lucy, il faut à tout prix l'éliminer, et pour cela Freud ne va pas ménager sa peine, mais, à aucun moment, il ne s'interroge sur ses propres habitudes de grand fumeur. Le neurologue n'est pas encore devenu le père de la psychanalyse; il n'a pas encore entamé son propre questionnement sur le passé, les origines, les rêves, les retours et les détours de son inconscient, ni réfléchi à ses « attitudes contre-transférentielles ». Sinon, il n'aurait pas négligé le fait que lui-même, depuis l'âge de vingt-quatre ans, imitant en cela l'habitude de son père, s'adonne au plaisir de fumer et attribue au cigare rien moins que le pouvoir d'accroître sa capacité de travail et la maîtrise de soi! Certains jours, il fume jusqu'à vingt cigares, qu'il allume les uns à la suite des autres. Glisser entre ses lèvres une cigarette ou un cigare est inséparable de son bien-être quotidien. Lors de ses promenades journalières au centre de Vienne, il ne manque jamais de s'approvisionner au bureau de tabac, le *Tabak-Trafik*. Il achète généralement des *Trabuccos*, de petits cigares assez doux, considérés à cette époque comme les meilleurs produits des tabacs autrichiens. Ses vapeurs aromatiques envelopperont des générations de patients venus s'allonger dans son cabinet. Lorsqu'en 1900, il fera l'analyse de la jeune Dora, il verra alors, pour la première fois, le lien entre l'évocation de la fumée et sa propre personne : « Cette sensation ne pouvait alors guère signifier autre chose que le désir d'un baiser qui, chez un fumeur, sent nécessairement la fumée [...] si je rassemble enfin tous les signes qui rendent probable un transfert sur moi, étant donné que je suis fumeur, j'arrive à penser qu'un jour, pendant la séance, [Dora] eut sans doute l'occasion de souhaiter de ma part un baiser [32]. »

Mais en ces dernières années du XIXe siècle, le « transfert » sur la personne du médecin apparaît à Freud comme un surcroît de travail, un obstacle qui le mécontente, une « mésalliance » dont il s'accommode tant bien que mal, mais qu'il ne conçoit pas comme le moteur même de la thérapeutique.

Aussi, considérant la sensation olfactive de Miss Lucy comme le souvenir d'une scène traumatique ancienne, il la pousse à en retrouver l'origine. Et, sous la pression répétée de sa main, une image finit par surgir, d'abord imprécise et fragmentaire : « Considérez encore cette image, elle se développera et se précisera, lui dit Freud.

— Oui, il y a un invité, le comptable chef, un vieux monsieur qui aime les enfants comme s'ils étaient ses propres neveux, mais rien d'extraordinaire là-dedans, car il vient très souvent déjeuner, répond Lucy, en se rappelant une scène autour de la table familiale.

— Persévérez, insiste Freud, devenu confiant dans sa technique, quelque chose va sûrement se passer.

— Rien, nous quittons la table, les enfants doivent dire au revoir comme tous les jours et monter avec nous au second étage.

— Et ensuite ? demande Freud, toujours à la poursuite d'indices significatifs.

— C'est vrai, un incident se produit; je reconnais

maintenant cette scène. Au moment où les enfants lui disent au revoir, le chef comptable veut les embrasser. Le patron se lève brusquement et lui crie : " N'embrassez pas les enfants ! " Cela me donne un coup au cœur et comme les messieurs sont déjà en train de fumer, c'est l'odeur de cigare qui me reste dans la mémoire, se souvient Lucy.

— Pourquoi cette réaction du père vous a-t-elle donné un coup au cœur puisque l'admonestation ne s'adressait pas à vous ? demande Freud, ayant déjà une idée à ce sujet.

— Ce n'était pas bien de rudoyer de cette façon un vieil homme, grand ami de la maison, et de plus, invité. On aurait pu le dire tranquillement.

— Donc, c'est la façon cavalière dont votre patron a parlé qui vous a blessée, peut-être avez-vous été gênée pour lui, ou bien vous êtes-vous demandé en le voyant traiter un vieil ami avec tant de rudesse pour une bagatelle, comment il agirait envers vous si vous étiez sa femme ? interprète alors Freud.

— Non, ça n'était pas ça, nie Lucy, en croisant les bras.

— Mais c'était bien à cause de sa violence ? réplique Freud, qui ne se déclare pas encore vaincu.

— Oui, à cause des baisers aux enfants, il ne voulait jamais qu'on les embrassât. »

Freud presse à nouveau sa main sur le front de la jeune fille et l'exhorte à se rappeler d'autres scènes encore. Lucy confie alors la déception qu'elle a éprouvée lorsque son patron, s'adressant à elle avec rudesse, lui a reproché d'avoir laissé une dame embrasser les enfants sur la bouche. Depuis ce moment, survenu bien avant la scène avec le comptable, Lucy a compris qu'il n'y avait plus aucun espoir que le directeur puisse un jour l'aimer.

UN DOCTEUR INVRAISEMBLABLE

Deux jours plus tard, la jeune gouvernante revint, transformée, souriante et portant la tête haute. Freud crut un instant que de gouvernante des enfants, elle était devenue la fiancée du directeur... « Rien n'est arrivé, s'empresse-t-elle de dire en voyant une lueur briller dans les yeux presque réjouis de son médecin, mais vous ne me connaissez pas. Vous m'avez toujours vue malade et déprimée, alors qu'en général je suis toujours gaie. Hier, au réveil, mon oppression avait disparu, et depuis je me sens bien.

— Et votre situation, que pensez-vous qu'elle devienne? demande alors Freud.

— Je me rends bien compte qu'il n'y a rien à en espérer, mais je ne m'en ferai pas à ce sujet, répondit-elle, toujours souriante.

— Continuez-vous à aimer le directeur? s'enquit-il.

— Certainement, je l'aime, mais cela ne me fait plus rien. On est libre de penser et de sentir ce qu'on veut [33] », fit-elle d'une voix douce, tout en remontant une mèche tombée de son chignon auburn.

Le docteur Freud vérifia une dernière fois son nez et constata avec plaisir que sensibilités et réflexes étaient presque entièrement revenus. Après seulement neuf semaines d'entretiens, il était fort satisfait du résultat obtenu et il prit congé de cette charmante Anglaise avec le sentiment réconfortant qu'il était sur la bonne voie.

Plus tard dans la journée, alors qu'il avait terminé ses consultations et ses visites et qu'après avoir soupé avec les siens, il se retrouva dans son bureau, il prit note des quelques mots qui allaient servir de conclusion à ses *Études sur l'hystérie* : « J'ai très souvent entendu mes malades m'objecter, quand je leur promettais un secours ou une amélioration par le procédé cathartique : " Mais vous dites vous-même que mon

43

mal est en rapport avec les circonstances de ma vie, avec mon destin. Alors comment pourrez-vous m'aider ? " J'ai alors donné la réponse suivante : " Certes, il est hors de doute qu'il serait plus facile au destin qu'à moi-même de vous débarrasser de vos maux, mais vous pourrez vous convaincre d'une chose, c'est que vous trouverez grand avantage, en cas de réussite, à transformer votre misère hystérique en malheur banal. Avec un psychisme redevenu sain vous serez plus capable de lutter contre ce dernier. [34] " »

LE BOUILLI, LA VIERGE ET LES ALPES ORIENTALES

A treize heures précises, deux portes s'ouvrent dans la salle à manger de la Berggasse ; côté cour, apparaît la bonne portant la soupière fumante, côté jardin, entre Sigmund Freud qui vient s'asseoir à l'un des bouts de la longue table où Martha et les enfants ont déjà pris place. Le *Mittagessen,* le déjeuner, se compose invariablement d'un potage, d'un plat de viande avec des légumes et d'un dessert. Freud est très conservateur en matière de gastronomie. La cuisinière, la *Herrschaftskoechin*, qui a pour ordre de mitonner du bœuf bouilli trois ou quatre fois par semaine, s'enorgueillit de pouvoir l'accommoder d'au moins sept sauces différentes, « aussi délicieuses les unes que les autres », selon le souvenir de Martin, l'aîné des garçons [35].

Ce rituel qu'imprime Freud aux repas familiaux n'est évidemment pas sans rappeler l'invention d'un autre cadre répétitif. Rythme obsessionnel personnel, protocole d'une maison bien tenue, traces de rituels « religieux » ?

UN DOCTEUR INVRAISEMBLABLE

Aussi immuablement que Freud sacrifie au *Rindfleisch*, il aime à se promener deux fois par jour autour de la Ringstrasse : de son pas rapide de *bersagliere*, il fait le tour de la ville avant de longer les lourdes maisons du XVIIIe siècle de la Berggasse, pour rentrer chez lui au numéro 19. La famille Freud habite au premier étage d'un immeuble bourgeois construit dans les années 1870. Pour son usage personnel, Freud dispose, au rez-de-chaussée, d'un appartement de trois pièces : un salon d'attente, une salle de consultation et un bureau. Il y travaillera de 1892 à 1908 ; ensuite, il emménagera à l'étage familial, dans l'appartement de sa sœur Rosa, lorsque celle-ci, devenue veuve, le quittera. A gauche de l'entrée du bâtiment se trouvait la loge du concierge et comme souvent à Vienne, Freud ne possédait aucune clé de sa maison ; c'est au concierge qu'il lui fallait s'adresser pour pénétrer chez lui. En ce printemps 1893, se souvient-il que l'enfant insouciant qu'il avait été à Freiberg partageait avec sa famille la maison d'un serrurier ? Un des fils de cette maisonnée, Johann Zajic, se rappellera, lui, dans sa vieillesse, le « vaillant » petit enfant, « bien développé, gai et adroit » qui aimait passer des heures dans l'atelier et qui s'y faisait remarquer « par son habileté et son imagination à faire des jouets avec des déchets de fer blanc [36] ».

Mais l'heure n'est pas encore venue pour Sigmund Freud de « fouiller dans l'armoire aux provisions [37] », ni de percer « le voile du déguisement de Puck [38] ». Pour l'instant, il s'attache à l'idée que certains de ses patients ont subi dans leur enfance des traumatismes et des séductions sexuelles. C'est ce qu'il confie à Wilhelm Fliess, ce 30 mai 1893 : « Je crois avoir compris la névrose d'angoisse de certains jeunes que l'on doit considérer comme vierges et auxquels l'on ne saurait attribuer aucun abus sexuel. » Et le 20 août, il lui annonce : « Récemment, la fille de l'aubergiste sur le Rax est venue me consulter ; pour moi, c'est un beau cas. »

Lors d'une excursion aux monts Tauern, « afin d'oublier un moment la médecine et surtout les névroses », le docteur Freud découvre pourtant que celles-ci peuvent aussi « prospérer à plus de deux mille mètres [39] ». Plongé dans la contemplation d'un point de vue magnifique, si loin de ses préoccupations habituelles à Vienne, il ne se retourne pas tout de suite lorsqu'une jeune aubergiste lui demande : « Est-ce que Monsieur n'est pas médecin ? » Vêtu du traditionnel *knickerbocker*, portant un chapeau assorti, en velours vert-de-gris, ceinturé d'un large ruban de soie vert sombre et s'appuyant sur une canne plus montagnarde que médicale, il lui faut un certain temps avant de retrouver les mots qu'un médecin se doit de prononcer : « De quoi souffrez-vous donc ? » Et la dénommée Katharina lui répond alors : « J'ai du mal à respirer et, pas toujours mais quelquefois, ça me prend comme si j'allais étouffer.

— Asseyez-vous là, dit Freud, en lui désignant un banc de bois, décidé à tenter l'expérience d'une analyse sans hypnose ni pression des mains, et décrivez-moi ce qui se passe dans l'état où vous avez du mal à respirer !

— Ça me vient tout à coup. Je sens d'abord comme une pression sur les yeux, j'ai la tête lourde et un bourdonnement à n'y pas tenir, et puis j'ai des vertiges comme si j'allais tomber et je me sens un poids sur la poitrine à en perdre la respiration.

— Est-ce qu'en même temps vous avez peur de quelque chose ? s'enquit Freud.

— Oui, j'imagine tout le temps que quelqu'un est

UN DOCTEUR INVRAISEMBLABLE

derrière moi et va me saisir tout à coup, dit Katharina, la gorge serrée.

— Voyez-vous quelque chose devant vous pendant votre accès ? demande alors Freud, à la recherche de quelques indices supplémentaires.

— Oui, chaque fois un visage horrible qui me regarde d'un air effrayant, avoue la jeune fille.

— Quand avez-vous eu ces accès pour la première fois ?

— D'abord il y a deux ans..., répond Katharina en hésitant.

— Si vous ne le savez pas, je vais vous dire à quoi, moi, j'attribue vos accès, ose alors l'audacieux médecin de la ville, sans crainte d'effaroucher la demoiselle, il y a deux ans, vous avez dû voir ou entendre quelque chose qui vous a beaucoup gênée, que vous auriez préféré ne pas voir.

— Ah ! doux Jésus, c'est vrai, s'écrit-elle, j'ai vu mon père avec cette jeune fille, Franziska, ma cousine !

— Qu'est-ce que c'est que cette histoire ? demande Freud, ravi de la tournure de l'entretien, voudriez-vous me la raconter ?

— On a le droit de tout dire à un docteur, n'est-ce pas ? »

Et après mille questions et autant d'encouragements assez crus — « Peut-être avez-vous aperçu quelque chose de nu ? » —, Freud apprend que la fille de l'aubergiste a non seulement vu son père avec sa cousine mais que celui-ci s'est également approché d'elle et qu'elle en avait « senti le corps ».

« Vous êtes maintenant une grande fille et savez des tas de choses, racontez-moi exactement quelle est la partie de son corps dont vous avez senti le contact », demande alors Freud, plus soucieux de donner raison à sa nouvelle hypothèse qu'à ménager la pudeur d'une adolescente. Mais devant le sourire gêné, confondu de la vierge séduite, le chercheur comprend enfin qu'il ne peut pousser plus loin l'investigation et accepte de se taire.

Lorsque quelques mois plus tard, Freud rédigera ses *Études sur l'hystérie*, il notera avec respect ce souhait de bon père de famille : « J'espère que cet entretien a pu faire quelque bien à cette jeune personne si précocement blessée dans ses émotions sexuelles », et il manifestera sa reconnaissance à l'égard de Katharina pour lui avoir parlé « bien plus facilement que n'ont coutume de le faire les dames prudes de ma clientèle viennoise pour qui tout semble *naturalia turpia* [40] ».

Et, comme les moins prudes ne sont pas ses collègues de la Faculté, Freud changera tous les pères séducteurs en « oncles » et ne rétablira que bien plus tard la scandaleuse vérité.

CHAPITRE 2

PORTRAITS FREUDIENS

(1895-1913)

Dora, le petit Hans, l'Homme aux loups. Sabina Spielrein, l'Irma du rêve de l'injection ou l'Emma de l'*Esquisse* sont des noms familiers pour ceux qui prennent plaisir à arpenter la galerie des portraits freudiens. Dans l'imaginaire partagé de notre fin de siècle, ces figures occupent une place située quelque part entre les Guermantes, Charlus, les Verdurin, Albertine ou Swann de Proust et Joseph K. de Kafka. On en oublie presque que les personnages principaux de cette histoire viennoise sont des êtres humains. Qu'ils ont une vie, une famille, un nom propres, qu'ils sont issus de pays parfois fort éloignés de l'empire austro-hongrois et d'origines aussi contrastées que la vieille aristocratie slave et les milieux juifs du socialisme et de l'austro-marxisme.

Qui a fréquenté le cabinet du docteur Freud entre la fin du XIXe siècle et la Deuxième Guerre mondiale ? Pourquoi certains malades ont-ils choisi de s'allonger sur le divan chargé de tapis orientaux de la Berggasse ? Par hasard, par curiosité, sur les conseils d'un autre médecin, par désespérance ou par attrait de l'avant-garde ? Et lorsque ses écrits scandaleux commenceront à être diffusés et traduits, qui décidera de faire le voyage à Vienne auprès du maître, comme jadis les poètes ou les peintres faisaient leur voyage initiatique en Italie ? Et comment comprendre que dans le dense réseau de ses amis, de ses disciples et de ses malades, il y ait un si grand nombre d'artistes ? De Max Graf, un des premiers disciples du Mercredi soir, musicologue et père du petit Hans, à Gustav Mahler; de sa patiente, la poétesse américaine Hilda Doolittle, fiancée à Ezra Pound et familière de D.H. Lawrence, à ses correspondants Stefan Zweig, Arthur Schnitzler, Romain Rolland ou Thomas Mann, de Lou Andreas-Salomé, disciple et amie fidèle, proche de Rilke et de Nietzsche, à Yvette Guilbert, la chanteuse de cabaret peinte par Toulouse-Lautrec, avec qui il prit si souvent le thé dans les salons de l'hôtel *Bristol*...

Freud est entouré d'artistes à la recherche de nouveaux jeux de sonorité et d'écriture, pourtant, ses émotions esthétiques et intellectuelles, il les puise toujours plus volontiers dans les trésors de la culture classique que dans l'art d'avant-garde : Rembrandt, Vinci ou Titien accrochent son regard alors que Schiele et Klimt, ses contemporains, ne le retiennent pas. Mais savait-il qu'Egon Schiele, au fond de la prison où il avait été jeté pour « séduction » de mineurs et dessins « pornographiques », écrivait le 25 avril 1912 : « Les adultes ont-ils oublié à quel point ils étaient eux-mêmes corrompus, c'est-à-dire excités et troublés par les pulsions sexuelles, quand ils étaient petits ? » Et si Shakespeare et Goethe l'enflamment, il tient Nietzsche à distance et craint de rencontrer son double en la personne d'Arthur Schnitzler. Quant aux surréalistes, qui le choisissent comme « saint patron » bien malgré lui, il les prend pour des « fous intégraux » : « Disons à quatre-vingt-quinze pour cent comme pour l'alcool absolu. » Seul Salvador Dali, qu'il rencontrera dans son exil londonien en juillet 1938, parviendra à le séduire : « Le jeune Espagnol, avec ses candides yeux de fanatique et son indéniable maîtrise technique, m'a incité à reconsidérer mon opinion [1]. » Dali avait « croqué » sa tête sur un buvard.

Bien qu'il s'avoue « absolument pas musicien [2] », Freud connaît cependant par cœur certains airs de *Carmen* de Bizet, des *Noces de Figaro,* de la *Flûte enchantée* ou de *Don Giovanni* de Mozart ou même des *Maîtres chanteurs* de Wagner. Mais les innovations musicales de Gustav Mahler ou de Schönberg, dont il aurait pu entendre les premiers quatuors à cordes dans la librairie de son ami et éditeur Heller, ne le concernent nullement. Et en longeant dans les rues de Vienne les architectures prophétiques, comme cette « maison sans sourcils » d'Alfred Loos, par exemple, il préfère rêver aux plans de sa désirable Rome antique... Alors que Loos, lui, s'est intéressé à l'œuvre de Freud et a retenu sa leçon : « Tout art est érotique. »

Bien sûr, « le bonhomme est tout de même un peu plus compliqué », comme il le disait lui-même à Stefan Zweig, à qui il reprochait de le décrire en mettant « l'accent exclusivement sur l'élément de correction petit-bourgeois [3] ». Il faut évidemment reconnaître, à côté d'un grand désintérêt pour les recherches esthétiques de son temps, qu'il s'est toujours fortement plu à lire les productions de la littérature contemporaine.

Cependant, si Freud veut inscrire son œuvre en prolongement des grands textes classiques de l'Occident – et en rupture avec la Science et l'Université de ses collègues – c'est parce qu'il a besoin pour fonder une démarche radicalement neuve de s'appuyer sur la tradition incarnée par les artistes. Ceux-ci possèdent en effet depuis toujours une connaissance intuitive de l'inconscient (alors qu'il désire bâtir, lui, une théorie *sur* l'inconscient). Si Freud regarde derrière lui plutôt qu'autour de lui, c'est sans doute aussi, parce que seul le *passé*, l'origine, l'archaïque le fascine.

Sa passion pour l'archéologie peut également se comprendre par ce double mouvement qui lui fait désirer, d'une part, « illustrer » ses intuitions – par les vers des poètes, les toiles des peintres ou le monde visible des fragments archéologiques – et qui, d'autre part, l'incite toujours à emboîter le pas à toute plongée dans le passé lointain, à toute investigation des commencements immémoriaux de l'humanité [4].

Aussi cet homme, révolutionnaire dans ses recherches, avait-il dans la vie quotidienne l'allure, les goûts, les mœurs et ce « charme discret » d'un bourgeois libéral et cultivé. Alors que ceux qui venaient à lui appartenaient souvent aux cercles les plus en marges de la société traditionnelle : groupes littéraires ou politiques, bouillonnants d'idées nouvelles, personnalités en rupture ou du moins en tension avec leur famille, leur religion, leur classe sociale ou la morale de leur milieu d'origine, tous en quête d'une identité réconciliée.

EMMA ECKSTEIN

De toutes les patientes de Freud, la plus mystérieuse reste sans doute celle qu'il évoque dans un manuscrit adressé à son ami berlinois, Wilhelm Fliess, à l'automne 1895 : « Emma est actuellement hantée par l'idée qu'elle ne doit pas entrer *seule* dans une boutique [5]. » A cette époque, entre Freud et Fliess, c'est l'amitié-passion; ils partagent tout, leurs idées, leur désir de gloire, un même fantasme de bisexualité; ils s'annoncent au même moment la grossesse de leurs femmes respectives; ils vont aussi jouer ensemble « au docteur » avec Emma. En effet, au début de cette même année 1895, Freud offre sa patiente au scalpel de Fliess, qui lui opère le nez, dans le but avoué de la guérir de symptômes sexuels – puisque, pour Fliess, il y a un lien direct entre le nez et l'angoisse névrotique et sexuelle. L'opération se révèle désastreuse. Fliess « omet » cinquante centimètres de gaze chirurgicale dans la cavité laissée par l'ablation du cornet : infection, hémorragies, risque de mort et déformation définitive des traits du visage de la malheureuse jeune femme. Freud a honte mais il commence par tenter de couvrir et d'excuser son ami : « Dans mon esprit j'ai renoncé à tout espoir pour la pauvre fille, et je suis inconsolable de t'avoir entraîné dans cette histoire si pénible pour toi », écrit-il à Fliess le 20 mars 1895. Mais, il ajoute dans cette même lettre : « Je me sens aussi très malheureux pour elle, car je commence à l'aimer beaucoup », et le 11 avril, une accusation voilée contre son ami transparaît : « Je suis complètement bouleversé à l'idée qu'un tel malheur ait pu être provoqué par une opération considérée comme bénigne [6]. » L'affaire tracasse à ce point Freud que son rêve princeps de l'« injection à Irma » (24 juillet 1895) met en scène, dans une tentative de résolution, ses sentiments ambivalents à l'égard de Fliess.

En préliminaire à l'analyse de ce rêve dans la *Traumdeutung*, l'*Interprétation des rêves*, Freud note ceci : « [...] j'ai eu l'occasion de soigner par la psychanalyse une jeune femme de mes amies, très liée également avec ma famille. L'on conçoit que ces relations complexes créent chez le médecin, et surtout chez le psychothérapeute, des sentiments multiples. Le prix qu'il attache au succès est plus grand, son autorité est moindre. Un échec peut compromettre une vieille amitié avec la famille du malade [7]. » Si Freud pense ici à la dénommée Irma, qui représente vraisemblablement Anna Lichtheim, la fille unique de son vénéré ami et ancien professeur d'hébreu, Samuel Hammerschlag, ces mêmes préoccupations peuvent s'appliquer au cas d'Emma. Car Emma Eckstein fait également partie d'une famille amie des Freud. Il semble même que des vacances furent partagées par les Freud et les Eckstein [8]. Emma, née à Vienne en 1865, était la fille d'Albert Eckstein, inventeur et fabricant de papier, et d'Amalia Wehle; elle avait cinq sœurs et deux frères. L'un d'eux, Gustav Eckstein, était l'associé de Karl Kautsky, alors à la tête du parti socialiste; l'autre, Friedrich, parfois appelé « le philosophe de la Ringstrasse », sanscritiste, végétarien et amateur de yoga devint un des partenaires de Freud aux tarots. Ami de nombreux musiciens, parmi lesquels Hugo Wolf et Anton Bruckner, il consacra un volume fort érudit aux *Frères Karamazov,* pour lequel il demanda à Freud d'écrire une introduction psychologique. C'est à cette occasion que Freud rédigea son essai sur *Dostoïevski et le parricide* en 1927. Deux ans plus tard, lorsqu'il publie *Malaise dans la civilisation,* c'est à Fritz Eckstein qu'il fait allusion par ces mots : « Un autre de mes amis, qu'une curiosité insatiable a incité aux expériences les plus extraordinaires et a finalement rendu omniscient, m'a assuré qu'en pratiquant le yoga, c'est-à-dire en se détournant du monde extérieur, en fixant son attention sur certaines fonctions corporelles et en respirant d'une façon particulière, on parvient à éveiller en soi des sensations nouvelles et un sentiment d'universalité [9]. » Mais à cette « sagesse mystique », Freud préfère un vers de Schiller : « *Se réjouisse qui respire dans la rose lumière.* »

Parmi les sœurs d'Emma, Thérèse Eckstein-Schlesinger, s'est également distinguée en devenant, comme son frère Gustav, un des membres éminents du parti socialiste ainsi que du Parlement. Quant à Emma elle-même, elle fut non seulement une des toutes premières analysées de Freud mais vraisemblablement aussi une des premières analystes, comme une petite phrase, restée longtemps inédite, semble le montrer : « [Emma] Eckstein a traité sa patiente, délibérément, de façon à ne pas lui toucher un seul mot de ce qui vient de l'inconscient, et elle a obtenu dans le processus, entre autres, les mêmes scènes avec le père. Disons, en passant, que la jeune fille va très bien [10]. » Elle est également l'auteur de textes concernant l'éducation des enfants, parmi lesquels un opuscule publié en 1904, qui s'intitule *La Question de la sexualité dans l'éducation de l'enfant* et un article publié par la revue socialiste *Die Neue Zeit*. Ce dernier a été cité lors de la séance du 4 janvier 1911 de la Société psychanalytique de Vienne par Paul Federn, apparenté à la famille Eckstein, et qui rejoindra d'ailleurs lui-même le parti socialiste en 1918 : « L'un des tout premiers travaux conçus sous l'influence de Freud, le livre sur l'éducation sexuelle d'Emma Eckstein, recommandait déjà comme mesure préventive contre un éveil précoce de la sexualité, de ne pas réprimer les enfants, mais de renforcer leur sentiment du moi. » D'après quelques traces de leur correspondance, nous savons qu'Emma puisa largement dans la bibliothèque de Freud pour rédiger ce texte sur la masturbation infantile.

Emma, amoureuse éconduite d'un architecte viennois, termina sa vie entourée de livres dans une chambre qu'elle ne quitta plus jamais. Freud lui avait écrit un jour : « Je vous ai offensée en vous expliquant comment il se faisait que dans notre relation, l'amour n'était pas apparu »... A-t-elle pu le lui pardonner ?

EMMA GOLDMAN

En cette même année 1895, une autre Emma va traverser la vie de Freud mais peut-être ce dernier ne l'a-t-il jamais su. Sous le pseudonyme irlandais de E.G. Brady, Emma Goldman, jeune anarchiste originaire de Russie, vient des États-Unis à Vienne pour acquérir les diplômes de sage-femme et d'infirmière. Vienne la fascine, tout lui paraît coloré, vif et joyeux; elle n'a qu'une envie : s'y jeter corps et âme et passer son temps à regarder les gens à la terrasse des cafés ou au Prater. Au cours d'obstétrique, elle rencontre des jeunes filles juives venues de Kiev ou d'Odessa, qui vivent dans « un méchant trou à rats », aussi leur propose-t-elle de partager son propre logement et de leur apprendre l'allemand; sa chambre ne tarde pas à devenir le lieu privilégié des étudiants russes. Ainsi découvre-t-elle qu' « un jeune et éminent professeur du nom de Sigmund Freud » donne des cours magistraux. Elle réussit à s'y faire admettre. C'est une révélation : « Son esprit brillant, simple et honnête, vous donnait l'impression d'être arraché d'une obscure cellule et jeté en pleine lumière. Pour la première fois, je compris ce que signifiait la répression sexuelle, et quels étaient ses effets sur la pensée et le comportement humains. Il m'aida à appréhender mes propres besoins. Je compris aussi que seuls les esprits dépravés pouvaient mettre en doute les motivations de Freud et considérer comme " impure " une si grande et si belle personnalité [11]. »

Elle a tout de suite su, elle n'a pas hésité, elle savait reconnaître un authentique révolutionnaire, Emma la Rouge. Mais les autres, les patients, ont-ils senti, eux aussi, qu'ils avaient, en franchissant le cabinet de la rue de la Montagne, rendez-vous avec l'histoire d'un nouveau siècle? M. K. et M. v. F. de Budapest et le banquier, le « vieux célibataire fêtard », la demoiselle déjà mûrissante qui appartient à la « classe des travailleurs qualifiés », l'épouse du voyageur de commerce qui eut un accès hystérique en chantant la séguedille de Carmen [12]... Ils apportaient leurs angoisses, leurs dépressions, leurs hypocondries, leurs impuissances mais ne recevaient ni potions, ni conseils, ni le moindre traitement électrique, seulement la magie surprenante d'une oreille curieuse, experte et patiente.

HEINRICH GOMPERZ

Lorsque Heinrich Gomperz, professeur de philosophie et philologue classique comme son père, le grand érudit Theodor Gomperz, lui demande d'interpréter ses songes et d'explorer les mouvements de son âme, le docteur Freud reçoit cette offre comme un « accomplissement de désir » : « Jusqu'ici, personne de votre valeur intellectuelle ne s'est encore mis à ma disposition. » Mais la griserie ne l'empêche nullement de mettre en garde son futur patient. L'entreprise n'est pas sans danger : quand on l'a commencée, la fin n'en est pas proche et peut-être a-t-il des travaux plus urgents à poursuivre ? Il lui faudra nécessairement être indiscret, le lui pardonnera-t-il ? Et supportera-t-il les affects pénibles qu'il sera obligé de réveiller en lui ? « Bref, lui écrit Freud, si vous voulez appliquer aussi à votre vie intérieure l'inexorable amour de la vérité des philosophes, je serai très heureux de jouer auprès de vous le rôle de " l'autre " au cours du travail [13]. » Et sans plus tarder, il lui donne rendez-vous le lendemain, le jeudi 16 novembre 1899 à six heures du soir.

A vingt-six ans, Heinrich Gomperz marche sur les traces de son père. Comme lui, il enseignera à l'Université de Vienne, et le fera jusqu'à ce qu'il soit contraint d'émigrer aux États-Unis où il mourra, à Los Angeles, en 1942. Il occupe, de plein droit puisque son père l'a fait baptiser, une place parmi l'establishment viennois. Qu'est-ce qui pouvait le conduire à tenter l'expérience freudienne ? Freud le tient pour « un hystérique, qui peut être aussi très bien portant et capable de résistance »... Alors, dans le secret du cabinet, où trônent déjà quelques moulages antiques, des guirlandes de statuettes en bronze et de figures en terre cuite, Heinrich ose-t-il parler de son père, s'affronter à lui ou reste-t-il le fils sage et soumis ?

Theodor Gomperz est issu d'une importante famille juive d'Europe centrale, qui depuis le XVe siècle compte des Juifs de cour, des banquiers, des médecins et des rabbins. Lui-même fait partie de ces Juifs des Lumières, grands connaisseurs du monde grec et farouches partisans de l'assimilation. Auteur d'un monumental ouvrage sur la philosophie antique, *Griechische Denker,* membre de l'Académie des Sciences, ce savant est également actif dans les affaires publiques. Il défend les positions du parti libéral et s'oppose violemment à Theodor Herzl et à la solution sioniste. Le fils poursuivra l'œuvre du père, il dirigera une nouvelle édition de ses *Penseurs grecs,* rédigera sa biographie, mais, peut-être, en souvenir d'une autre figure paternelle (Freud est de dix-sept ans son aîné), écrira-t-il une étude sur Parménide et Socrate d'inspiration psychanalytique [14]...

Assimilation, sionisme, socialisme ou, pour les plus talentueux, avant-gardisme culturel sont les chemins qu'empruntent un grand nombre de Juifs viennois au tournant du siècle. Mais ces choix ne se font pas sans conflits ni déchirures. Les patients juifs de Freud et leur famille font partie de ces hommes et de ces femmes à la recherche d'un « ailleurs » qui pourrait panser leur identité meurtrie [15].

Dans l'impériale et royale *Cacanie*, comme l'appelle Robert Musil, dans cette Autriche pourrissante et morcelée où les théories antisémites et nationalistes prennent une inquiétante extension, les mots, les mots de la langue allemande, ont pu leur apparaître comme un lieu d'accueil et d'asile intérieur. Et jusqu'à leur exil — en langue anglaise, le plus souvent —, ils ne cesseront de s'y croire chez eux. Aussi, parler, évoquer les moments perdus du passé, les traditions familiales disparues, les provinces de l'Empire dont ils ne connaissaient plus toujours la langue, ne devait guère être un exercice trop étrange pour les premiers patients et disciples de Freud.

DORA, ALIAS IDA BAUER

Avec Dora, venue respirer l'odeur de cigare et raconter le quatuor de ses amours entre le 14 octobre et le 31 décembre 1900, Freud ne craint pas d'appeler « un chat un chat ». En revanche, avec ses lecteurs, il prend mille précautions, retarde de cinq ans la publication de cette étude de cas, s'excuse de dévoiler l'intimité et les secrets de sa jeune patiente et nie, avec la plus grande vigueur, qu'il y ait derrière ce fragment d'une analyse d'hystérie un quelconque roman à clef... Et pourtant, sous le pseudonyme de Dora, se cache la sœur d'un homme promis à un grand avenir politique : rédigeant l'histoire d'Ida alias Dora, il offre en même temps à la postérité les premiers éléments d'une biographie du grand socialiste Otto Bauer. « Le frère unique de la jeune fille, écrit Freud, avait jadis été le modèle auquel son amour-propre aspirait à ressembler [...]. Le jeune homme tâchait autant que possible de se dérober aux querelles familiales [16]. » Et plus loin, il consigne les paroles d'Ida : « Mon frère me dit bien que nous n'avons pas le droit de critiquer les actions de papa, que nous devrions peut-être même nous réjouir qu'il ait trouvé une femme à laquelle il puisse s'attacher, puisque maman le comprend si mal. Je reconnais que mon frère a raison, je voudrais penser comme lui, mais je ne peux pas. Je ne peux pas pardonner à mon père [17]. »

Et Ida Bauer ne pardonna pas plus à son médecin de n'avoir rien compris à ses sentiments pour lui, ni d'avoir sous-estimé les tendres liens qui l'unissaient à madame K. Elle interrompit brutalement le traitement, après avoir aimablement présenté ses vœux les plus chaleureux pour le Jour de l'An; elle se maria un peu plus tard et ne cessa jamais d'accuser son mari d'infidélités qu'il ne commit pas. En 1922, elle consulta à nouveau un psychanalyste, Félix Deutsch [18], se plaignant de bruits insupportables dans l'oreille droite... Elle évoqua alors son fils unique qui commençait à s'intéresser aux femmes, rentrait fort tard la nuit et dont elle attendait anxieusement le retour, l'oreille aux aguets. Avec des larmes dans les yeux, elle accusa les hommes d'être égoïstes et mesquins et se lamenta sur leurs exigences sans nombre. Elle craignait aussi que son fils n'arrivât à rien dans la vie (il fit au contraire une brillante carrière musicale), à l'inverse de son frère, à propos duquel elle rappela avec émotion combien ils étaient restés liés l'un à l'autre. Otto accourait auprès d'elle chaque fois qu'elle en avait besoin; il téléphona d'ailleurs à plusieurs reprises à Félix Deutsch pour le remercier des bons soins reçus par sa sœur et souhaita le rencontrer, ce qui lui fut refusé.

La Deuxième Guerre mondiale contraignit Ida Bauer et son époux à quitter Vienne pour les États-Unis, via la France. Elle mourut à New York d'un cancer du colon, son mari d'une maladie coronarienne. « Il avait préféré mourir plutôt que de divorcer », affirma un de leurs proches. De cette manière, la Dora de 1900 qui déclarait : « Les hommes sont si détestables que je préférerais encore ne pas me marier. Voilà ma vengeance », s'était-elle vengée...

Si Ida Bauer doit la célébrité à son destin d'hystérique, Otto, lui, eut la meilleure fortune de la recevoir grâce à sa carrière d'homme politique [19]. Théoricien de portée internationale de l'austro-marxisme, ministre des Affaires étrangères de la République autrichienne après la chute de la couronne, il fut l'un des principaux leaders du parti socialiste autrichien entre 1918 et 1934. Il naquit, comme sa sœur, à Vienne et mourut en exil à Paris, en juillet 1938. Il reçut des funérailles presque officielles, présidées par Léon Blum. Ses biographes lui reconnaissent de grandes qualités d'orateur et d'écrivain mais lui reprochent une certaine ambivalence, qui l'a fait penser parfois d'une manière radicale mais agir d'une façon prudente et conservatrice, comme s'il continuait à se dérober aux conflits...

Resté longtemps attaché à sa mère, Otto Bauer se maria après le décès de ses deux parents avec une femme de dix ans son aînée et qui avait déjà trois enfants. Certains prétendent qu'avant ce mariage il vint consulter Freud mais rien ne le prouve. Il entretint, comme l'avait fait son père, une liaison avec une autre femme, Hilda Schiller-Marmorek, de dix ans sa cadette, qui resta sa maîtresse jusqu'à sa mort. Mais en se ralliant au parti socialiste, il s'opposait ouvertement à son père, libéral, franc-maçon et prospère industriel du textile.

Les Bauer étaient des Juifs assimilés qui s'identifiaient à la culture allemande, et Otto défendit l'idée que les Juifs, à l'inverse des autres peuples, ne formaient pas une nation, parce qu'ils ne possédaient ni un territoire, ni une histoire commune, ni même un caractère national. Et lorsqu'il interdit de favoriser l'identité juive pour ne pas renforcer chez le travailleur juif « une mentalité de marchand », c'est encore avec son père, commerçant brillant, qu'il règle des comptes œdipiens... Ce qui semble avoir été le cas, indirectement, pour Freud aussi, qui décrit Philip Bauer en des termes fort flatteurs, pensant peut-être à son propre père, Jacob, malchanceux en affaires : « A l'époque où j'entrepris le traitement de la jeune fille, son père approchait la cinquantaine. C'était un homme d'une grande activité et d'un talent peu commun, grand industriel, jouissant d'une belle situation matérielle [20]. » Il le connaissait d'ailleurs assez bien puisque six ans auparavant il l'avait soigné pour une affection syphilitique.

Freud entretenait volontiers des liens avec les proches de ses patients. Parmi ceux de Dora-Ida, il fit la connaissance d'une de ses tantes, de son père et de son oncle Karl, qu'il décrit comme « célibataire et hypocondriaque » – c'est d'ailleurs à cet oncle qu'Otto devait son intérêt précoce pour la littérature socialiste. Freud rencontra également le personnage principal du roman malheureux de Dora, monsieur K. « Je connaissais par hasard M. K... qui accompagna chez moi le père de la malade; c'est un homme jeune encore, d'un extérieur avenant. » Comment pouvait-il avec ces sentiments comprendre le dégoût qui saisit Dora lorsque cet homme « séduisant » entreprit de l'embrasser ? Mesurait-il d'ailleurs sa propre émotion à l'égard de cette jeune fille « florissante, aux traits intelligents et agréables », alors qu'elle avait dix-huit ans et lui, encore bel homme et déjà sans doute sevré du lit conjugal, à peine quarante-quatre ans ?

Pourquoi Freud choisit-il de la nommer « Dora » ? Qui s'appelle Dora ?, se demande-t-il lui-même dans une page de sa *Psychopathologie de la vie quotidienne*. C'est la bonne d'enfants de sa sœur, se dit-il immédiatement. Or elle portait en vérité le même prénom que sa maîtresse, Rosa Freud. Aussi Rosa, la bonne, avait-elle été priée d'en trouver un autre et avait-elle choisi de se faire appeler Dora. « Cherchant le nom que je pourrais donner à une personne que je ne pouvais pas désigner par son nom réel, je ne trouvai que celui de Dora [21] », conclut Freud.

Mais à cette époque Freud connaissait au moins deux autres Dora : l'une était son auditrice à l'université, Dora Teleky, qui bien des années plus tard allait opérer, à la grande colère de Freud qui n'avait pas oublié la maladroite opération de Fliess, sa patiente Emma Eckstein. L'autre est porteuse de plus d'associations encore. Il s'agit d'une jeune fille du même âge qu'Ida Bauer et dont le nom y ressemble à s'y méprendre : Dora Breuer, la fille d'un ami qui fut cher mais s'est éloigné et d'un chercheur qui l'a conduit sur le chemin des hystériques en lui parlant un jour d'une certaine Anna O. Or, la Dora de Freud n'est pas sans rappeler l'Anna de Breuer : même âge, même milieu juif, même intelligence, mêmes sentiments occultés chez les deux hommes... Et Dora Breuer rappelle, par son existence même, cette Anna O. qui rendit jalouse Mathilde Breuer au point que son mari l'emmena à Venise pour un deuxième voyage de noces, d'où naquit leur fille Dora le 11 mars 1882 (Ida est née le 1er novembre de cette même année). Et comme Freud donna à deux de ses filles des prénoms de la famille de Breuer, cette circonstance ajouta son poids d'habitude à ces divers enjeux conscients et inconscients.

Célèbres ou anonymes, les patients de Freud nous sont connus par leurs œuvres personnelles ou les traces, furtives, énigmatiques, poignantes, qu'ils ont laissées dans l'abondante correspondance freudienne. Ainsi, cette notation qui prend aujourd'hui un petit air d'humour et de dérision, presque de nostalgie proustienne : « Une de mes patientes vient de venir en consultation et me fait déjà tourner la tête maintenant, de sorte que je n'ai plus d'idées du tout. Son symptôme principal est qu'elle ne peut pas tenir en présence de quelqu'un une tasse de thé [22]... »

OLGA HÖNIG

Allusions diverses et notes en bas de pages désignent comme patients, autour de 1900, Olga Hönig, la future maman du petit Hans ou H. Swoboda, un jeune philosophe viennois, ami d'Otto Weininger, cette vénéneuse figure de la « haine de soi ». Les deux amis furent le prétexte d'une dernière déchirure entre Freud et Fliess autour d'une revendication de paternité de la notion de bisexualité [23].

Avec le début du nouveau siècle, Freud ne va plus seulement jouer en duo avec chacun de ses patients et chacune de ses patientes; désormais il interprète également des pièces pour orchestre de chambre. Et si l'on prolonge la métaphore musicale en disant que d'autres « musiciens » sont venus à lui, on ne traduit que la réalité : tels David Bach, critique musical d'un quotidien socialiste et organisateur des premiers concerts pour ouvriers à Vienne, Max Graf, musicologue et familier de Berg, Hindemith, Stravinski ou Mahler, et même parmi le quatuor des premiers médecins à s'intéresser à l'analyse, il y a un compositeur de musique vocale, Rudolf Reitler. Freud déclarait à qui voulait l'entendre qu'il se sentait aussi éloigné de la musique que de la mystique. Mais comme l'inconscient ne connaît pas la négation, il fait lui-même appel à ce type d'images pour décrire sa relation aux malades; il en parle comme s'il s'agissait de violoncelles ou d'altos entre ses doigts habiles : « Toutes les cordes répondent », ou : « Tout concorde bien, cette fois encore, tout au moins avec mes vues les plus récentes et l'instrument obéit volontiers aux doigts qui s'en servent [24]. »

PREMIERS DISCIPLES

En deux cartes postales, datées de 1902, se jouent la chute de son amitié – passion et miroir – avec Fliess et la naissance des réunions entre pionniers du Mercredi soir. Le temple de Neptune à Paestum accompagne les mots de la fin : « Amitiés du point culminant de mon voyage. » La seconde carte postale, dont l'image reste inconnue, est adressée après l'été à quatre jeunes médecins, Max Kahane, Wilhelm Stekel, Alfred Adler et Rudolf Reitler. Aux « congrès » à deux avec son *alter ego* berlinois, son « meilleur public », au « splendide isolement » des débuts, succèdent la fraternité analytique, la formation d'une organisation, la défense d'une cause.

Après avoir tenté de conjuguer l'amitié au masculin singulier (Breuer, Fliess puis Jung, ultime blessure), c'est au pluriel qu'il vit ses liens amicaux où toujours se croisent passion, dialogue et surgissement de l'œuvre. Plus personne ne sera pour lui, après l'échec avec Jung, l'unique, mais désormais il se donnera comme le seul pour chacun [25].

Viennent à lui des écrivains, des pédagogues, un éditeur, des critiques musicaux et quelques jeunes médecins, originaires de Vienne mais aussi du Tyrol, de Croatie, de Prague, de Trieste, de Suisse, de Hongrie, de Russie ou de Hollande. Parmi ces premiers adhérents, plusieurs sont membres du parti social-démocrate autrichien, comme Alfred Adler, Carl Furtmüller ou Josef K. Friedjung, membre de l'Assemblée des provinces de la Basse-Autriche et du conseil municipal de Vienne, mais aussi, à partir de 1909, le docteur Margarete Hilferding, la première femme admise dans ce cercle, épouse d'un éminent théoricien socialiste. Cette tendance politique s'inscrit à l'ordre du jour de certaines réunions. Ainsi, Alfred Adler fait-il le 10 mars 1909 un exposé consacré à « La psychologie du marxisme »; en conclusion, il exprime l'espoir d'avoir pu montrer que la théorie de la lutte des classes est en harmonie avec les résultats de la doctrine freudienne des pulsions.

A côté d'intérêts purement cliniques, à propos par exemple du sadisme, de l'anesthésie sexuelle, de la paranoïa ou des conditions infantiles du masochisme, la curiosité des membres les entraîne le plus souvent sur les sentiers de la création. Au fil des ans, les exposés fourmillent de réflexions et d'analyses sur les œuvres et la vie des poètes et des littérateurs : Nietzsche, Jean-Paul, Konrad F. Meyer, Franz Grillparzer, Heinrich von Kleist, Karl Kraus, Dostoïevski, etc. [26]

Dans l'ambiance fiévreuse des débuts de la psychanalyse, comme si ces hommes et ces quelques femmes disposaient soudain d'un jouet magique, ils expérimentent ses ressources et portent leurs regards en tous sens : l'érotisme de la peau, le choix d'une profession, les fondements de l'amour maternel, la magie, « le corset dans la coutume et l'usage des peuples », le sentiment de la nature, les femmes médecins ou l'histoire du diable alimentent les conversations de ces nouveaux « râtisseurs » de l'âme.

« Il y avait une atmosphère de fondation d'une religion dans cette pièce, raconte Max Graf, un des témoins de la première heure. Freud lui-même était le nouveau prophète [...] les élèves de Freud – tous inspirés et convaincus – étaient les apôtres [...]. Ainsi le premier cercle intime des adeptes de Freud se réunissait chaque mercredi dans son bureau de consultation. Au bout de la longue table, le chercheur lui-même présidait, examinant avec soin son cigare de Virginie qu'il fumait le regard grave [27]. »

Après l'exposé d'un des membres, du café noir et des gâteaux étaient abondamment servis : *Apfelstrudel* ou *Mehlspeise,* certainement préparés par la cuisinière de la Berggasse. Cigares et cigarettes étaient également largement consommés; après quelques minutes de détente et de mondanités, la discussion s'amorçait, l'air bleuté enveloppant les mille et trois figurines patiemment collectionnées par le Don Giovanni du lieu [28].

LE PETIT HANS

Parmi les personnages principaux, les seconds rôles et les figurants qui ont occupé ou traversé la scène originaire de la psychanalyse viennoise, côté divan ou côté disciple, certains, moins connus, plus attrayants ou simplement plus bavards attirent le regard et captivent l'attention. Dans cette longue galerie de portraits freudiens, qui couvre plus de cinquante ans d'histoire, arrêtons-nous un moment devant un tableau familial : celui des Graf. Cette famille qui offrit à Freud une patiente, un adepte et un de ses cinq cas les plus célèbres : le petit Hans.

L'année de la parution de la *Traumdeutung*, Olga Hönig est en traitement chez Freud ; elle en parle au jeune homme qui lui fait la cour, Max Graf. Cette méthode « par questions et réponses » suscite chez lui une intense « fermentation psychique » ; grâce à la psychanalyse, il pense pouvoir éclairer l'énigme de la création artistique. Poussé par ses parents, des Juifs originaires de Bohême, il a fait des études de droit mais c'est à la composition musicale qu'il se destinait. Découragé par Brahms puis par Bruckner, il se tourne vers la musicologie et devient tout à la fois enseignant, critique, historien et promoteur des musiciens les plus importants de son époque. C'est avec empressement que Max Graf accepte l'invitation de Freud, « ce chercheur singulier dont tout Vienne se moquait », et il rejoint le petit noyau du Mercredi.

A l'occasion de la naissance de son fils Herbert, en avril 1903, il interroge Freud : faut-il le circoncire ? « Quand mon fils est né, je me suis demandé si je ne devais pas le soustraire à la haine antisémite que le docteur Lueger, un homme très populaire à Vienne, prêchait alors. Je n'étais pas certain s'il ne valait pas mieux élever mon fils dans la foi chrétienne. Freud me conseilla de ne pas faire ça. " Si vous ne laissez pas votre fils grandir comme un Juif, répondit Freud, vous allez le priver de ces sources d'énergie qui ne peuvent être remplacées par rien d'autre. Il aura à se battre comme un Juif et vous devez développer en lui toute l'énergie dont il aura besoin pour ce combat. Ne le privez pas de cet avantage [29]. » »

Trois ans plus tard, pour l'anniversaire de cet enfant dont il a peut-être marqué le corps, Freud grimpe les quatre étages qui mènent à l'appartement des Graf à la Fuchstallergasse, portant dans ses bras un cadeau : *un cheval à bascule en bois*...

A sa requête, Max Graf observe les mots et les gestes de la vie sexuelle de son fils et en fait un rapport régulier à Freud qui, pensait la bonne bourgeoisie viennoise, « voyait le sexe en chaque chose » et dont il était « de mauvais goût [...] de mentionner [le nom] en présence de dames ». Et un jour de 1908, un peu avant les cinq ans d'Herbert, le père écrit à Freud que son fils est atteint d'un trouble nerveux, d'une « bêtise » : *la peur d'être mordu dans la rue par un cheval*... Ainsi, Herbert est-il devenu le petit Hans. A qui fait-il plaisir ainsi ? Au père, disciple loyal, à la mère qui n'a pas fait le deuil de son analyste, au professeur lui-même, son parrain en quelque sorte, qui a besoin de confirmer ses idées sur la sexualité infantile et le complexe d'Œdipe ?

Mais l'enfant gai, franc et indépendant, en grandissant ne se souviendra de rien. Hans n'est plus qu'un étranger pour Herbert. Sa vie est ailleurs, dans l'intimité des sons et des images. La psychanalyse a cessé d'unir la famille ; les parents se séparent et chacun d'eux contracte un nouveau mariage. Max Graf épousera en secondes noces Rosa Zentner, puis Polly Bastic, une chanteuse lyrique. Hanna, la sœur cadette, disparaîtra pendant la deuxième guerre mondiale.

Herbert, lui, n'a plus besoin de travestir ses fantasmes en phobies ; désormais la mise en scène de ses angoisses ne sera plus soigneusement notée par son père et analysée par Freud, au nom de la science ; avec pour complices les plus grands musiciens et quelques peintres, costumiers et décorateurs, ses rêves, ses questionnements sur les passions humaines, c'est lui-même qui les met en scène sur les plus grands plateaux des Opéras du monde. Et sans doute, ce Freud si peu musicien, qui défendit à ses sœurs puis à ses enfants de toucher à un piano, mais qui aimait Mozart, eût-il été curieux, et peut-être heureux même, de voir les réalisations de son petit Hans. Telle cette *Flûte enchantée*, par exemple, qu'il mit en scène pour le festival de Salzbourg en 1937, avec Toscanini à la direction d'orchestre, ou cette même œuvre, montée en 1955, toujours à Salzbourg, avec des décors et des costumes de Kokoschka... Ou encore, à la veille de sa mort, au Metropolitan de New York, sa dernière mise en scène de *La Flûte* soulignée par le chatoiement des décors de Marc Chagall...

Directeur de l'Opéra de Zürich de 1960 à 1963, il meurt en Suisse à l'âge de soixante-dix ans. Le *Neue Zürcher Zeitung* écrivit à cette occasion : « Avec Herbert Graf a disparu, après une maladie de sept mois, à Genève le 5 avril 1973, un homme de théâtre fécond, un remarquable metteur en scène et éducateur. » Personne ne savait plus qu'il avait été l'enfant le plus célèbre de la psychanalyse comme si le petit Hans et Herbert Graf ne pouvaient vivre conjointement dans sa mémoire ni dans la nôtre.

L'HOMME AUX LOUPS

Dans le bestiaire des patients de Freud, il y eut aussi, en 1907, l'Homme aux rats, Ernst Lehrs de son vrai nom, et, à partir de 1910, Serguéï Constantinovitch Pankejeff, dit l'Homme aux loups. Né, selon le calendrier grégorien, le 24 décembre 1886 dans la propriété d'hiver de ses parents, au bord du Dniepr, il faisait partie de ces Russes blancs élevés pour être servis et qui n'apprirent à s'habiller seuls que lorsque les circonstances politiques et économiques les y contraignirent... Fils d'un riche propriétaire foncier, il put voyager fastueusement pendant quelques années, toujours accompagné de son médecin personnel et d'un homme de confiance, mais avec la révolution d'Octobre, il perdit tous ses biens et devint un pauvre émigré apatride dans cette Autriche qu'il avait parcourue comme un prince de sang. Dans ses souvenirs, il note : « Notre situation financière était devenue si sérieuse que nous n'aurions probablement même pas été en mesure de payer notre loyer, si le professeur Freud, qui avait des patients anglais, ne nous avait pas procuré de temps à autre quelques livres anglaises... » Après la fin de son analyse, il retourne jusqu'à la Révolution en Russie, à Odessa, où sa mère, selon son habitude, fait dire une messe, dans laquelle le professeur Freud n'est pas oublié : « De cette manière, écrit-il, ma mère voulait manifester sa reconnaissance pour le succès de mon analyse. Aussi bien le pope orthodoxe pria solennellement pour la prospérité de " Sigismund ". »

Selon les mots de Freud, il était à lui tout seul « un morceau de psychanalyse [30] ».

GUSTAV MAHLER

Recenser d'une manière exhaustive, la liste des patients de Freud tient plus du rêve que du principe de réalité, trop d'éléments nous manquent; notes inexistantes ou disparues, éparpillées à travers les correspondances ou restées inédites dans le secret bien gardé des

Archives Freud à New York et à Londres. Néanmoins, parcourant les textes disponibles, la moisson des années 1905-1920 comprend outre un garçon de Görlitz, une « paranoïa exquise », un fétichiste et un petit homme effacé et gravement mélancolique qui n'était autre que Eisenbach, le meilleur auteur comique viennois de l'époque, Albert Hirst, le neveu d'Emma Eckstein, Hélène Deutsch, Jones et son amie Loe Kann, Ferenczi pendant trois semaines et Gustav Mahler, un seul après-midi d'été.

Déambulant aux côtés de Freud dans les rues de Leyde en Hollande, où le professeur prenait des vacances avec sa famille, Mahler comprit soudain le mystère de la composition de ses œuvres : dans les moments les plus intenses, les plus grandioses, surgissait presque toujours une petite mélodie banale et populaire... or, enfant, il avait été le témoin effrayé des scènes de ménage de ses parents et, s'étant enfui dans la rue, il avait entendu un orgue de Barbarie jouer un air viennois : « *Ach, Du lieber Augustin* ». Le drame et l'insouciance s'étaient ainsi noués l'un à l'autre à jamais en lui [31].

BRUNO GOETZ

Au milieu des visages éternels des dieux de l'Égypte, des héros de la Grèce ou de la Chine impériale, dans ce cabinet plus archéologique que médical, d'autres personnes encore sont venues s'asseoir ou se coucher pour confier l'indécence de leurs souvenirs, les chemins singuliers et les égarements de leurs fantasmes, toutes les diableries de leur inconscient. Il y eut ce jeune poète, Bruno Goetz, dont le père fut capitaine de navire puis professeur de navigation à l'école navale de Riga, qui vint à Vienne suivre les cours de Leopold von Schroster sur la *Bhagavad-Gita*, et que Freud délivra d'affreuses névralgies le temps d'une conversation. « Que voilà donc un homme-médecine comme on en rencontre aux Indes, pensa le jeune homme. Il n'a nul besoin de sa méthode, il pourrait aussi bien dire abracadabra que déjà on se sentirait le cœur plus léger et presque bien portant [32]. »

SABINA SPIELREIN

Il y eut aussi une jeune juive russe qui portait une longue natte dans le dos. Envoyée par ses parents à Zurich pour y étudier la médecine, Sabina Spielrein s'y fait également soigner par Jung, au mois d'août 1904 [33]. Sabina a environ dix-neuf ans, « les formes d'une femme mûre » et « la peau douce »; Jung, trente ans. La généalogie affective de la jeune fille russe la conduit à désirer concilier des traditions opposées, et celle du médecin suisse à s'attacher aux jeunes hystériques au teint sombre et aux cheveux noirs. Il devient son ami, puis son « poète » comme elle le nomme, c'est-à-dire son amant. Sabina rêve d'un enfant de Jung, un Siegfried, un héros mythique... Carl Gustav l'appelle l'Égyptienne. Mais il la trahira et Sabina Spielrein, blessée, se tournera vers le professeur Freud « un Juif, bon vieux père de famille » pour mettre de l'ordre dans ses sentiments.

Comme jadis Emma Eckstein joua un rôle important dans l'amitié conflictuelle entre Freud et Fliess, Sabina Spielrein va mettre en lumière la dégradation des liens entre Freud et le jeune Jung, celui qui aurait dû être le prince héritier : « Vous serez celui qui comme Josué, si je suis Moïse, prendrez possession de la terre promise de la psychiatrie, que je ne peux qu'apercevoir de loin », lui écrit Freud le 17 janvier 1909. C'est au mois de mai de cette même année que Sabina Spielrein entre en scène. Embarrassé, Freud répond à la jeune plaignante qu'il est en droit de supposer que Jung serait « incapable d'agir à la légère ou de manière inélégante [34] ».

Entre-temps, Sabina a obtenu son diplôme de médecine et choisi de venir à Vienne pour s'intégrer un moment aux séminaires et aux réunions de la Société psychanalytique freudienne; elle y restera d'octobre 1911 à mars 1912. Elle se marie en été 1912 avec un médecin juif, le docteur Paul Scheftel. Lorsqu'il l'apprend, Freud se réjouit que son attachement névrotique à Jung soit à moitié guéri et lui confie : « J'avoue après coup que je n'ai pas trouvé du tout sympathique votre fantasme qui faisait naître le Sauveur d'un mariage mixte. Durant sa phase antisémite, Dieu l'a fait naître de la meilleure race juive. Mais je sais que ce sont là mes préjugés [35] », et le 20 janvier 1913, il lui écrit : « Mon rapport personnel à votre héros germanique est définitivement rompu. Son comportement a été trop détestable. Mon jugement sur lui s'est beaucoup transformé depuis votre première lettre [36]. »

Sabina attend alors un enfant, et Freud, comme il l'avait déjà dit à la naissance de Herbert Graf, souhaite qu'il appartienne au cercle juif. L'idée que la jeune femme attende un enfant fantasmatique de Jung lui est insupportable. Il faut que ce bébé soit de lui, Freud! Curieusement, il parle de « sioniste », mot très rare dans ses propos. Est-ce une métaphore ou une allusion au mouvement idéologique et politique de Theodor Herzl ? « Pour ma part, comme vous savez, je suis guéri de toute séquelle de prédilection pour les aryens, et je veux supposer, si votre enfant est un garçon, qu'il deviendra un inébranlable sioniste. Il faut qu'il soit brun ou qu'en tout cas, il le devienne; plus de tête blonde [37]. »

Après ces phrases qui peuvent surprendre par leur violence, mais qui doivent évidemment être replacées à la fois dans le contexte de sa profonde déception par rapport à Jung et dans celui d'un vocabulaire courant parmi les savants du XIXe siècle, Freud exprime encore une impression personnelle, comme il ne nous en est parvenue que très rarement : « Nous sommes et nous restons Juifs; les autres ne feront que nous utiliser toujours sans jamais nous comprendre ni nous respecter. »

A l'automne 1913, Sabina Spielrein donne naissance à une petite fille qu'elle prénomme Renata, *Renaissance.* S'est-elle réconciliée avec son milieu d'origine ? A-t-elle enfin cessé de s'y opposer à travers cette mythologie du héros et du chevalier germanique ? Ou s'est-elle inscrite dans la suite des générations en rejouant à sa manière un même scénario familial ?

Née en 1885 à Rostov-sur-le-Don, Sabina garde le souvenir de son arrière-grand-père, rabbin très respecté d'Ekaterinoslov, comme d'un grand homme bienveillant, toujours vêtu de noir, qui avait un don de prophétie et sut prédire l'heure exacte de sa mort. Il s'opposa vigoureusement à l'inclination de son fils pour la fille d'un médecin chrétien et lui imposa d'épouser une jeune fille juive qu'il choisit pour lui.

« Visiblement, écrit Sabina dans son journal, mon grand-père entretenait inconsciemment en lui-même l'image de son premier amour car il mettait l'étude de la science chrétienne au-dessus de tout [38]. »

Il envoya sa fille (la mère de Sabina) à l'école

chrétienne puis à l'université. Celle-ci, redoutant de rencontrer l'amour sous les traits d'un homme interdit, refusa la demande en mariage d'un chrétien, qui dès le lendemain se tua de désespoir. Le grand-père fit alors ce que son père lui avait imposé, il donna sa fille en mariage à un Juif pieux. Mais celle-ci ne semble pas avoir trouvé le bonheur dans cette union avec un riche commerçant, avec qui elle eut Sabina puis une fillette qui mourut et ensuite trois fils, Isaac, Jean et Émile.

A son tour, Sabina fut envoyée à l'université, à Zurich : « Je pense qu'on aurait peine à concevoir une joie plus grande que celle qu'éprouva mon grand-père, lorsqu'il put me bénir dans ma vocation médicale »... et ce qui devait arriver ne tarda pas, elle rencontra le médecin chrétien nécessaire à la répétition de l'intrigue familiale. Mais peut-être, en tentant de réconcilier le Juif et le chrétien, Freud et Jung, a-t-elle cherché à exorciser la fatalité de sa généalogie ?

La suite de l'histoire nous ne la connaîtrons peut-être jamais. Retournée dans sa patrie en 1923, le nom de Sabina Spielrein est présent sur la liste des psychanalystes soviétiques jusqu'en 1937; un an auparavant, la psychanalyse a été mise hors la loi par Staline. Est-elle morte, comme certains le croient, dans la tourmente des purges staliniennes ?

EUGÉNIE SOKOLNICKA

Autour de Vienne et de Freud, bien des destins se sont croisés dans ces premières années du siècle : à la Berggasse, dans les cafés, au *Ronacher*, à l'*Alserhof* ou au restaurant *Die Alte Elster*. Louise von Salomé, issue de la noblesse des tsars y a-t-elle rencontré Sabina, la juive russe ? Et ont-elles rencontré Eugénie Sokolnicka, cette Polonaise, qui de Jung à Freud, découvrit la psychanalyse, tenta de la faire germer en France et mourut tragiquement?

Eugénie Sokolnicka-Kutner est née en 1884 dans une famille juive polonaise cultivée et politiquement active. Son grand-père paternel a servi comme officier dans l'armée insurrectionnelle de 1830 et sa mère elle-même était à ce point engagée dans ce mouvement qu'elle reçut des funérailles nationales. Eugénie vint à la Sorbonne faire des études scientifiques puis, découvrant la psychanalyse, elle fut d'abord l'élève de Jung puis se fit analyser par Freud en 1913. Elle tente ensuite de pratiquer l'analyse en Pologne mais sans succès. En 1921, Freud, qui désire rallier la France à sa découverte, l'envoie à Paris, mais sa carrière y reste là aussi fort modeste. Les écrivains de la *Nouvelle Revue française* – elle analyse Gide qui l'évoquera dans *Les Faux-Monnayeurs* – se montrent ouverts aux théories analytiques mais le monde médical reste réticent. Elle participe à la fondation de la Société psychanalytique de Paris et en devient vice-présidente. Le 19 mai 1934, elle se suicide au gaz dans l'appartement loué ou prêté par un de ses élèves, Édouard Pichon, un membre important de l'Action française [39].

A partir des années 1920, l'hôtel *Régina,* à deux pas de la Berggasse, accueille de plus en plus souvent des élèves, plutôt que des patients, venus d'un peu partout apprendre un nouveau métier auprès du vieux maître juif de Vienne.

Abram Kardiner, Marie Bonaparte, Smiley Blanton, Hilda Doolittle ou Joseph Wortis évoquent dans leurs journaux d'analyse les mille détails de la vie quotidienne dans le cabinet du docteur Freud : la couverture grise pliée sur le divan, Paula, la bonne qui vient ouvrir la porte, les interprétations de Freud, mais aussi ses gestes, vifs comme ceux d'un oiseau et presque féminins par leur légèreté et leur délicatesse, les rencontres fortuites dans les escaliers avec d'autres patients, ou parfois avec Martha, un panier d'osier sous le bras... Mais tout cela appartient au prochain chapitre de cette histoire.

Si au fil de cette promenade, de nombreux patients juifs sont évoqués, il est bien difficile d'en mesurer l'exacte proportion parmi tous ceux qui, en cinquante ans, sont venus chez Freud. Par la position sociale, politique ou artistique qu'ils ont occupée dans la société viennoise, par les œuvres qu'ils ont laissées, eux ou leurs proches, ils sont souvent plus « visibles » que d'autres. Mais ce serait hâtif et erroné d'en conclure que Freud n'a attiré à lui que d'autres Juifs. Ce sont des artistes, des intellectuels, bien sûr, des gens plus modestes et moins cultivés aussi, mais surtout, toujours, des êtres blessés, à la recherche d'une réconciliation intérieure, qui sont venus s'allonger à la Berggasse.

Évoquer ces hommes et ces femmes parce qu'ils ont respiré pendant quelques heures les vapeurs aromatiques des cigares de Freud, c'est prendre le risque de les amputer de la plus grande partie de leur vie. Tenter de quitter le huis clos des séances analytiques pour les voir évoluer sur une scène plus large, c'est souvent parler encore de Freud. Les racontant, dans ses lettres, dans ses œuvres, Freud s'est raconté lui-même à travers eux, comme si chacune de ces silhouettes incarnait une part de ses rêves, de ses passions, de ses contradictions, de ses refus et des pans de sa théorie en construction.

Et sans doute, à notre tour, trahissons-nous quelque chose de nous-mêmes en pensant parler d'eux.

Mais Emma, Ida, Heinrich, Herbert, Serguéï, Bruno ou Sabina existent-ils aussi pour eux-mêmes? Et de quel droit, alors, fouillons-nous dans les placards et les tiroirs de leur intimité? Parce qu'ils ont un moment noué leurs associations à celles de Freud, nous appartiennent-ils? Bien sûr, leurs vies ne suscitent pas seulement en nous des vocations de Sherlock Holmes mais aussi notre tendresse, notre tristesse, et cette sorte d'attachement rêveur et amical que nous accordions, enfant, à certains héros de contes, de romans ou de mythes.

Pour tous ceux d'entre nous qui, par lien culturel ou personnel, désirent s'inscrire dans cette filiation imaginaire, dans cette généalogie viennoise, ces « portraits freudiens » sont peut-être, à leur manière, les portraits de notre propre roman familial.

CHAPITRE 3

SUR LE DIVAN DU PROFESSEUR FREUD

(1913-1939)

LE VOYAGE À VIENNE

D'Agatha Christie à D. H. Lawrence, d'Alfred Hitchcock à Sherlock Holmes, l'Orient-Express inspira bien des passions érotiques et meurtrières, mais sait-on que ce train de rêve, avec ses marqueteries Art déco, ses bacchantes de Lalique et ses panneaux en laque de Chine, emporta souvent avec lui dans les années 1920-1930 les patients de Sigmund Freud ? Venus d'Amérique, d'Angleterre, de Suisse ou de France, des hommes et des femmes traversèrent la *Mittel-Europa* pour venir s'allonger dans la pénombre du cabinet de la Berggasse. Sans doute n'ont-ils pas tous été ballottés dans les plus luxueuses voitures aux couleurs bleu marine et or de la Compagnie internationale des Wagons-Lits et des Grands Express européens mais peut-être ont-ils aperçu dans les voitures-restaurants Joséphine Baker ou le roi Carol de Roumanie avec sa maîtresse Magda Lupescu. A quoi pensaient-ils en voyant défiler les forêts, les lacs, les montagnes et les gares ? Qu'attendaient-ils de leur voyage, ces étrangers assis sous les feuilles et les fleurs en bois précieux [1] ?

Les jeunes Viennoises, qui ont avec Freud créé la

psychanalyse il y a près d'un siècle, ne savaient pas que c'était de leur « inconscient », de leur « Œdipe » ou de leur « surmoi » qu'elles venaient parler à ce bizarre docteur des mots. Elles faisaient une psychanalyse comme monsieur Jourdain de la prose, sans le savoir, et sans le demander. Plus tard, alors que la Berggasse devint une adresse aussi célèbre que la Baxter street de Sherlock Holmes, les voyageurs et les voyageuses qui débarquaient à la gare de Vienne espéraient recevoir du vieux savant une parcelle de sa nouvelle science, une initiation quasi mystique parfois à la « Psychanalyse ». Ils ne souffraient peut-être plus autant que les premières hystériques, le *Wolfman* ou l'Homme aux rats, mais ils voulaient guérir d'une ignorance. Et Freud qui, dans sa jeunesse, se glissa si volontiers sous le masque d'un Faust à la recherche d'un savoir que nul ne sait, devenu plus âgé, n'eut sans doute aucune peine à rêver, tel Méphistophélès, d'ouvrir les portes secrètes des « Mères » aux jeunes apprentis sorciers venus à sa rencontre.

Pour chacun d'eux, faire le voyage à Vienne pesait son poids de désir. Quelques femmes vinrent y chercher une image paternelle auréolée de gloire. « Toute ma vie, écrit Marie Bonaparte dans son journal, je ne devais attacher de prix qu'à l'opinion, l'approbation, l'amour de quelques pères choisis de plus en plus haut et dont le dernier devait être mon grand maître Freud [2]. » Elle désire surtout guérir de ses échecs amoureux. Elle veut trouver « le pénis et la normalité orgastique ». Creuser, déterrer, déraciner les mauvaises herbes, voilà ce qu'attend Hilda Doolittle, une poétesse américaine. Elle a besoin d'un accoucheur de l'âme, d'un sage, d'un « petit-papa, papalie, le grand-père [3] ». Elle venait saluer le « vieil homme de la mer » et fut surprise que Freud interprétât son attachement comme s'il était une mère et non un père pour elle. Mais celui-ci lui avoua : « Et... il faut que je vous dise – vous avez été franche avec moi, je le serai donc avec vous – je n'aime pas être la mère dans un transfert. Cela me surprend et me choque toujours un peu. Je me sens tellement masculin [4]. »

Abram Kardiner, un psychiatre juif américain, racla ses fonds de tiroir pour s'offrir la psychanalyse « didactique » qui lui permettrait à la fois de mieux exercer son métier et de s'affirmer enfin face à l'image d'un géniteur colérique et effrayant dont il transféra le souvenir et la crainte sur la personne de Freud [5]. Le docteur Smiley Blanton, un sudiste et rigide presbytérien, désirait, lui, apporter à Freud et à lui seul parce qu'il était « un artiste autant qu'un savant » son incertitude face à la vie, ses manies alimentaires, sa sensibilité extrême au bruit, et lui montrer comment il pensait avoir surmonté ses faiblesses en mettant « l'inconscient de son côté ». A la perspective de commencer son analyse, une assez forte angoisse l'envahit. Son premier rendez-vous était fixé à quinze heures ; il se coupa le doigt dès le matin et souffrit toute la journée de violentes colites. Malgré toutes ses précautions, un taxi le déposa à la Berggasse avec quelques instants de retard [6]. N'était-ce pas déjà le premier signe de l'agressivité qui allait l'opposer au maître tout au long de leur rencontre ?

Une lettre de la main de Freud annonçait généralement le jour et l'heure de la première séance. Ainsi, à la fin du mois d'avril 1921, Kardiner reçut l'invitation suivante :

« Cher Docteur Kardiner,

« Je suis heureux de vous accepter en analyse, d'autant que le docteur Frink me fait un excellent rapport à votre sujet [...]. Je vous prie d'être à Vienne le premier octobre car j'établirai l'horaire de mes séances peu après mon retour de vacances ; donnez-moi l'assurance ferme que vous arriverez un peu à l'avance, disons au début de septembre. Mes honoraires sont de 10 $ par heure, ce qui fait environ 250 $ par mois, que vous voudrez bien me payer en billets et non en chèques, car je ne peux que changer ces derniers pour des couronnes.

« Si vous connaissez l'allemand, ce serait très utile pour notre analyse, et vous pouvez travailler ici à la rédaction de l'International Psycho-Analytical Press.

« Avec mes sentiments les meilleurs, sincèrement vôtre, freud [7]. »

Dans le « cahier noir » de sa correspondance avec Freud, Marie Bonaparte, princesse Georges de Grèce, note qu'elle a reçu une « lettre formelle à la machine » : « Il me prendra tous les jours à 11 heures. Il m'a dit que je jugerai moi-même quand l'analyse serait finie [8]. »

Cette décision d'entreprendre une psychanalyse avec son inventeur s'accompagne souvent des réticences de l'entourage. Le mari et l'amant de Marie Bonaparte s'en inquiètent, ils se sentent menacés. Autour de Hilda Doolittle, D. H. Lawrence est d'« instinct défavorable à Freud » et son ami, le poète américain Ezra Pound, lui écrit très crûment : « J'ai trouvé ton horrible Freud très tord-boyaux mais ces imbéciles de chrétiens enterrent tous leurs bons auteurs... au lieu de s'en tenir à la liste des textes laissée par Dante... tu t'es trompée de porcherie, ma chère. Mais pas trop tard pour en sortir [9]. »

Vivre quelques mois à Vienne supposait d'y trouver un logement. La plupart des élèves descendaient à l'hôtel : la princesse Bonaparte dans le plus luxueux, l'hôtel *Bristol,* Kärntnerring, à côté de l'Opéra et du Sacher, le rendez-vous de l'aristocratie. Elle apprécie l'emplacement du *Bristol* mais déclare « lugubre » l'appartement qu'elle y occupe avec Solange, la femme de chambre qu'elle a emmenée avec elle [10]. Le docteur Smiley Blanton l'estime trop bruyant – mais peut-être trop cher aussi. Il s'installe à la pension *Atlanta* où logent également deux compatriotes, le docteur Lippman et le docteur Edith Jackson, avec lesquels il discute volontiers entre ses séances d'analyse et ses cours de danse de salon [11].

C'est au *Zita Hôtel* que vécut Lou Andreas-Salomé, pas très loin de la demeure de Freud et de l'auditorium de la clinique psychiatrique où il donnait ses cours. A quelques pas de là aussi se trouvait le restaurant *Die Alte Elster* où les « freudiens » se rendaient après les cours ou à d'autres occasions. Lou aimait retrouver le soir sa chambre, au numéro 28, dont la fenêtre s'ouvrait sur d'innombrables jardins et qui s'ornait de pots de fleurs fraîches; le matin, c'était le gazouillis des oiseaux qui la réveillait [12].

Abram Kardiner logea d'abord dans un appartement qu'un ami lui avait trouvé sur l'une des grandes places de Vienne, au 24 du Schottenplatz, à quelques enjambées de la Berggasse. Mais il dut l'évacuer au bout de deux jours tant les punaises l'empêchaient de dormir. Il fut alors accueilli dans la famille Frankel, qui habitait Essling Gasse dans le premier arrondissement, au cœur de la ville. Le propriétaire qui désirait savoir à qui il avait affaire s'enquit un jour des occupations de son locataire. Kardiner lui expliqua qu'il était médecin et travaillait avec le professeur Freud. « Le professeur Freud? Je n'ai jamais entendu parler de ce professeur. – Il est professeur à l'université, insista Kardiner. – Comme c'est bizarre, reprend monsieur Frankel, mon gendre est professeur de gynécologie mais je n'ai jamais entendu parler du professeur Freud. Pourtant son nom ne m'est pas complètement inconnu. Attendez une seconde, j'ai une idée. » Il disparut et revint une minute plus tard en feuilletant les pages d'un petit livre bleu et il consulta une liste : « *Ach*, Freud, Sigmund, Berggasse 19. » Ils appartenaient tous les deux au B'nai B'rith, une association libérale juive. Freud rit de cette histoire : « Nul n'est prophète en son pays [13]. »

L'hôtel *Regina*, proche de la maison de Freud, situé Freiheitz Platz, aujourd'hui Roosevelt Platz, abrita sans doute le plus grand nombre d'amis, disciples, élèves et patients étrangers. Hilda Doolittle y habita au cours de la sombre année 1933-1934 dans une chambre aux lourds rideaux verts. La pièce comprenait un confortable fauteuil, vert lui aussi, une coiffeuse, une lampe de chevet dotée d'un abat-jour vieux rose et une table sur laquelle elle avait posé un petit calendrier. Elle comptait les jours et les semaines de son analyse, biffant comme une écolière le temps qui passait.

Comme elle s'arrêtait un jour pour laisser sa clef à la réception, le portier lui dit : « Voudriez-vous me rappeler au souvenir du Professeur ? » et il ajouta : « Et aussi à l'épouse du Professeur ! c'est une dame remarquable. » H. D. lui répondit qu'elle n'avait point rencontré Martha Freud mais qu'elle avait entendu dire qu'elle était pour lui l'épouse parfaite et qu'il ne pouvait exister de plus grand compliment. Le portier s'enquit alors : « Vous connaissez la Berggasse ? Eh bien, après la... je veux dire quand le Professeur ne sera plus parmi nous, on appellera cette rue la Freudgasse [14]. » Mais le portier n'a pas été entendu par la ville de Vienne. Il a fallu attendre 1969 pour qu'une Association Sigmund Freud soit fondée et que soit créé un musée dans l'appartement qu'avait occupé l'inventeur de la psychanalyse pendant presqu'un demi-siècle. Longtemps, le 19 Berggasse ne signifia rien pour les Viennois et encore moins pour les chauffeurs de taxi. Et lorsque le cabinet du docteur Freud fut enfin visible au public, on avait déjà soigneusement poncé et ciré les traces qu'avait laissées sur le parquet son fameux divan [15].

L'été, Freud ne recevait pas dans son cabinet de la rue de la Montagne mais dans l'une ou l'autre maison louée pour les vacances : dans la forêt de Berchtesgaden ou les collines viennoises de Grinzing. Dans ces résidences estivales, le jardin faisait office de salle d'attente, aussi arrivait-il fréquemment que les patients rencontrent madame Freud. Smiley Blanton qui débuta son analyse en septembre 1929 découvrit une petite villa au milieu des sapins, à environ sept kilomètres de Berchtesgaden (le futur repère de Hitler) avant de connaître les quartiers d'hiver à la Berggasse. Blanton se souvient d'avoir vu un jour Martha Freud assise à une table de jardin en train de préparer des haricots pour le repas du soir. Il nota dans son journal qu'elle avait une jolie bouche et une expression de douceur et de bonté [16].

Dans les années 1930, quand il revenait pour quelques semaines par an, c'est à Grinzing, dans la banlieue de Vienne qu'il se rendait. Freud y accueillait ses « analysants » au rez-de-chaussée d'un petit immeuble situé un peu en retrait de la route, avec une grille à l'avant et un grand jardin à l'arrière. Smiley Blanton trouva une fois de plus Frau Freud, cousant tranquillement, l'air digne et aimable mais timide; ils échangèrent quelques mots en anglais. Évoquant Berchtesgaden, Martha en souligna la beauté puis avec un profond soupir ajouta : « Et maintenant, c'est la résidence d'Hitler [17] ! »

Joseph Wortis, aussi, rencontra la femme du professeur, la dame aux cheveux blancs, qui tricotait, assise à l'ombre d'un arbre. Intimidé sans doute, il se dirigea vers la porte, mais la domestique lui demanda d'attendre un instant dans le jardin, le professeur étant toujours très ponctuel. A cinq heures exactement, une jeune femme qui louchait légèrement et qui lui parut américaine sortit du bureau, mit son chapeau et s'en alla. Alors Freud venant de la véranda s'avança vers lui [18].

En patientant dans ce même jardin, Smiley Blanton eut souvent le loisir d'observer ce qui l'entourait. Il l'évaluait à quelque quarante-cinq mètres de large sur quatre-vingt-dix mètres de long. La pelouse paraissait tendre et grasse et les arbres étaient nombreux. De temps en temps, il pouvait entendre des bribes de conversation entre les domestiques qui se tenaient à la cuisine. Le bureau de Freud, situé à l'ouest, s'ouvrait sur une terrasse et était visible de l'endroit où il attendait son tour. Contrairement au cabinet surchargé de tapis et d'objets antiques, la pièce où Freud travaillait l'été frappait par sa simplicité. Le parquet était nu, à l'exception d'une petite carpette ; près d'un bureau se trouvait, appuyé contre le mur, un divan confortable, garni de couvertures et d'un châle de laine douce plié à la hauteur de la tête, et derrière lui, le fauteuil de cuir à dos droit que Freud occupait pour écouter ses patients [19].

LES VISITEURS DE LA BERGGASSE

Les vacances terminées, Freud se réinstallait en ville, au premier étage du 19 de la Berggasse ; côté jardin en famille et côté cour avec ses livres, ses antiquités et ses patients. Combien d'hommes et de femmes descendirent cette rue exceptionnellement escarpée, en venant du Ring et de la Votivkirche ou la remontèrent depuis le Tandelmarkt, le marché aux puces ? Le numéro 19 était situé dans la partie la plus plane de la rue parmi les maisons bourgeoises les plus calmes et les plus respectables. L'immeuble datait de la fin du XIXe siècle ; il était construit selon une architecture assez massive, la façade de style Renaissance dans les étages inférieurs s'ornait de détails néo-classiques aux étages supérieurs : lions, guirlandes et bustes héroïques. Freud y vécut avec les siens de 1891 à 1938, et pendant ces quarante-sept ans, des dizaines et des dizaines de patients puis d'élèves et de disciples vinrent y raconter « plus de secrets que le confessionnal de n'importe quel père catholique romain n'en entendit jamais [20] ».

Après Elisabeth von R., la « dame au coq de bruyère », la gouvernante anglaise, Emma Eckstein, Dora et tant d'autres êtres souffrants de réminiscences, de symptômes et d'angoisses, c'est au tour de ceux qui désirent comprendre le fonctionnement psychique à travers la découverte de leur propre inconscient d'entreprendre une cure avec Freud. C'est d'abord, en 1911, le docteur Bjerre, originaire de Suède, puis en 1912-1913, Lou Andreas-Salomé, à laquelle une intense amitié épistolaire liera Freud pendant un quart de siècle. Dans son journal, elle a noté le 9 février 1913 : « Chez Freud pendant de longues heures. Partie avec des tulipes roses et des lilas mauve pâle. – *Jeudi 13 février 1913* : Chez Freud pour le dîner. Dès avant le repas, il parle de Tausk. Demeurée très longtemps chez Freud dans son cabinet de travail, ramenée par lui tard le soir; nous parlons de choses personnelles et nous nous comprenons bien [21]. »

En 1913, c'est Eugénie Sokolnicka-Kutner qui vient apprendre un nouveau métier; en 1914, Ludwig Jekels, un futur disciple et en 1915, sans doute, Ferenczi pendant trois semaines. L'année de la fin de la première guerre mondiale lui amène Max Eitingon, un jeune médecin russe qu'il analyse en quelques semaines au cours de promenades dans Vienne et qui fondera une société psychanalytique en Palestine. Il reçoit aussi le peintre Schmutzer. En 1919, le docteur David Forsyth vint pour sept semaines ainsi qu'un dentiste américain, envoyé par Jones, qui contrairement à la plupart des Américains ne paya que le demi-tarif (c'est-à-dire 5 $), « ce qui n'était que justice puisqu'il était à moitié américain et à moitié juif hongrois », précisait Freud [22]!

En 1921, il prend environ dix élèves par jour. Les Américains Clarence Oberndorf, Polon, Blumgart, Meyer, Abram Kardiner et les Anglais James et Alix Strachey et John Rickman partagent les heures du maître viennois. Cette année-là, face à l'affluence et sur les conseils de sa fille Anna, Freud découvre que 6×5 valent 5×6 et décide de ne pas recevoir cinq patients six fois par semaine mais bien six personnes à raison seulement de cinq séances [23]. En 1922, il réduit sa journée à huit heures d'analyse et promet au pasteur Pfister, son ami et correspondant, de ne plus jamais reprendre neuf patients. Cette année-là, il recevait H. W. Frink de New York dont il attendait beaucoup mais qui dès son retour se montra plein d'arrogance à l'égard des autres analystes et qui mourut dans un asile de fous. Il reçut aussi Joan Rivière. En 1923, les visites quasi quotidiennes à son chirurgien, Pichler, et les rayons X l'empêchèrent de voir des patients [24].

« Jamais mon cœur ne battit aussi vite pour un amant que le jour où je montais la Berggasse », raconta Maryse Choisy, venue en 1924, de Paris. « Quinze cents kilomètres! Quinze cents kilomètres pour atteindre la Berggasse, se coucher et ne rien dire! » Freud attend et le silence qui remplit la pièce lie Maryse et son analyste plus sûrement que deux complices. Mais Freud interprète trop rapidement un rêve, découvre ainsi un secret de famille et la jeune femme part aussitôt pour Paris vérifier ses suppositions puis, effrayée par la découverte du « cadavre dans le placard » que Freud avait bien deviné, elle ne retourna plus à Vienne [25].

En 1925 viennent à lui le professeur Tansley, le comte Kayserling, qu'il envoie à Karl Abraham, et le 30 septembre, sa « princesse », Marie Bonaparte. Il l'avertit dès sa première visite : « J'ai soixante-dix ans. J'ai eu une bonne santé mais il y a quelques petites choses qui ne vont plus [...]. C'est pour cela que je vous préviens : vous ne devez pas trop vous attacher. » Alors, la princesse de Grèce fond en larmes en lui disant qu'elle l'aime. « S'entendre dire cela à soixante-dix ans! » s'écrie Freud ravi [26]. Elle vient de rencontrer son maître. Il découvre la fée de sa vieillesse. Elle sera de ses enfants analytiques la disciple la plus fervente. Elle a pour réaliser ses rêves l'argent, l'énergie, le prestige nécessaires, un désir inépuisable de gagner l'amour et l'approbation du dernier des pères qu'elle s'est choisi. Elle lui offre ses cigares préférés et de fort belles antiquités, comblant ses deux « vices » les plus irréductibles.

A son empire psychanalytique, qui comprend déjà de nombreux pays, elle, la dernière Bonaparte, la descendante de Napoléon, rallie le fief parisien, resté si longtemps imprenable. Contre le gré de Freud, il est vrai, elle rachète et conserve ses précieuses lettres à Fliess, témoignage de la naissance de la psychanalyse. En 1936, la veuve de Fliess vendit les lettres à un certain monsieur Stahl de Berlin qui les proposa à Marie Bonaparte. Freud voulut partager le coût de ce rachat, exprimant très vivement le vœu qu'elles ne tombent pas entre les mains de la postérité, mais Marie ne partageait pas pour une fois l'avis de son vieux maître. Elle insista pour qu'elles ne fussent pas détruites mais publiées quatre-vingts ou cent ans après la mort de Freud. Elle lui demanda aussi la permission de les lire, ce qu'il finit par accepter avec beaucoup de réticences, en raison du caractère particulièrement privé de ce courrier. Durant l'hiver 1937-1938, Marie les déposa à la banque Rothschild à Vienne mais lorsqu'en mars Hitler envahit l'Autriche, elle les retira en présence de la Gestapo et les confia à la délégation danoise à Paris. Enveloppées d'une protection contre l'eau, en cas de naufrage, ces fameuses lettres traversèrent finalement la Manche sans incident et furent remises à la fin des années 1940 à Anna Freud. Celle-ci les transcrivit et les mit à la disposition d'Ernest Jones au moment où ce dernier rédigea sa biographie sur Freud. Peu de temps avant de mourir, en 1980, Anna déposa les lettres à la bibliothèque du Congrès à New York. En 1950, une partie de cette correspondance, 168 lettres sur un total de 284, fut publiée. Elles ne sont connues dans leur intégralité que depuis 1985, presqu'un siècle après avoir été écrites [27].

Marie Bonaparte se révéla non seulement une amie, une princesse de rêves incarnés mais aussi une habile diplomate. Pour atténuer les douleurs cancéreuses de Freud à la mâchoire, elle lui adressa son médecin personnel, le docteur Max Schur, et lorsque l'Europe bascule dans l'horreur hitlérienne, elle le sauve, avec ses proches, et l'emmène à Londres, grâce à une grosse caution et à de nombreux appuis politiques. A Paris, où elle le reçoit quelques heures avant la poursuite de son voyage vers l'Angleterre – il avait toute sa vie souhaité y habiter [28] –, elle lui fait don d'une statuette d'Athéna, qu'elle a sortie de Grèce en contrebande. Son amitié l'accompagnera jusque dans la mort, puisque c'est dans le cratère grec qu'elle lui offrit pour ses soixante-quinze ans que reposent toujours ses cendres. Malgré l'intensité de tous leurs liens, Freud reçut sa « princesse » en analyse par bribes de quelques semaines, tout au long des années 1925-1926, à l'automne 1927 puis dans les derniers mois de 1928 et jusqu'au début de 1929. Cette analyse se poursuivra par « tranches », en fonction des courtes visites que la princesse réussit à faire à Vienne en 1934, 1935, 1936 et 1937.

DANS LE CABINET DU DOCTEUR FREUD

Savent-ils ce qui les attend dans le cabinet de consultation de leur psychanalyste, les visiteurs et les visiteuses de la Berggasse ?

Horus, le dieu égyptien à tête d'épervier, Anubis et Osiris, divinités des enfers, Neith, la déesse guerrière, le dieu Pan, maître de la panique, la Gradiva, Œdipe, un sphynx, une déesse ailée, un silène, un centaure. Et encore : une tête de Romain, un grand chameau chinois de la dynastie Tang, quelques bouddhas et des centaines d'autres statuettes au sourire immobile, qui accueillent malades et disciples et les invitent à se souvenir des fragments épars de leur passé.

En franchissant le seuil de cette étonnante pièce, les patients découvrent d'abord le confortable divan, lourdement chargé de tapis d'Orient, de châles et de multiples coussins, placé contre un mur sur lequel se trouve pendu un autre tapis persan. Sur une des petites tables et sur le sol, des tapis encore, aux couleurs rouges, ocre et tabac, qui illuminent ce lieu protégé de toute lumière crue. Au-dessus du divan, Freud a accroché une reproduction du temple de Ramsès II à Abou Simbel et à sa droite, une photo d'un être qu'il comparait à un temple grec, son ami Ernst von Fleischl. En dessous de celle-ci, l'Œdipe peint par Ingres, qui interroge le sphinx, et le moulage de sa bien-aimée Gradiva qui, selon la nouvelle de Jensen – que Freud analysa dans un de ses plus jolis livres –, « retroussant légèrement sa robe de la main gauche [...] de sa démarche souple et tranquille, en plein soleil, sur les dalles, passa de l'autre côté de la rue ».

Derrière le divan, le fauteuil, fort commun, de Freud est surmonté de deux fresques de Pompéi, d'un papyrus égyptien et de quatre dessins de l'humoriste Wilhelm Busch : un âne contemplant un peintre, un poussin sortant de l'œuf, un rhinocéros face à un Africain et un poisson crachant sur une mouche. Dans l'angle, une tête de Romain en marbre trône sur un piédestal.

Installé sur le divan, presque plus assis qu'allongé, tant les divers coussins lui surélèvent le torse, le patient découvre à ses pieds un poêle en faïence. Devant lui, une vitrine contenant diverses figurines grecques et deux déesses du Proche-Orient. Cette armoire, surmontée d'un cheval et de deux dames chinoises, se trouve à gauche d'une double porte largement ouverte sur le bureau où Freud rédige ses livres, ses lettres, corrige ses épreuves et reçoit ses disciples. Ainsi, peut-on deviner au loin d'autres vitrines, d'autres tables pleines d'objets archéologiques, le plus souvent des figures humaines, jadis utilisés lors de rites funéraires. A droite de l'ouverture, sur le bureau, un bas-relief d'une tombe égyptienne de 1300 avant J.-C. est posé sous une tête de femme originaire de Sicile et le long d'une vitrine remplie de vases et d'objets divers. Au-dessus de cette vitrine Freud a déposé un cheval ailé chinois devant une vue du Forum romain.

Tout en écoutant ses patients, les jambes allongées sur un tabouret, Freud voit des statuettes de bois égyptiennes, une tête grecque en terre cuite, des bouddhas, un cobra, emblème du pouvoir des pharaons, une scène de la guerre de Troie gravée dans le marbre et, parmi d'innombrables autres objets de fouille, la déesse Neith qui illustre pour lui sa théorie de la sexualité infantile [29].

Pour Freud, parti solitaire à la conquête d'un espace psychique invisible, l'archéologie offre une prise sur le visuel, le figuré, le représentable. Pour écouter l'inconscient, on est prié de fermer les yeux; il ne renoncera pourtant jamais à son désir de le voir. Il s'entoure d'objets antiques, traces muettes mais visibles du passé des civilisations, rêvant de rendre tangibles les vestiges du passé individuel. L'archéologie comme passion habite ses songes, ses voyages, ses murs et ses identifications héroïques. Schliemann, le découvreur d'une Troie que l'on croyait seulement imaginaire, Winckelmann, qui fonde à Rome l'histoire de l'art, l'archéologue amoureux de la « Gradiva », voilà des hommes heureux pour lui! Ce « monde de rêve », nourri des souvenirs de la Bible illustrée de son enfance, lui procure « dans les combats de la vie, une consolation insurpassée ». De l'*Étiologie de l'hystérie* à son texte sur les *Constructions en analyse,* Freud n'a cessé d'utiliser la métaphore archéologique pour décrire le fonctionnement mental. Il n'hésite pas à rapprocher un trait psychique de l'Homme aux loups avec une religion ancienne d'Égypte, ni à expliquer à l'Homme aux rats la différence entre le conscient et l'inconscient en lui parlant des ruines de Pompéi. Il lui arrive même de se lever pour prendre une petite figurine et de la montrer à ses patients pour illustrer un point de son interprétation [30].

En sortant de leur séance, ceux-ci peuvent jeter un dernier coup d'œil sur la vitrine de vases, surmontée d'une grande figure peinte d'Osiris et d'un groupe de paysans égyptiens du XVIIIe siècle avant J.-C., au-dessus desquels trône une gravure de « La leçon clinique du docteur Charcot ».

SÉANCES D'ANALYSE

Il y avait une boucherie à gauche de l'entrée du 19 de la Berggasse. « Siegmund Kornmehl » était-il indiqué au-dessus de la boutique. Ainsi les patients devaient-ils longer la vitrine du boucher, avec son tableau des prix et ses morceaux de viandes crues posés ou pendus, avant d'aller confier les blessures de leur âme chez l'autre Sigmund. L'entrée, assez délabrée comme souvent à l'époque, menait à un large couloir au bout duquel deux portes de verre, sur lesquelles étaient gravées des jeunes filles à la manière antique, ouvraient sur une courette intérieure avec de grands marronniers.

Sur la droite du couloir, un escalier de pierre

s'élevait en courbe vers les étages. Les marches étaient larges et la balustrade de fer forgée formaient de jolies volutes. Arrivé au premier palier, on découvrait deux portes, celle de gauche appartenait à l'appartement familial et celle de droite s'ouvrait sur le domaine personnel du docteur Freud.

Paula, la jolie domestique, avec son gracieux bonnet dans les cheveux et son petit tablier, accueillait le visiteur et le débarrassait de son manteau qu'elle accrochait au portemanteau situé à droite du vestibule, puis elle l'introduisait dans la salle d'attente [31]. Le mobilier en était victorien : un canapé en peluche rouge, une petite table ronde et deux chaises. La fenêtre était ornée de longs rideaux de dentelles « comme on en verrait dans une pièce ou un film mettant en scène " une chambre à Vienne " [32] ». Sur la table, quelques vieilles revues, une lampe et un album de photos de famille qu'Abram Kardiner dit avoir regardé attentivement sans pouvoir en identifier tous les personnages [33]. Aux murs, sous leurs cadres de verre, se trouvaient les portraits de Havelock Ellis, de Hans Sachs, de Max Eitingon, de Sandor Ferenczi ainsi qu'une photo de groupe prise en 1909 aux États-Unis, à la Clark University. Des diplômes étaient accrochés à côté d'un dessin à la manière de Dürer représentant un « Enterré vivant » qui impressionnait beaucoup Hilda Doolittle. Dans cette chaude et vaste salle d'attente (qui servit jusqu'en 1910 pour les réunions de la Société de psychologie du mercredi devenue, à partir de 1908, la Société psychanalytique de Vienne), se trouvaient aussi divers livres, dans toutes les langues, souvent dédicacés. « Aucun de ces livres ne semblait avoir été beaucoup lu [34] », nota Joseph Wortis, avec ce brin de critique et d'hostilité qui caractérisa sa relation avec Freud. Calverton, Malinowski, Einstein, les poèmes de sa patiente H. D. pouvaient y être feuilletés.

C'est dans cette pièce que chacun attend son tour. H. D. se souvient de sa première séance, de ces instants passés assise dans le petit salon : « Je sais que le Professeur docteur Sigmund Freud va ouvrir la porte qui est en face de moi. Quoique le sachant et m'étant depuis des mois préparée à cette épreuve, je n'en reste pas moins déconcertée, surprise, et même bouleversée quand la porte s'ouvre [35]. »

Comme un automate, elle franchit le seuil. La porte se referme. Freud se tait, il attend à son tour. Mais H. D. ne peut parler. Elle regarde autour d'elle. Elle savait qu'il était un accoucheur de l'âme, pas un conservateur de musée. Elle laisse courir son regard sur les étagères qui disparaissent sous les trésors antiques. Elle pense que Freud est un sphynx-atropos, un sphynx à tête de mort, un « Lazare, lève-toi », le dernier prophète. Elle ne dit toujours rien. Alors le vieux professeur – il a presque soixante-dix-sept ans –, avec une nuance de tristesse dans la voix, lui dit : « Vous êtes la seule personne qui ait jamais pénétré dans cette pièce et regardé les objets avant de me regarder [36]. » Autour de l'Antiquité, une fascination commune les lie dès le seuil de l'analyse.

Une autre épreuve attend Hilda Doolittle. Surgissant de derrière ou de dessous le divan, une petite créature à l'aspect léonin s'avance vers elle. Timidement, H. D. se penche mais Freud s'interpose : « Ne la touchez pas, elle mord, elle est très difficile avec les étrangers. » Affligée par « l'attitude rébarbative » du professeur mais décidée à lui tenir tête, elle s'accroupit sur le sol pour que Jofi, le petit chow-chow, puisse la mordre, si tel était son désir. Le chien vint enfouir son nez dans sa main et blottit sa tête contre son épaule, en un « geste de délicate sympathie ». Hilda Doolittle venait de prouver qu'elle n'était pas une étrangère et que « le Professeur n'avait pas toujours raison [37] ».

Le 5 mars 1933, deux jours après le début de son analyse, H. D. décrit sa séance : « Aujourd'hui, étendue sur le célèbre divan psychanalytique, j'ai l'impression qu'une menthe froide s'évapore, une espèce d'éther répandu sur mon front "morbide". Où que mes fantasmes puissent maintenant me mener, je possède un centre, une stabilité, un but. C'est ici, dans le repaire de ce lion mystérieux, dans cette grotte aux trésors d'Aladin, que je suis centrée, ré-orientée. Je suis récupérée, je suis sauvée [38]. »

Cette femme qui signe de ses initiales comme les rois et qui, au moment de s'allonger pour la première fois, s'inquiète de savoir si le divan sera assez grand pour elle, raconte à Freud sa surprise de le trouver entouré de trésors comme dans un musée ou un temple. Elle lui parle d'images qui doivent éveiller chez lui bien des rêves personnels; H. D. a visité l'Égypte au temps des fouilles de Toutankhamon, elle évoque la Bible de son enfance, illustrée par Gustave Doré... Elle s'identifie au petit Moïse recueilli du Nil par une princesse égyptienne. Freud lui répond qu'elle aurait certainement aimé être un garçon, peut-être même un héros. H. D. l'écoute, elle lisse les plis du tapis sur le divan. Les vapeurs aromatiques du cigare de Freud flottent au-dessus de sa tête, s'élevant du renfoncement qui fait angle derrière elle [39]. L'atmosphère est paisible, le cabinet est à l'abri des bruits de la circulation de la rue. La seule fenêtre de la pièce donne sur la petite cour intérieure et ses marronniers. Étendue, le haut du corps un peu redressé, elle regarde devant elle le bureau-bibliothèque du professeur, baigné d'ombre. De temps en temps, elle entend le craquement du bois dans le vieux poêle de faïence qui se trouve juste au pied du divan [40]. Elle lui parle de son père qui fumait lui aussi, de sa mère qui peignait des tableaux comme il y en a dans un restaurant non loin de la Berggasse où elle est allée se réfugier après une séance qui la fit pleurer. Elle évoque des lieux, des personnages de son enfance, de sa jeunesse, ses amis poètes et écrivains, sa ville natale de Bethlehem aux États-Unis, son enfant, un bateau, des voyages, une belle robe de bal. Le poêle projette une lueur douce sur la niche qui renferme les flacons, vases égéens et verres irrisés qui luisent doucement dans la pénombre du cabinet.

Un jour, elle oublie le petit flacon vert contenant des sels qu'elle garde toujours dans son sac à main. Elle l'a laissé « accidentellement » tomber sur le tapis ou oublié sous le coussin du divan... C'est d'un air de « triomphante moquerie » que Freud le lui rend en disant : « Ah !... Vous avez oublié ceci. » H. D. connaît la signification symbolique des oublis. Elle reprend le flacon avec un très léger sourire [41].

Lorsqu'il lui arrive de regarder sa montre, Freud se fâche. De l'heure, il se charge seul [42]. Pour prévenir la bonne qu'un patient est sur le point de sortir, il fait tinter une petite cloche. D'un mouvement du coude semblable au battement d'ailes d'un oiseau, il indique le signal du départ. « Nous nous sommes occupés de choses importantes [43] », dit-il parfois en fin de séance.

Avant de quitter la pièce, H. D. replie l'épaisse couverture gris argent qu'elle trouve toujours soigneusement pliée au bout du divan au début de sa séance. Dans ses souvenirs, elle s'est interrogée : « La petite servante Paula revenant de l'entrée la pliait-elle ou bien était-ce le patient qui me précédait qui s'en chargeait comme je le faisais toujours moi-même soigneusement avant de partir ? C'était le Hollandais volant qui me précédait. Il laissait sans doute la couverture n'importe comment – comme le fait un homme. Devais-je demander au Professeur si chacun des patients pliait la couverture avant de partir ou si j'étais seule à le faire [44] ? »

Patients et élèves se croisent parfois dans les escaliers ou au vestiaire. Abram Kardiner raconte avoir rencontré Martha, un panier d'osier sous le bras, descendant faire ses courses [45] et Smiley Blanton rapporte une petite scène inattendue : lors d'une séance qui avait lieu un soir d'avril 1930, Freud avait gardé auprès de lui son chow-chow. Lorsqu'il reconduisit sa patiente, le docteur Edith Jackson, il se mit soudain à courir dans le hall d'entrée « comme un enfant s'attendant à ce que le chien le suive ». Mais la dame sur le pas de la porte s'adressa à l'animal et celui-ci resta planté là sans bouger. Spectateur involontaire de ce tableau, Blanton rêva cette même nuit de son propre chien chassant et avalant un porc-épic [46].

H. D. espérait toujours un peu apercevoir le « Hollandais volant », J. J. Van der Leeuw, avant d'entrer dans le salon d'attente. Elle aimait ce court instant où ils échangeaient un regard. Il sortait du cabinet et prenait au vestiaire son manteau et son chapeau au moment où elle-même se débarrassait des siens. Elle le trouvait élégant, plaisant à regarder et l'imaginait « richement doté intellectuellement ». Un jour d'été, c'est leurs heures d'analyse qu'ils se prêtent mutuellement. S'inclinant devant elle, il lui demande dans un allemand châtié et raffiné si la *gnädige Frau* accepterait de modifier pour un jour seulement l'heure de sa séance. Elle répond en anglais qu'elle viendra volontiers à quatre heures et qu'il peut prendre sa séance de cinq heures. Il la remercie dans un anglais « amical » et dépourvu d'accent. « Ce fut la première et la dernière fois que je parlai au Hollandais volant [47]. » Celui-ci mourut aux commandes de son avion dans le désert du Tanganika.

Marie Bonaparte préoccupe aussi beaucoup Hilda Doolittle. « Il n'y a pas de doute, je suis impressionnée et probablement très envieuse à l'égard de cette dame douée que le Professeur appelle "notre Princesse". Sans aucun doute, je convoite aussi inconsciemment sa situation mondaine, ses dons intellectuels et le pouvoir qu'est le sien de traduire l'allemand difficile, savant et beau de Sigmund Freud, dans un français sans aucun doute d'une beauté et d'une distinction égales. Je ne puis lui faire concurrence. Je n'éprouve consciemment aucun désir d'agir de la sorte. Mais inconsciemment, je désire probablement représenter un élément différent mais d'égale importance ou posséder un égal pouvoir de faire du bien et de protéger le Professeur [48]. »

Dans ce petit monde où chacun désire obtenir l'amour du maître et rêve d'en avoir l'exclusivité, ces enfants du divan se comparent, s'observent, se jalousent. Marie Bonaparte se sent menacée par une autre grande dame, issue de la vieille aristocratie des tsars, Louise von Salomé. Freud lui aurait dit un jour – mais était-ce pour la rassurer, lui plaire ? – : « Lou Andreas-Salomé est un miroir. Elle n'a ni votre virilité, ni votre sincérité, ni votre style [49]. » A Kardiner, au contraire, il parle de celle à qui le lie une vieille amitié en de tout autres termes : « Il y a des gens qui ont une supériorité intrinsèque. Ils ont une distinction innée. Elle est de ceux-là [50]. »

En 1921-1922, les Américains et les Anglais que Freud avait sur son divan se retrouvaient dans les cafés de la Währingerstrasse pour discuter de leurs séances respectives. Un jour, deux Anglais, James Strachey, son traducteur en anglais, et John Rickman, invitèrent Kardiner à prendre le thé avec eux pour lui poser une question qui les préoccupait énormément : « On s'est laissé dire que Freud parle avec vous. Comment faites-vous ? » Ils soupçonnaient leur psychanalyste de s'endormir dans leur dos. Dans son journal, Kardiner commente ces expériences frustrantes et émet l'hypothèse qu'elles donnèrent naissance à une école « anglaise » de psychanalyse pour qui le silence est essentiel [51] !

D'autres étudiants, au contraire, se plaignent de ce qu'il est trop bavard. Le Suisse Raymond de Saussure, fasciné par la lucidité et le génie de Freud, lui reproche néanmoins d'avoir trop longtemps pratiqué la suggestion pour ne pas en avoir conservé certains réflexes. « Lorsqu'il était persuadé d'une vérité, il avait peine à attendre qu'elle s'éveillât dans l'esprit de son malade; il voulait le convaincre tout de suite et à cause de cela il parlait trop [52]. » Joan Rivière s'étonne de son imprudence quand, dès le début de la première séance, Freud lui annonce : « Eh bien, je sais déjà quelque chose à votre propos; vous avez eu un père et une mère [53]. »

Loin de la « neutralité bienveillante » contemporaine, Freud n'hésite pas à s'engager dans la cure, à faire des réflexions personnelles sur des personnages qu'il connaît ou des œuvres qu'il a lues. Marque d'amitié, encouragement, débordement d'un « contretransfert » dont il ne mesure pas encore toute la portée technique, choix magistral ? Freud offre de petits cadeaux à ses analysants : en plein hiver, il donne à H. D. une branche d'oranger garnie de fruits rapportée du midi de la France par l'un de ses fils [54].

Au docteur Blanton, il remet ses œuvres en quatre volumes, ce qui déclenche chez ce dernier une série de rêves complexes où les travaux de Freud s'associent à la guerre, à une caisse d'explosifs et un vers de Shakespeare. « Ces derniers jours, lui fait remarquer Freud, vos rêves sont devenus de plus en plus obscurs. Cela ne peut avoir qu'une seule signification, à savoir qu'il s'est produit dans votre transfert une modification probablement imputable au don que je vous ai fait de mes livres. » Et transformant peut-être ce qui lui apparaît alors comme une erreur en une démonstration didactique, il ajoute : « Voici qui vous montre quelles difficultés les cadeaux suscitent toujours en analyse [55]. »

Freud aime aussi illustrer ses interprétations en racontant une blague juive ou en montrant l'une des statuettes de sa collection. Le Professeur « m'a fait venir dans l'autre pièce et m'a montré les objets qui sont sur sa table », écrit H. D. Il lui met entre les mains un Vishnu en ivoire, couronné de serpents, puis choisit une toute petite Athéna de bronze, casquée, vêtue jusqu'aux pieds d'une robe ciselée, une de ses mains tendue comme si elle tenait à l'origine un bâton. « C'est ma préférée, explique Freud, elle est parfaite, malheureusement elle a perdu sa lance. » Il a prononcé ces mots dans un anglais sans trace perceptible d'accent, de sa voix chaude et musicale. Hilda Doolittle est séduite mais s'interroge encore dix ans plus tard sur le sens de ces « incursions » dans l'autre pièce. Distraction, échange social ou plan prémédité de l'analyste ? « Voulait-il découvrir mes réactions à certaines des idées incarnées dans ces statuettes [...]. Ou peut-être voulait-il simplement me donner à entendre qu'il désirait partager ses trésors avec moi, ces formes tangibles sous nos yeux qui suggéraient pourtant l'existence des trésors intangibles et combien plus fascinants de son propre esprit⁵⁶ ? »

INTERRUPTEUR, JEU D'ÉCHECS ET DÉPART EN TRAIN

La lente incandescence d'un cigare moelleux et parfumé, aspiré à petits coups, quelques tulipes rouges sur une table chargée d'antiques divinités, un paquet de lettres déposé au vestiaire, un costume gris perle un peu froissé ou un autre, sombre et à carreaux, non, à rayures, des dollars (plutôt que des shillings autrichiens) achetés chez Thomas Cook pour payer le professeur, la pendule qui sonne quatre heures, un bouquet de fruits dorés reçus en hiver, la petite servante qui prête un parapluie, Freud surgi en rêve, métamorphosé en reine Victoria, en conducteur d'automobile, en méchante propriétaire, en cathédrale...

Ce ne sont là sans doute que petites histoires, anecdotes et tempêtes dans une tasse de thé, mais elles nous invitent à rêver à ces riens de la vie quotidienne de Freud et de ses patients, à partir de quoi pourtant fut découvert l'inconscient et inventée la psychanalyse. Elles nous restituent en pointillés une certaine ambiance, une odeur, des gestes, quelques traces assourdies de la vie telle qu'elle fut vécue par certains patients de la Berggasse. Grâce à leurs souvenirs et à leurs journaux d'analyse, nous pouvons mettre nos pas dans les leurs et nous glisser dans ce cabinet aujourd'hui vidé de son contenu originel, puisqu'il se trouve toujours exilé à Londres et que le musée viennois n'offre que de nombreuses photos et quelques rares objets de l'ancien maître du logis. Ces hommes et ces femmes, qui ont écrit sur un coin de table de café ou au bord de leur lit, dans l'exaltation ou l'abattement qui peut suivre une séance d'analyse, nous racontent un Freud bien différent de celui que nous croyions connaître. A Abram Kardiner qui lui avoue : « Je n'arrive pas à concilier l'image que j'ai de vous ici dans cette pièce avec celle de l'homme qui a écrit tous ces livres magnifiques », Freud répondit très calmement : « Nul n'est un grand homme pour son valet de chambre [57]. »

Loin d'être austère, rigide et silencieux comme les caricatures décrivent généralement les psychanalystes − et comme ils le sont parfois devenus −, Freud se montrait très présent, attentif et respectueux de l'autre mais aussi plein d'humour et parfois même de gaieté. Mais il pouvait également se révéler impatient, et lorsqu'il s'irritait, il lui arrivait de pianoter sur le montant du divan, ou même de frapper du poing sur l'appuie-tête rempli de crin, ou encore de pointer le doigt d'un grand geste du bras, qui surgissait alors au-dessus de la tête du patient.

Freud lui-même ne se considérait pas comme un « grand psychanalyste [58] ». Il avouait sacrifier volontiers l'intérêt du patient à sa propre curiosité scientifique. Il ne fut pas tant avide d'aider et de guérir que de comprendre et de théoriser ses intuitions cliniques. Il n'a laissé qu'extrêmement peu d'écrits techniques. Il utilisait plus volontiers des métaphores que de longues et complexes explications, pour décrire le processus de la cure psychanalytique.

A ses disciples, il aimait montrer une carte postale sur laquelle on pouvait voir un naïf, un péquenot, dans une chambre d'hôtel essayant de souffler une ampoule électrique comme une chandelle. « Si vous attaquez le symptôme directement, vous agissez comme cet homme, leur disait Freud. Vous devez chercher l'interrupteur [59]. »

Et à Smiley Blanton, il confia : « N'expliquez pas; les raisons viendront en leur temps. Quand une personne me dit quelque chose, moi-même je n'essaie pas d'en trouver immédiatement les raisons. Je sais qu'avec le temps celles-ci apparaîtront. C'est Olivier Cromwell, je crois, qui disait : "On ne va jamais si loin que lorsqu'on ne sait pas où l'on va." C'est comme cela en analyse [60]. »

Le début du traitement psychanalytique, il le compare à une activité qu'il a longtemps pratiquée dans les cafés de Vienne : « Celui qui tente d'apprendre dans des livres le noble jeu des échecs ne tarde pas à découvrir que, seules, les manœuvres du début et de la fin permettent de donner de ce jeu une description schématique complète, tandis que son immense complexité, dès après le début de la partie, s'oppose à toute description. Ce n'est qu'en étudiant assidûment la façon de jouer des maîtres en la matière que l'on peut combler les lacunes de son instruction. Les règles auxquelles reste soumise l'application pratique du traitement analytique comportent les mêmes restrictions [61]. »

Sans qu'il en fît une règle, Freud avait l'habitude de recevoir pendant cinquante-cinq minutes, se réservant cinq minutes entre chaque séance. Il voyait ses patients cinq à six fois par semaine. La pratique contemporaine des séances de quarante-cinq minutes, respectée par tous les membres de l'Association internationale de psychanalyse, semble être née après Freud et pour des motifs économiques. Si la longueur des séances a diminué, la durée des analyses, par contre, s'est considérablement allongée. Freud ne suivait ses patients que quelques semaines, puis quelques mois. Une analyse durait souvent le temps d'une année académique ou de deux saisons pour une première

« tranche »; certains élèves revenaient ensuite pour quelques séances supplémentaires par-ci, par-là, au hasard des possibilités qu'ils avaient de séjourner à Vienne.

Quant à l'usage du divan – ce symbole de la psychanalyse –, comme outil essentiel du travail thérapeutique, il représente un vestige historique, le souvenir de la méthode hypnotique d'où est née la cure freudienne. Freud conservera ensuite ce meuble pour un motif de commodité personnelle : « Je ne supporte pas que l'on me regarde pendant huit heures par jour (ou davantage). » Et il justifie ce dispositif divan-fauteuil pour une raison plus générale aussi : « Comme je me laisse aller, au cours des séances, à mes pensées inconscientes, je ne veux pas que l'expression de mon visage puisse fournir au patient certaines indications qu'il pourrait interpréter ou qui influeraient sur ses dires. » Et il ajoute : « Ce procédé met surtout clairement en lumière le transfert du patient [62]. »

La spécificité de la psychanalyse tient dès l'origine à ce cadre matériel d'un patient allongé, son analyste l'écoutant assis hors de son champ visuel, ce qui intensifie le transfert, ainsi que la « libre association » des pensées et des images, et permet à l'inconscient d'affleurer au détour d'une phrase ou d'une émotion, d'un souvenir ou d'un rêve. La libre parole est la seule ligne de conduite vivement encouragée par Freud. C'est ce qu'il nomme la « règle fondamentale ». Il est demandé à la personne qui commence une analyse de dire tout ce qui lui passe par la tête et cela sans restriction, sans chercher à conserver le fil logique d'une conversation habituelle, sans mettre de l'ordre dans ses pensées ou faire le tri de ses sentiments, sans éliminer le bizarre, l'incohérent ou le honteux.

« Comportez-vous à la manière d'un voyageur qui, assis près de la fenêtre de son compartiment, décrirait le paysage tel qu'il se déroule à une personne placée derrière lui [63]. »

Freud adorait voyager, découvrir de nouveaux points de vue, visiter des musées, des églises, des sites antiques mais il avait une véritable phobie des départs, craignant toujours d'arriver en retard à la gare où il se précipitait anxieusement bien trop longtemps avant l'heure du train. C'est justement à ce registre de son expérience personnelle qu'il emprunte encore en 1920 des images pour décrire le processus de la cure analytique : « La première [phase de l'analyse] comprend tous les préparatifs nécessaires, aujourd'hui si compliqués et si difficiles à accomplir, jusqu'à ce qu'on ait enfin payé son billet, gagné le quai et pris possession de sa place dans le wagon. On a maintenant le droit et la possibilité de partir en voyage vers des contrées lointaines, mais après tous ces travaux préliminaires, on n'est pas encore arrivé là-bas, à vrai dire, on ne s'est pas rapproché du but d'un seul kilomètre. Ajoutons que le trajet lui-même est parcouru étape par étape, et cette portion du voyage est bien comparable avec la deuxième phase [de l'analyse] [64]. »

A quoi pensaient-ils, les patients et les élèves de Freud, en reprenant le train à la gare de Vienne pour retourner dans leur pays d'origine ? Laissaient-ils plus librement gambader leurs pensées en regardant par la fenêtre défiler le paysage ? Avaient-ils su faire de leur séjour viennois un véritable voyage intérieur ?

Et Freud lui-même, de Freiberg à la Berggasse, comment était-il devenu ce voyageur de l'inconscient ?

CHAPITRE 4

UN JUIF VIENNOIS

L'ENFANT HEUREUX DE MORAVIE

C'était la saison des pissenlits. Partout, dans les champs, sur les collines, à l'ouest de Freiberg, le long de la rivière Lubina, les fleurs jaunes donnaient une note riante et ensoleillée à la douce campagne morave. Ce mardi du mois de mai 1856, Cäcilie Smolka, la sage-femme, se hâtait de traverser la grande place rectangulaire du village, où trônait une statue en pierre de la Vierge. Elle se dirigeait vers la Schlossergasse, la rue des Serruriers, ainsi nommée parce que la famille Zajic y tenait son atelier depuis plusieurs générations. Au numéro 117, elle s'engouffra dans un couloir étroit, passa à côté des pièces du bas réservées au travail, d'un côté les clefs des Zajic et de l'autre les draps et tissus des Freud, puis grimpa l'escalier de bois jusqu'au premier étage. Dans la seule pièce de son logis l'attendait la toute jeune Amalia Malka Freud. Après dix mois de mariage, celle-ci s'apprêtait à mettre au monde un premier enfant. C'était à Vienne qu'elle avait épousé un veuf de vingt ans son aîné qui portait, comme son père, le prénom biblique de Jacob. Elle l'avait suivi ensuite dans cette lointaine petite ville de l'empire austro-hongrois, elle qui avait vécu en Galicie, dans la ville de Brody, à Odessa et à Vienne, la capitale.

Les belles cloches de l'église Sainte-Marie sonnèrent six heures trente de l'après-midi quand un bébé de sexe masculin vit le jour, « aussi noiraud qu'un petit négrillon », pensa la mère, attendrie [1]. Le cordon ombilical enserrait le cou du nouveau-né, ce qui fut immédiatement interprété comme un signe de chance et de grand destin. Amalia, rayonnante de fierté, surnomma son fils « mon Sigi en or », *mein goldener Sigi*. Elle ne cessa jamais par la suite de l'appeler ainsi, alors même qu'il était depuis fort longtemps un savant connu et estimé. L'enfant avait hérité de sa mère de beaux yeux sombres et vifs ainsi qu'une bouche pleine et volontaire. De son père, il reçut la forme du visage et le dessin des sourcils.

Jacob Freud, qui avait déjà d'un premier mariage deux fils adultes, Emmanuel et Philippe, donna à son troisième-né le prénom de son propre père qui venait de mourir trois mois plus tôt. Dans la Bible familiale, sur la page de commémoration, *Gedenkblatt,* il traça deux inscriptions en lettres hébraïques. La première, écrite bien régulièrement, disait ceci : « Mon père, feu le rabbi Schlomo, fils du rabbi Ephraïm Freud, est entré dans sa demeure céleste le sixième jour de la semaine, vendredi à quatre heures de l'après-midi, le 6 Adar (5)616 et il fut enterré dans ma ville natale de Tismenitz, le 18 de ce même mois. Suivant le calendrier chrétien, le jour du décès de mon père est le 21 février, celui de son enterrement, le 23 février 1856. »

Et en-dessous, d'une écriture légèrement dansante d'émotion, Jacob a noté : « Mon fils Schlomo Sigmund est né mardi le premier jour du mois d'Iar (5)616 à six heures et demie de l'après-midi = 6 mai 1856. »

Comme le raconte la suite de l'inscription, huit jours plus tard, le nourrisson fut rattaché à l'alliance juive et circoncis par le *mohel*, Samson Frankl d'Ostrau. Ses parrains étaient les enfants du rabbin de Cernowitz, monsieur Lippa Horowitz et sa sœur Mirl. Lors de cet office religieux, le *sandak*, qui tient le nouveau-né, fut Samuel Samueli à Freiberg en Moravie [2].

Né dans une province slave de l'empire des Habsbourg, Sigmund Freud n'a jamais oublié cette archaïque période de son histoire : « Sous d'épais sédiments, continue toujours à vivre en moi l'enfant heureux de Freiberg, le fils premier-né d'une mère toute jeune, qui a reçu de cet air et de ce sol ses premières impressions ineffaçables [3] », écrira-t-il dans sa vieillesse, alors qu'il aura théorisé le nostalgique attachement de chacun au paradis perdu de sa toute petite enfance.

Freiberg comprenait environ quatre mille cinq cents habitants, presque tous tchèques et catholiques. Cent trente Juifs seulement y vivaient, parlant l'allemand et le yiddish ; un lieu de prière leur était réservé, le rabbinat le plus proche se trouvant à douze kilomètres de là, à Neu Titschein, cette ville qui apparaît dans un des plus vieux souvenirs que Freud garda de cette période. Alors qu'il avait environ deux ans et qu'il avait mouillé son lit, son père lui en fit le reproche ; à quoi le bambin répliqua avec humour qu'il lui promettait d'acheter à Neu Titschein un beau lit neuf, rouge.

Le petit Sigi vécut donc les trois premières années de sa vie dans un environnement rural, campagnard, essentiellement entouré de non-Juifs, en dehors des quelques membres de sa famille. Celle-ci comptait aussi Philippe, encore célibataire et âgé comme sa belle-mère, Amalia, d'à peine vingt et un ans ainsi qu'Emmanuel, Maria, son épouse (et fille de rabbin) avec leurs enfants, Jochanan (qui devint John sans doute après son émigration en Angleterre) et Pauline, née comme son oncle Sigmund en 1856.

Sous la garde d'une vieille nounou catholique et tchèque, les bambins de la tribu Freud gambadent dans les champs et les prés. A Freiberg, les promenades ne se partagent pas entre le côté de Méséglise ou le côté des Guermantes mais partent du « faubourg haut », du « faubourg bas » ou d'un coin dénommé « Venise », peut-être à cause des maisons à arcades qui longent la place rectangulaire au centre de la petite ville.

Sigi et John, le jeune oncle et son neveu plus âgé, se bagarrent volontiers. « [John] était plus fort que moi et de bonne heure j'appris à me défendre. Nous étions inséparables et nous nous aimions, mais, par moments, à ce qu'on m'a dit, nous nous disputions et nous accusions l'un l'autre [4] », écrit Freud, quarante ans plus tard, alors que les paysages et les figures de ce premier décor réapparaissent au cours de son auto-analyse. La rivalité des deux garçonnets, tout comme leur alliance, tourne souvent autour de leur sœur et nièce, Pauline. Ce trio originel marqua vivement tous les scénarios amicaux et professionnels de Freud adulte : ainsi Emma Eckstein ou Sabina Spielrein joueront-elles un rôle majeur dans ses passions amicales avec Fliess ou Jung.

Sous le couvert de l'anonymat, Freud livre un autre souvenir de Freiberg : « Je vois une prairie carrée, un peu en pente, verte et herbue; dans ce vert, beaucoup de fleurs jaunes, de toute évidence du pissenlit commun. En haut de la prairie, une maison paysanne; debout devant la porte, deux femmes bavardent avec animation : la paysanne coiffée d'un foulard, et une nourrice. Sur la prairie jouent trois enfants; je suis l'un d'eux (âgé de deux à trois ans), les deux autres sont mon cousin, qui a un an de plus que moi et sa sœur, ma cousine, qui a presque exactement mon âge. Nous cueillons les fleurs jaunes et tenons chacun à la main un certain nombre de fleurs déjà cueillies. C'est la petite fille qui a le plus joli bouquet; mais nous, les garçons, nous lui tombons dessus comme d'un commun accord et lui arrachons ses fleurs. Tout en pleurs, elle remonte la prairie en courant et pour la consoler la paysanne lui donne un gros morceau de pain noir. A peine avons-nous vu cela que nous jetons nos fleurs et, nous précipitant nous aussi vers la maison, nous réclamons du pain à notre tour. Nous en obtenons également; la paysanne coupe la miche avec un grand couteau. Le goût de ce pain, dans mon souvenir, est absolument délicieux et là-dessus la scène prend fin [5]. »

Freud n'est pas un homme de salon; un biscuit fin trempé dans une infusion n'éveille aucune mémoire, par contre, la saveur pleine d'une miche de pain noir offerte par une femme de la campagne morave cache d'autres évocations sensuelles, des fantasmes réprimés de défloration et de bien-être matériel.

Un de ses compagnons de jeux, permis et interdits, était aussi Johann Zajik, le fils du maître serrurier. Jusque dans sa vieillesse, celui-ci se rappela Sigmund comme un vaillant petit garçon, gai et adroit, qui venait souvent dans l'atelier de son père faire des petits jouets avec les chutes de fer-blanc. La maison que les Freud partageaient avec les Zajik était située à quelque deux cents mètres de l'abbatiale vouée à la naissance de la Vierge. Avec sa tour carrée et son bulbe surmonté d'une flèche, elle dominait le village. Monika Zajik, sa vieille Nannie, y emmenait souvent Freud enfant; elle lui parlait de Dieu et des feux de l'enfer, peut-être aussi du Christ et de sa résurrection à Pâques. L'église comprenait un grand nombre d'autels et de chapelles, de grands tableaux racontaient la vie pathétique de saints : Joseph, Marie-Madeleine, Wendelin ou Isidore. A droite du maître-autel étaient gardées les reliques de saint Urban, rapportées jadis de Rome par un cordonnier du village.

Rome se trouve ainsi nouée depuis sa plus tendre enfance à la fascination d'un monde qui n'est pas le sien, chargé de transgression et de mystère, liée aussi à son « premier et attachant professeur de sexualité ». Sa nostalgie romaine à l'âge adulte cache sans doute le désir de retrouver le monde perdu de ses premières années à la campagne.

« Quand tu rentrais à la maison, se souvient Amalia, tu te mettais à prêcher et à nous raconter tout ce que faisait le Bon Dieu [6]. »

Sans doute, une famille juive orthodoxe n'aurait-elle pas toléré de tels agissements, mais Jacob Freud s'était déjà écarté du judaïsme traditionnel.

UN JUIF ERRANT GALICIEN

Le père de Sigmund Freud naquit en Galicie dans le *shtetl*, la communauté juive vivant en circuit fermé, de Tysmenitz [7]. Jeune homme, il portait le *streimel*, le chapeau de fourrure, comme l'indique la fameuse histoire du bonnet jeté dans la boue, racontée par son fils dans son livre majeur et autobiographique, *L'Interprétation des rêves*. Venait-il d'un milieu hassidique et s'en était-il éloigné ensuite, comme le croyait Sigmund ? Le hassidisme, un mouvement mystique, ne toucha que fort tardivement Tysmenitz, qui était surtout renommée pour sa *yeshiva* (école talmudique) et ses célèbres commentateurs bibliques. Mais un troisième mouvement du judaïsme du XIXᵉ siècle y avait aussi une place grandissante : le judaïsme réformé, libéral, des Lumières, la « Haskala ».

Le grand-père de Sigmund Freud, de qui il avait reçu son prénom, Schlomo, semble, lui, avoir quitté le village galicien de Buczacz où la famille était établie depuis plusieurs générations, pour étudier à la yeshiva de Tysmenitz. Il portait le titre de « rabbi », ce qui ne signifie pas qu'il était un rabbin en charge d'une communauté mais qu'il était considéré comme fort érudit. Son propre père, l'arrière-grand-père de Sigmund, Ephraïm, se nommait rabbi également.

Jacob connaissait, outre le yiddish, langue vernaculaire des Juifs galiciens, l'hébreu, langue biblique et sacrée. Dans sa vieillesse, il vint ou revint à la lecture du Talmud, les commentaires codifiés de la Bible. Mais Jacob n'eut jamais le droit de porter le titre envié de rabbi. Chargea-t-il alors, consciemment ou inconsciemment, son fils Schlomo de poursuivre cette tradition familiale savante ? Pour les familles juives, la connaissance, le savoir, représente une valeur essentielle du judaïsme, une réussite bien plus précieuse que celle de l'argent ou du pouvoir. L'inventeur de la psychanalyse a-t-il à sa manière tenté de répondre à ce vœu paternel, non pas sur un mode religieux mais laïc ? Et cela n'expliquerait-il pas cet intérêt soutenu et conflictuel avec le monde de la religion ? Sigmund Freud avait-il pour mission d'effacer la boue du judaïsme humilié de son père par rapport au monde des Gentils et de poursuivre l'héritage savant au sein de la lignée familiale ?

Jacob n'était, en effet, qu'un marchand, un colporteur, un vendeur de laine, de suif, de miel, d'anis, de peausserie et de sel. Dans sa jeunesse, il avait

travaillé avec son grand-père maternel, Abraham Siskind Hoffmann. Leur commerce les entraînait sur les
routes de Galicie et de Moravie, à six cents kilomètres
de leur lieu d'origine. Ils voyageaient dans des voitures
tirées par des chevaux, car la ligne de chemin de fer
n'existait pas encore entre ces deux contrées. En
Moravie, ils devaient loger dans les auberges munici-
pales qui leur étaient réservées et recevoir une autori-
sation spéciale de séjour pour y être « tolérés ». Les
Juifs n'avaient pas le droit de s'installer dans des
habitations privées. Les autorités locales les dési-
gnaient officiellement comme « Juifs errants galiciens » et il leur fallait renouveler sans cesse leur
demande de « tolérance » et, bien sûr, la taxe qui
l'accompagnait. Pour empêcher les Juifs de Galicie de
s'établir en Moravie, la tolérance n'était accordée que
pour une durée de six mois; le reste de l'année, les
Juifs devaient voyager en dehors de la ville ou retourner dans leur province d'origine.

La « liste des Juifs étrangers séjournant à Freiberg,
avec énoncé des circonstances relatives à leur séjour »
comprend les noms du père et de l'arrière-grand-père
de Freud. En date du 14 avril 1844 [8], on peut y lire
ceci :

« 9 Süsskind Hoffmann
Lieu d'origine : Tysmenitz
Porteur d'un passeport du : D'aucun, étant donné que le
passeport en ma possession, arrivé à expiration au mois de
mars dernier, a été renvoyé dans mon pays d'origine en vue
de l'obtention d'un nouveau passeport, lequel n'est pas
encore arrivé.
Durée de séjour jusqu'à la date d'aujourd'hui : Je
séjourne dans le pays pour faire du commerce, par inter-
valles, déjà depuis 40 ans environ. Au début c'était en
alternance avec mon associé Salomo Britwitz, depuis à peu

près 6 ans avec mon gendre Salamon Freit en tant qu'associé, que représente souvent son fils Kallamon Jacob Freit. Habituellement notre séjour dure par an 5 à 6 mois, pendant lesquels cependant nous faisons des voyages répétés dans différentes localités de la région. Ces tout derniers temps je ne suis arrivé ici, après le départ de Freit il y a environ 5 semaines, qu'un peu plus tard et me trouve donc ici depuis à peu près 5 semaines.

Durée de séjour projetée: Jusqu'au lendemain des prochaines fêtes de Pâque, où Freit sera de retour et reprendra l'affaire pendant le temps nécessaire, actuellement impossible à préciser, et où je m'en retournerai.

Activité professionnelle: Vente de divers produits tels que laine, chanvre, suif, miel, pelleterie; ensuite achat de produits de tissage blancs, que j'achève de faire manufacturer.

En possession de la quittance de taxe commerciale: Je possède la quittance de taxe commerciale pour 8 Fr. [florins], de même que Freit en a une à lui, cependant elle ne se trouve pas ici mais chez ma famille chez moi.

Utilise en location les locaux: Une pièce dans la maison n° 27 de la veuve Theresia Bohaž pour le négoce pendant la journée, ensuite dans la même maison deux caves d'entrepôt. Autrement nominalement, pour la nuit, j'ai mon logis à l'auberge municipale.

[Signature en caractères hébraïques] C'est Süsskind Hoffmann. »

Et le 24 juin 1844, Abraham Siskind Hoffmann demande la tolérance pour lui et son petit-fils, Jacob [9]:

« Honorable magistrat,

Comme on sait, je suis négociant en tissus, laine, miel, suif, etc., et je séjourne depuis plusieurs années en partie à Freyberg, en partie dans la région pour faire du commerce. Mon désir est d'établir présentement mon domicile à Freyberg, car la ville est avantageuse pour mon négoce à plus d'un titre : 1. Elle est située sur la grande route. 2. Toute la population s'occupe principalement de la production de tissu. 3. Freyberg se trouve au centre par rapport aux localités où se pratique le métier de fabricant de tissu, et les échanges en apparaissent favorisés.

Étant donné que j'achète les étoffes de laine à Freyberg et dans la région, les y fais teindre et apprêter et les expédie comme marchandise en Galicie, qu'en retour j'assure à Freyberg la vente de produits de Galicie tels que laine, miel, chanvre et suif, qu'à Freyberg viennent même des commerçants étrangers qui achètent ces marchandises chez moi, que j'y ai aussi loué des caves où ces marchandises sont en entrepôt, il apparaît nécessaire que mon séjour permanent soit à Freyberg.

Étant donné que je suis un homme âgé ayant déjà 69 ans et que je ne puis supporter seul tous les inconvénients du négoce, j'ai pris pour associé mon petit-fils Kalman Freud, lequel dirige les transactions à l'extérieur, tandis que je ne m'occupe que de l'achat et de la vente à Freyberg. En vue de l'exercice du négoce, j'ai obtenu du Haut Gouvernement de Lemberg le passeport ci-joint pour la durée d'un an, aussi bien pour moi que pour mon petit-fils Kalman Freud et demande donc à l'honorable magistrat de bien vouloir avoir la grande bonté de nous faire accorder en haut lieu à tous deux la tolérance pour la durée de validité du passeport, c'est-à-dire jusqu'au 18 mai [1]845.

Freyberg, le 24 juin [1]844 Siskind Hoffmann Koloman Jacob Freud. »

A cette requête, la corporation du textile donne un avis favorable le 7 juillet 1844 [10] :

« Siskind Hoffmann, de même que son petit-fils Kallmann Freud, nous sont connus comme des négociants honnêtes et droits, lesquels achètent les produits fabriqués par les maîtres tisseurs locaux, les font apprêter sur place et les expédient en Galicie, en échange de quoi ils assurent la vente de produits de Galicie. Le séjour de ces négociants à Freyberg est d'un grand profit aussi bien pour la population locale que pour la région parce que la production des fabricants de tissu peut toujours être mise sur le marché. Du séjour de ces négociants le commerce local retire un grand bénéfice, et en conséquence il est de notre devoir d'intervenir en faveur de la tolérance de Siskind Hoffmann et de Kallmann Freud. »

L'année 1848 allait marquer pour les Juifs autrichiens le début d'une nouvelle époque : l'abolition des ghettos et l'émancipation. Tous les droits politiques et civils leur furent accordés et la législation discriminatoire abolie, ce qui n'entraîna pas seulement de meilleures conditions de vie mais un changement souvent brutal de leur existence quotidienne. Un grand nombre de Juifs galiciens quittèrent leurs bourgs et villages où ils vivaient entre eux dans de petites communautés très structurées et fermées sur elles-mêmes pour gagner les villes et en particulier, Vienne, la capitale impériale.

Après tant de contraintes administratives et de restrictions de liberté, on peut imaginer le soulagement de Jacob Freud au moment de l'émancipation. C'est après cela, sans doute, qu'il acquit la première édition, vendue par fascicules, de la Bible de Ludwig Philippson, un grand rabbin libéral [11]. Dans son exemplaire, en haut de la page de commémoration, sous sa signature, Jacob Freud a noté la date du 1er novembre 1848. Est-ce la première date d'acquisition ou signifie-t-elle l'importance qu'a représentée pour lui l'émancipation des Juifs, ou autre chose encore ?

Cette Bible qui impressionna et influença si profondément Sigmund Freud était celle des Juifs ralliés au mouvement des Lumières, amorcé par Moïse Mendelssohn, qui encourageait la participation des Juifs à la culture occidentale. Le rabbin Ludwig Philippson cherchait à rapprocher l'orthodoxie et le mouvement réformiste, message auquel Jacob Freud fut certainement sensible.

Lorsqu'en juillet 1855, il épouse Amalia Malka Nathansohn (une descendante de l'érudit Nathan Halévy Charmatz de Brody en Galicie ; les Freud, eux, doivent leur patronyme au prénom de la trisaïeule « Freide »), c'est le rabbin Isaac Noah Mannheimer qui les unit dans la grande synagogue de Vienne, temple symbole du compromis entre les réformés et le judaïsme rabbinique traditionnel. Ainsi, le père de Sigmund Freud avait-il choisi de s'inscrire dans un judaïsme éclairé et ouvert à la culture occidentale, indiquant par là son attachement à la religion et à la culture de ses ancêtres en même temps que son intérêt pour la modernité.

LES JUIFS VIENNOIS [12]

La famille Freud, comme beaucoup d'autres familles juives, émigra par étapes de Galicie à Vienne : va-et-vient commerciaux entre la Galicie et la Moravie, installation dans cette région puis à Vienne, via Leipzig.

Dès son arrivée dans la capitale autrichienne, le petit Sigmund, à peine âgé de quatre ans, se trouve soudainement plongé dans un quartier et un univers typiquement juifs, fort différents de ce qu'il avait connu à Freiberg, libre de courir dans la campagne et de visiter les églises. Les Freud, comme la plupart des émigrants juifs, s'installent dans la Leopoldstadt, de l'autre côté du canal du Danube, près du Prater. Autour d'eux vivent les *Ostjuden,* les Juifs venus massivement de l'Est, souvent fort pauvres, et qui ont emporté avec eux, de Hongrie, de Bohême, de Moravie et de Galicie, leurs manières de s'habiller, de parler, de manger, bien différentes des Juifs plus assimilés.

Si Jacob Freud emmène sa famille dans le quartier juif de la Leopoldstadt, c'est peut-être faute d'argent; il semble fort probable que leur installation se soit d'abord faite chez des parents, car leur première adresse correspond à celle d'un certain Selig Freud, bouilleur de cru. Sans jamais quitter ce coin de Vienne, la famille Freud ne cessa de déménager : de la Weissgärberstrasse (au numéro 3 puis au 114) à la Pillersdorfgasse et de la rue du Poivre, la Pfeffergasse (au numéro 1 puis au 5) à la Kaiser Josefstrasse.

Parallèlement à ces déménagements, la famille s'agrandit jusqu'à compter cinq filles et deux fils. Après Sigmund et Anna encore nés à Freiberg (ainsi que Julius décédé à six mois autour de Pâques 1856), naquirent à Vienne, Régine Debora (dite Rosa), Maria (Mitzi), Esther Adolphine (Dolfi), Pauline Régine (Paula) puis Alexander Gotthold Efraïm, de dix ans le cadet de Sigmund Schlomo. Chacun des enfants reçut un prénom choisi dans la tradition juive et biblique et un prénom « d'assimilation ». Le prénom hébraïque du petit frère Julius, qui suscita la haine de Freud puis sa culpabilité de survivant, a peut-être été *Moshe*, c'est-à-dire Moïse, comme certaines associations de Freud le laissent penser, ce qui expliquerait la passion ambivalente qu'il lui porta ainsi que le choix des prénoms de ses propres enfants.

Freud vivra dans ce ghetto jusqu'à son entrée à l'Université. Il ne se défera jamais de la hantise de la pauvreté et comme tous ceux de sa génération qui connurent ce même environnement, il aspira violemment à une réussite « de l'autre côté du canal du Danube » et garda pour ses anciens voisins, ces Juifs pieux, miséreux et masochistes, un sentiment de ressentiment, de gêne et d'agressivité mêlé d'attachement.

Alors qu'il a seize ans, il rencontre dans le train qui le ramène de Freiberg, où il vient de passer des vacances chez son ami Emil Fluss, qui a, lui, la chance d'y vivre toujours, des Juifs de Moravie et de Galicie. Il les décrit ainsi : « Comme il était dit que je n'aurais pas de chance, je tombai sur un vieux Juif très digne et une vieille Juive *ad hoc*, accompagnés d'une petite fille mélancoliquement languissante et d'un fils dont l'effronterie promettait. Cette compagnie me fut plus insupportable que toute autre. » Et un peu plus loin dans sa lettre à son ami, il note : « Ce Juif donc parla exactement comme j'en ai entendu des milliers d'autres parler, même à Freiberg; même son visage me paraissait connu, cet homme était typique. Le garçon, avec qui il s'entretenait de religion, l'était également. » Et s'identifiant peut-être déjà à Moïse, se fâchant contre son peuple, il conclut : « J'en ai assez de toute cette racaille [13]. »

Lui, qui se sent toujours un habitant de Freiberg et garde la nostalgie de son enfance campagnarde, regagne Vienne, dégoûté. Il en veut à tous ces Juifs typiques qui lui rappellent trop désagréablement sa vie quotidienne dans la capitale, loin du monde de Goethe et de Cervantès qui anime son adolescence.

Aussi à l'âge adulte, tentera-t-il d'« oublier » cette période de son existence. Il décrira cette époque comme de « longues et difficiles années [14] » qui « ne valaient pas la peine qu'on en retînt quelque chose ». Néanmoins, sa sœur Anna « trahit » le silence de son frère et rappelle par exemple, non sans envie, que Sigmund eut toujours une chambre pour lui, quel que fût l'encombrement des appartements familiaux. Et lorsqu'un 1873, la vieille lampe à huile au-dessus de la table de la salle à manger fut changée pour une moderne lampe à pétrole, qui pouvait monter ou descendre – un grand luxe –, les enfants n'avaient que des bougies pour s'éclairer dans leurs chambres mais le fils aîné avait droit, lui, à une lampe à huile [15] !

LA SINGULIÈRE BIBLE DE PHILIPPSON

Lorsque le petit Sigmund atteint sa septième année, en 1863, son père lui ouvre la Thora familiale [16]. Il lui donne à lire l'histoire biblique dans la singulière édition bilingue, allemand-hébreu, de la *Israelitische Bibel*, abondamment illustrée de gravures archéologiques et commentée par le rabbin libéral, Ludwig Philippson. Cette version particulière de la Bible porte en sous-titre : *Den heiligen Urtext*. Ce premier livre d'histoires et d'images fut en effet pour Freud un texte fondamental, un texte fondateur.

Véritable encyclopédie de 3 820 pages, et 685 illustrations, Freud, enfant, a pu y étancher sa curiosité. L'éditeur Baumgärtner de Leipzig acheta en Angleterre les plus belles gravures disponibles pour l'illustrer, gravures archéologiques pour la plupart, empruntées au British Museum, à la « Description d'Égypte », à Rosselini, etc.

Dans ses commentaires, Philippson insiste sur le caractère universel du message juif et tente en même temps d'en préserver l'originalité. Chacun des passages de la Bible est replacé dans son contexte historique : la linguistique, l'anthropologie, la géographie et surtout l'archéologie sont requises pour prouver la vérité historique du texte sacré. Il s'agit essentiellement d'un commentaire à caractère culturel. Les illustrations sont destinées à visualiser le texte biblique, et le commentaire lui-même invite à imaginer les lieux et les actions des hommes de la Bible.

En parcourant ce livre, Freud a pu rêver en contemplant les figures du panthéon égyptien, les bas-reliefs de Pompéi ou de Thèbes, l'Acropole d'Athènes, le palais de Néron à Rome, le profil d'Alexandre le Grand, la statue de Diane d'Ephèse, l'évocation d'Hannibal traversant les Alpes... et « l'homme Moïse », en tête des volumes : tous ces lieux et ces personnages qui hanteront plus tard son œuvre, ses rêves, ses voyages réels et imaginaires.

On peut supposer que le jeune Freud feuilleta souvent la Bible de Philippson, à la recherche de quelques réponses à ses interrogations sur la vie, la mort ou la sexualité. Et qu'il en a certainement trouvé, car Philippson parle sans fausse pudeur des divers aspects de l'existence humaine et de la sexualité : jouissance, homosexualité, inceste, viol, masturbation.

A neuf ans et demi, alors que son grand-père maternel, Jacob Nathansohn, meurt en 1865 à l'hôpital juif, et que sa mère est enceinte de son dernier enfant, les gravures archéologiques de cette Bible servent de toile de fond au seul rêve d'angoisse que Freud nous a dévoilé et qu'il a analysé trente ans plus tard : *mère chérie et personnages à becs d'oiseaux*.

« Moi-même, je n'ai plus eu de vrai rêve d'angoisse depuis des dizaines d'années. Je m'en rappelle un datant de mes sept ou huit ans, que je n'ai soumis à l'interprétation qu'à peu près une trentaine d'années plus tard. Il était très intense et me montrait la mère chérie avec une expression du visage particulièrement tranquille et endormie, portée dans la chambre et étendue sur le lit par deux (ou trois) personnages à becs d'oiseaux. Je me réveillai pleurant et criant et troublai le sommeil de mes parents. Les figures à becs d'oiseaux, curieusement drapées et anormalement grandes, je les avais empruntées aux illustrations de la Bible de Philippson ; je crois que c'étaient des dieux à tête d'épervier provenant d'un bas-relief de tombeau égyptien [17]. »

Avec ce rêve, le temps de l'apprentissage familial à partir de la Bible, entre autres, s'achève. Il ne suffit plus d'entendre par la bouche de sa mère, roulant des *Knödel* dans ses mains, que l'homme est fait de poussière et retourne à la poussière. Il s'agit à présent de renoncer au doux paradis de l'enfance et de sublimer la curiosité « sauvage » pour accéder à une science plus socialisée. Mais le petit Sigmund est doué et ambitieux. Puisqu'il n'est pas le premier homme de sa mère, qu'il lui faut passer après son père, son grand-père et, dans son fantasme, son demi-frère, Philippe, il sera le premier en classe, il les dépassera tous par sa réussite intellectuelle. Il sera savant comme ses ancêtres, Charmatz de Brody ou rabbi Schlomo et rabbi Ephraïm.

Avec un an d'avance, il entre au gymnasium qui vient d'être créé à la Leopoldstadt, le *Leopoldstädter Communales Real- und Obergymnasium,* première marche de l'escalier culturel qui mène à l'université et aux professions libérales. Il y reçoit, comme 80 % des élèves juifs de l'école, l'enseignement religieux « mosaïque ». Son professeur d'hébreu, Samuel Hammerschlag, restera plus tard le plus chaleureux et le plus paternel de ses amis. C'est à sa fille et à sa nièce qu'il empruntera les prénoms, Anna et Sophie, pour deux de ses propres filles. Au moment de sa mort, il lui rendra hommage en ces termes : « Une étincelle du même feu qui anima l'esprit des grands voyants et prophètes juifs brûlait en lui et ne fut point éteinte avant que l'âge n'affaiblît son pouvoir... L'instruction religieuse lui servait comme une voie pour l'éducation vers l'amour des humanités et il était capable, en partant de l'histoire juive, de trouver les moyens de frapper les sources d'enthousiasme cachées dans les cœurs des jeunes et pour le faire couler au-dehors bien loin des limitations du nationalisme ou du dogmatisme [18]. »

Avec Samuel Hammerschlag, en continuité avec l'enseignement de son père et de la Bible de Philippson, Freud reçoit l'assurance que le judaïsme peut être un trésor culturel, riche d'enthousiasme qui n'implique pas le fanatisme religieux des Juifs pieux ou des Hassidim qu'il côtoie dans les rues et les ruelles de son quartier.

Les deux manuels de religion couramment utilisés à Vienne à cette époque étaient rédigés dans l'esprit de la réforme juive modérée : l'un était celui d'un certain Cassel et l'autre de Leopold Breuer, le père de Joseph Breuer.

Entre les œuvres complètes de Goethe et de Zola, à côté des livres de Shakespeare, de Dante, de Sophocle et de Heine, Freud gardera dans sa bibliothèque d'adulte le manuel de Leopold Breuer, *Histoire biblique et histoire des Juifs et du judaïsme jusqu'à la clôture du Talmud pour la jeunesse israélite,* édité en 1860 [19]. L'accent y était particulièrement mis sur l'étude de l'histoire biblique (Pentateuque), et l'attention au Talmud fort sommaire. Les enfants étaient également entraînés à lire les prières quotidiennes en hébreu pour être capables de participer au culte communautaire.

LA PROMENADE AU PRATER

« Je devais avoir dix ou douze ans lorsque mon père commença à m'emmener dans ses promenades et à me faire part dans des conversations de ses opinions sur les choses de ce monde. Ainsi il me raconta une fois, afin de me montrer combien j'étais né à une époque bien meilleure que la sienne : " Lorsque j'étais jeune homme, je suis allé me promener dans la rue un samedi, dans l'endroit où tu es né, bien habillé, avec un bonnet de fourrure neuf sur la tête. Alors un chrétien vient dans ma direction, d'un coup me dépouille de mon bonnet et l'envoie dans la boue en criant : ' Juif! descends, du trottoir! ' – Et qu'as-tu fait ? – Je suis allé sur la chaussée et j'ai ramassé le bonnet ", fut la réponse résignée. Cela ne me sembla pas héroïque de la part du grand homme fort, qui me conduisait par la main, moi le petit. J'opposais à cette situation qui ne me satisfaisait pas, une autre, qui correspondait mieux à mes sentiments, la scène dans laquelle le père d'Hannibal, Hasdrubal, fait jurer à son fils devant l'autel domestique, de prendre vengeance sur les Romains. Depuis, Hannibal avait une grande place dans mes fantasmes [20]. »

Voilà posé le problème des Juifs viennois, dans cette promenade au Prater. Le Prater, ce lieu typique où l'aristocratie dans l'enclos de ses beaux cafés dîne en uniforme militaire et côtoie la bourgeoisie industrieuse et le peuple venu se distraire de ses jours sans joie. Le Prater, qui voisine avec la Leopoldstadt et offre aux Juifs les tentations d'une fête qui pourrait aussi devenir la leur. Mais cette attirance ne va pas sans tension. « Tous les jours nous faisions le même chemin pour aller au lycée, le dimanche nous allions sur le Prater ou dans un coin de campagne que nous connaissions déjà si bien, et maintenant nous sommes à Athènes, nous voilà sur l'Acropole! Comme nous avons fait du chemin [21]! » C'est ainsi que Freud raconte à la fin de sa vie sa visite au Parthénon en 1904, insistant sur la distance parcourue depuis sa jeunesse. Mais s'étant hissé de « l'autre côté », dans la société des Gentils, ayant obtenu une certaine reconnaissance sociale, non pas dans sa culture d'origine mais dans celle qu'il a fait sienne par assimilation intellectuelle, Freud ne peut s'empêcher d'éprouver une certaine culpabilité à l'égard de Jacob, son père humilié par un chrétien : « Tout se passe comme si le principal, dans le succès, était d'aller plus loin que le père, et comme s'il était interdit que le père fût dépassé [22]. »

Aussi, ce qu'il nommera le « complexe d'Œdipe », c'est-à-dire la rivalité « sexuelle » du fils avec le père pour obtenir l'amour de la mère, se confond pour toute une génération de jeunes Juifs avec une rivalité « culturelle » : d'un côté, les pères sortent à peine du ghetto et symbolisent encore l'image de Juifs persécutés, misérables et souvent pieux, et de l'autre, les fils apparaissent tentés par les séductions de l'assimilation, (encouragés parfois même dans cette voie par des mères ambitieuses) mais déchirés, coupables de tels désirs de transgression. Bien des projets politiques, esthétiques, littéraires ou psychanalytiques sont nés de ces déchirures entre l'aspiration à la modernité et la nostalgie des liens ancestraux.

Joseph Breuer parlant de son père, Leopold, écrit : « Il appartenait à cette génération de Juifs qui furent les premiers à faire le saut du ghetto spirituel à l'air vivifiant du monde occidental [...] Il nous est difficile d'estimer à sa juste valeur l'énergie spirituelle dont fit preuve cette génération. Il lui fallut abandonner son jargon pour l'allemand classique, l'étroitesse du ghetto pour le mode de vie occidental, accéder à la littérature, à la poésie et à la philosophie de la nation germanique [23]. »

Les Juifs souffrent de réminiscences, à Vienne,

comme les hystériques. Entre mémoire et oubli, entre ghetto et émancipation, il leur faut inventer de nouvelles identités, non sans douleur.

Dans son désir d'échapper à l'humiliation paternelle et d'y substituer une visible vengeance, Freud s'attache à la figure héroïque d'Hannibal, le héros sémite, l'opposant à Rome. C'est ce guerrier qui l'entraînera à l'âge adulte sur les chemins de la terre italienne. Marcher triomphalement sur Rome, voilà son désir le plus cher mais, comme son héros malheureux, il ne pourra pas dépasser le lac Trasimène. Il lui faudra d'abord déjouer son identification au héros masochiste. Car, après de brillantes actions guerrières, Hannibal gâche sa victoire. Il échoue devant le succès, il perd un œil dans les marais d'Étrurie et, après avoir renoncé à s'emparer de Rome, il se suicide, comme deux siècles plus tard, les Juifs de Massada, pour ne pas tomber vivant aux mains des Romains. Mais cette identification héroïque n'est pas sans ambivalence, comme le révèle le nom d'un autre double imaginaire de son adolescence : *Cipion* ou Scipion.

Freud-Scipion et son camarade de classe, Eduard Silberstein-Berganza [24] partagent, en dehors des bancs de l'école, une mythologie secrète, l'apprentissage de l'espagnol et la composition d'œuvres facétieuses, qu'ils abritent dans une société savante nommée l'« Academia Castellana ». Ils empruntent leurs surnoms au *Dialogue des chiens* de Cervantès : deux animaux doués soudainement de la grâce inouïe de la parole et de la raison dialoguent et puisent dans l'amitié les forces nécessaires pour affronter les combats de l'existence. Mais Freud adolescent oublie-t-il en choisissant le nom du chien, qui écoute plus qu'il ne raconte ses aventures, que Scipion est aussi un illustre Romain qui s'est distingué en Espagne pendant la deuxième guerre punique et qui fut à Zama le vainqueur de son cher Hannibal ? Il ne peut l'ignorer puisqu'il a étudié attentivement les guerres puniques au lycée.

Par cette pirouette psychique, Freud s'offre la double satisfaction d'être à la fois un glorieux sémite, héros dans l'opposition, et le puissant vainqueur d'une culture dominante. Jacob Freud est descendu du trottoir, comme le lui a imposé un chrétien, ramasser le chapeau qu'il portait pour célébrer le shabbat. L'enfant Schlomo-Sigismund ne peut pardonner cette résignation blessante pour la toute-puissance qu'il prête à son père et pour son propre narcissisme. A cette obéissance résignée, c'est une visible revanche qu'il veut opposer. L'humiliation paternelle et le désir de vengeance qu'elle fait naître vont organiser sa vie intérieure et sa réalité biographique. Comme les plus doués de ses contemporains, Schnitzler, Mahler, Karl Kraus, Herzl ou Victor Adler, il tentera d'appartenir à la culture de l'Occident et à son histoire en inscrivant son nom en tête d'un chapitre nouveau, révolutionnaire, dans le panthéon des idées. Mais, entre le fils d'un Juif humilié et le père d'une œuvre occidentale, nulle paix véritable n'est possible. Son appartenance à la modernité non juive et son attachement à l'héritage juif se noueront toujours en lui sans qu'il puisse, ni ne cherche, à les dénouer. Il ne tente pas de résoudre les conflits et les tensions que cette rencontre engendre en lui mais sublime sa souffrance et la transforme en une œuvre. Œuvre qui propose de guérir la douleur psychique mais qui invite, pour l'amour de la vérité intérieure, à supporter une certaine part de douleur [25]. Freud ne craint pas de vivre au sein même des contradictions, parce qu'elles lui sont fécondes et qu'il y puise une force et une sensibilité toujours créatrice.

Sans doute la thérapeutique qu'il invente à partir de son propre tissu inconscient porte-t-elle les traces d'une sorte de masochisme apparent.

Dans deux lettres à son jeune disciple, Karl Abraham, Freud exprimera cette pensée : « Votre condition de Juif, en augmentant vos difficultés, aura, comme pour nous tous, l'effet de manifester à plein vos capacités [26] », et : « Je veux simplement dire que nous devons, en tant que Juifs, si nous voulons, où que ce soit, participer à quelque chose, faire preuve d'un peu de masochisme, être disposés à nous laisser faire un peu de tort [27]. » C'est le salaire de la fidélité, et de la vérité à soi-même. Ce sera le fondement de la psychanalyse.

Si Freiberg, Vienne puis Londres signent le parcours de son identité officielle, Jérusalem et Rome, avec Athènes, sont les lieux métaphores de son identité intérieure. Dès l'adolescence s'articulent la fascination pour la culture classique et les joies quotidiennes de sa culture familiale. Dans une lettre de l'époque il raconte dans la même phrase que sa famille respecte une fête juive et qu'il s'attache, lui, au souvenir d'un fait de l'histoire de Rome : « Je vous informe, écrit-il à Emil Fluss, que pour Pourim (qui, de plus, est tombé cette fois un 13 mars, date pour nous tous sacrée, puisque César fut aussi ce jour-là assassiné), nous organisâmes un petit théâtre à la maison. Une dame du voisinage, qui s'ennuyait, avait dressé mon frère et mes sœurs et quelques autres enfants, pour en faire des acteurs, et nous avait forcés à mériter péniblement le repas de Pourim (qui comme on sait n'est pas des plus mauvais) [28]. »

Et dans l'espace d'une autre lettre, Athènes, Rome et Jérusalem se trouvent à nouveau réunies. On y lit sa grande familiarité avec les textes antiques. Pour son baccalauréat, sa *matura*, il doit traduire un extrait de Virgile que, « par hasard, j'avais lu pour mon plaisir, quelque temps auparavant » et trente-trois vers d'*Œdipe roi*. « Je connaissais ce passage et n'en ai pas fait mystère. » Et au lieu privilégié et insistant du *post-scriptum*, il ajoute qu'un sage de Cernowitz (le père de ses parrains?) vient rendre une visite quotidienne à sa famille. « C'est vraiment un sage, il m'a donné beaucoup de joie [29]. »

Si Freud, adolescent, pense et parle déjà en grec et en latin, les joies des sens, c'est en hébreu et en yiddish, qu'il y goûte. A Silberstein-Berganza, il écrit ceci : « Supposer que je puisse avoir oublié le Nouvel An, c'est m'attribuer un manque de goût, dont je me sais totalement libre. Ce n'est qu'injustement qu'on reproche à la religion de n'avoir qu'un caractère métaphysique et que la certitude sensuelle lui manquerait [...]. L'athée qui a le bonheur d'appartenir à une famille corporellement pieuse ne peut renier le jour de fête lorsqu'il porte à sa bouche le mets du Nouvel An [30]. » Et il évoque alors le pain azyme et le *hahozet* de Pessah, la compote de quetsches de Yom Kippour et bien d'autres plats des fêtes du calendrier juif.

Comme tout le voisinage, la famille Freud scandait donc les jours et les saisons par les grandes solennités traditionnelles. Mais Sigmund Freud fit-il sa Bar Mitzvah (l'équivalent de la communion, de l'entrée dans l'âge adulte, à treize ans)? Aucun document ne l'indique.

LA SCIENCE ET L'AMOUR

Après le gymnasium, comme la plupart des fils de marchands originaires de Galicie ou de Moravie qui avaient terminé leurs études, Freud choisit de s'inscrire à l'université en médecine – bien qu'il n'aimât guère le sang. Mais une déception l'attend. « J'y rencontrai, écrit-il dans un petit essai autobiographique, cette étrange exigence : je devais m'y sentir inférieur, et exclu de la nationalité des autres, parce que j'étais juif. La première de ces prétentions qu'on voulut m'imposer, je ne m'y soumis résolument pas. Je n'ai jamais pu saisir pourquoi je devrais avoir honte de mon origine, ou comme l'on commençait à dire : de ma race [...] une conséquence pour plus tard importante, de ces premières impressions d'université fut de me familiariser de bonne heure avec le sort d'être dans l'opposition et de subir l'interdit d'une " majorité compacte " [31]. »

Comme Victor Adler, Theodor Herzl, Gustav Mahler ou Hermann Bahr, Sigmund Freud appartient à une association nationale libérale d'étudiants, tous unis dans une admiration éperdue pour la culture germanique considérée comme supérieure à toutes les autres. Au début des années 1870, se retrouvent ainsi côte à côte les futurs fondateurs et dirigeants de la social-démocratie, du sionisme, de la psychanalyse, les novateurs de la musique, de la littérature et les futurs responsables du nationalisme pangermanique. Mais, à partir des années 1880, le mouvement libéral décline et le monde universitaire et intellectuel découvre que désormais le nationalisme pangermanique s'allie à l'antisémitisme. A la fin de ces années, le mouvement chrétien-social – avec Karl Lueger à sa tête – se transforme en un parti de masse qui récupère les idées antisémites. La fin du libéralisme – mouvement politique auquel Freud resta attaché – et la montée d'un antisémitisme pangermanique rendent difficile sinon impossible l'assimilation des Juifs, sauf à disparaître en tant que tels et à renier complètement leurs origines et leur culture [32].

C'est ce qu'exprime Freud, dans une lettre écrite de Paris à sa fiancée, Martha : « Vers la fin de la soirée [chez Charcot] seulement, j'ai entamé une conversation politique avec Gilles de la Tourette dans laquelle il a, bien entendu, prophétisé la plus terrible des guerres avec l'Allemagne. Je lui ai fait savoir aussitôt que je n'étais ni allemand ni autrichien mais juif. Ce genre de conversation m'est toujours très désagréable car je sens s'agiter en moi quelque chose d'allemand que, depuis longtemps, j'ai décidé d'étouffer [33]. »

Cette « identité blessée » par l'impossibilité d'être harmonieusement allemand, autrichien et juif va susciter une multitude de projets pour faire face à cette nouvelle menace. D'une part, des perspectives politiques sont proposées : austro-marxisme ou sionisme et, d'autre part, des parcours esthétiques ou psychiques [34].

Alors qu'il était enfant, le libéralisme politique pouvait faire croire à Freud que la politique lui était ouverte et sa place dans la société viennoise préparée. A l'âge de onze ou douze ans, dans un des cafés du Prater où l'avaient emmené ses parents, un poète improvisa pour lui quelques vers et prédit qu'il serait un jour ministre. Cette idée n'était pas absurde à l'époque : « Tout petit juif laborieux portait dans son sac d'écolier un portefeuille ministériel [35]. » Il ne pardonna sans doute jamais à Vienne d'avoir cessé d'être ouverte, libérale et généreuse pour tout petit enfant juif ambitieux, et cette déception ne cessa de hanter ses rêves d'adulte.

L'année de ses trente ans, il ouvre son premier cabinet de neurologue, curieusement le jour de Pâques. Pâques qui illustre sa double attirance : assimiler une nouvelle culture mais préserver sa culture d'origine, assimiler sans s'assimiler, parler en somme une nouvelle langue sans oublier sa langue maternelle. A son ami Fliess, il écrit : « Si je disais : Pâques prochaines à Rome, je me ferais l'effet d'un Juif pieux [36]. » Il accomplit de cette manière une étonnante condensation de deux désirs contradictoires. En trois mots, il exprime le vœu chrétien de passer la semaine pascale à Rome et la phrase rituelle des Juifs clôturant la semaine de Pessah par « l'An prochain à Jérusalem ». Il réalise sa vengeance et lave l'affront de son père, mais le dépasse aussi. Il conquiert sa mère juive et sa catholique Nannie. Et si celle-ci, à la mort du petit rival détesté, son frère Julius, lui avait parlé de la Résurrection, puisque les deux événements ont eu lieu autour de Pâques ? Serait-ce un geste de réparation et de commémoration du mort, une manière de maîtriser sa culpabilité de survivant, de vainqueur que d'ouvrir son cabinet de médecin un jour férié ? Mouvement d'ambivalence aussi car devenir praticien c'est, en partie, devoir renoncer à la recherche et à la gloire qui s'attache aux découvertes. Inaugurer sa pratique un jour de fermeture, n'est-ce pas là un de ces lapsus, une de ces bizarreries de la vie quotidienne auxquels, avant Freud, on n'accordait aucune importance ? Mais cette révélation de l'inconscient, Freud ne l'a pas encore saisie bien que dès ses études il n'a qu'une idée en tête : trouver quelque chose, s'illustrer comme novateur.

C'est avec une certaine résignation qu'il semble avoir écrit à sa fiancée : « Je crois qu'actuellement je vais passer le reste de mon temps d'apprentissage à l'hôpital, à la façon des *goyim,* modestement, en apprenant et en pratiquant le tout venant, sans m'efforcer de faire des découvertes ni trop approfondir [37]. » Pour se faire une place dans la société, pour réaliser ses ambitions professionnelles, pour rassembler assez d'argent et enfin épouser sa bien-aimée Martha, il se sent, à l'âge de trente ans, « avoir hérité de tout l'esprit d'insubordination et de toute la passion de [ses] ancêtres quand ils défendaient leur Temple [38] ».

Pour la vie publique, il se tourne vers Rome et la culture dominante mais pour l'accomplissement des joies privées, il se promène dans les jardins d'Eden. C'est la petite-fille du grand rabbin de Hambourg, Martha Bernays, qui le séduit. Son « petit ange délicat aux yeux d'émeraude », sa « petite Ève », il la découvre pour la première fois un après-midi où, rentrant chez lui, il l'aperçoit au milieu de ses sœurs, pelant une pomme... Et la retrouvant quelques semaines plus tard dans le petit bois de Wandsbek, près de Hambourg, il s'y sent au paradis comme Adam avec Ève.

Tout au long de leur correspondance amoureuse, Freud mêle à ses récits des images bibliques. Préoccupé par la longueur de leurs fiançailles, il évoque les longues fiançailles d'un patriarche : « Ainsi Jacob servit sept années pour Rachel. Elles furent à ses yeux comme quelques jours parce qu'il l'aimait [39]. » Contrairement à ses citations de la mythologie grecque ou à ses références à la bibliothèque occidentale des poètes et des dramaturges, Freud n'utilise pas la Bible comme un outil intellectuel ni une preuve de son appartenance à l'Europe cultivée. Le texte biblique fait partie de sa sensibilité privée, intime, et sa judéité, il la tait volontiers en dehors du cercle familial. A trois reprises, il gardera l'anonymat : face à Moïse, deux fois (il ne signera pas tout de suite son *Moïse de Michel Ange*, et diffère longtemps la rédaction de *L'Homme Moïse et la religion monothéiste* qu'il publie en plusieurs morceaux) et aussi lorsqu'il commande chez un vieux Juif du papier où doivent s'entremêler ses initiales et celles de sa douce fiancée – cette bien-aimée qu'il a choisie dans une famille juive respectueuse des lois traditionnelles et qui appartient à une « famille savante », comme il le note avec une sorte d'admiration songeuse.

Martha était, en effet, la petite fille de Isaac ben Ja'akov Bernays, qui fut appelé en 1821 à Hambourg en qualité de grand rabbin chargé de jeter un pont entre les Juifs orthodoxes et les Juifs réformés de la ville. Or, l'imprimeur a justement grandi auprès de ce sage dont il parle à Freud avec ferveur et respect. Freud se sent « plus ému que ne le soupçonna le vieux Juif [40] », fier sans doute de s'unir à une si noble et si érudite famille. Mais il n'ose pas se dévoiler, il se fait passer pour un certain docteur Wahle de Prague plutôt que d'avouer qu'il est Schlomo ben Ja'akov Freud, fils d'un commerçant malchanceux qui l'a chargé de renouer avec une tradition d'érudition.

C'est à l'occasion de ce récit que Freud passe un contrat avec sa fiancée. Le papetier a rappelé l'enseignement d'Isaac Bernays, son grand-père, qui insistait sur la joie, *die Freude,* dans le judaïsme. Freud offre son nom à Martha comme symbole d'un foyer juif : « Et en ce qui nous concerne tous les deux, voici ce que je pense : bien que les formes dans lesquelles les vieux Juifs se sentaient à l'aise ne nous offrent plus d'abri, quelque chose d'essentiel, la substance même de ce judaïsme si plein de sens et de joie de vivre, n'abandonnera pas notre foyer [41]. »

Ce « quelque chose d'essentiel », ce n'est évidemment ni la cuisine kasher, ni rien de l'ordre du religieux : « J'espère que tu te nourriras bien — en cachette si c'est nécessaire [42] », n'hésite pas à recommander le fiancé inquiet. « Faut-il que je jeûne à Yom Kippour ? Ma petite Martha ne voudrait pas abuser de sa puissance et m'obliger à commettre un acte dénué de sens et de sincérité [43] », lui écrit-il aussi. Voilà qui est clair! C'est la joie en échange de l'orthodoxie, et il pense que Martha n'a rien à y perdre. D'ailleurs, lui dit-il, la Bible est avec moi : « Qu'a-t-il donc été prescrit de temps immémorial? Que la femme devait quitter père et mère et suivre l'homme qu'elle a choisi [44]. »

Mais Freud devra aussi céder. Pour que leur mariage soit légal en Autriche, une cérémonie religieuse est obligatoire. A contrecœur, il apprend les paroles rituelles à prononcer sous le dais nuptial, la *houppah*. Mais plus de cinquante ans après, Martha se rappelait encore le premier vendredi soir qui suivit leurs noces. Ce soir-là, alors qu'elle préparait les chandeliers d'argent reçus de son oncle Elias, Freud lui demanda de les ranger. « Nous avons toujours été heureux ensemble, mais l'expérience la plus désagréable fut le jour où il ne me laissa pas allumer les chandeliers pour le Shabbat [45] », reconnut Martha devant le petit-fils d'Elias Philipp. Mais elle ne cessa sûrement jamais de croire en Dieu. Quand un petit-cousin s'étonna qu'elle pût garder sa foi près de « l'archiprêtre de l'athéisme », Martha répondit avec philosophie : « Oh, lui... c'est son affaire, cela ne regarde que lui [46]. » Le portrait du grand-père rabbin ne quitta pourtant jamais la place d'honneur sur les murs de la salle à manger de la Berggasse, et dans son exil londonien, en 1951, douze ans après la mort de son cher Sigmund, Martha se fit enterrer selon ses vœux, avec un service religieux conforme à sa tradition familiale. Durant son veuvage, elle avait repris goût et intérêt pour les coutumes et les fêtes juives dans lesquelles elle avait été élevée.

Le jeune couple se maria à l'hôtel de ville de Wandsbek le 13 septembre 1886, et le lendemain, religieusement.

Au menu du repas de noces offert à 14 convives et

préparé par un traiteur : soupe jardinière, vol-au-vent, salade de poisson, filet de bœuf, petits pois et asperges, rôti d'oie et compote.

AU FIL DES GÉNÉRATIONS

Comme le promettent les contes, ils se marièrent, furent heureux et eurent beaucoup d'enfants. Six. Trois filles et trois garçons. Un choix de roi! Les trois aînés, Mathilde, Jean-Martin et Olivier, naquirent dans la première maison, la Suehnhaus et les trois derniers, Ernst, Sophie et Anna dans l'appartement de la Berggasse. Dans les vieux registres consultés aux Archives de la communauté juive de Vienne, l'encre pâlie, le tremblé d'une signature portent encore la trace de l'émotion de Freud. A la naissance de Jean-Martin, un scribe a rajouté entre le *Sig* et le *mund,* entre la victoire et la bouche, le *IS* que Freud avait supprimé à vingt-deux ans (*IS* pour Israël, autre nom de Jacob, son père, et signe du combat biblique de Jacob avec l'ange?). Dans la colonne « remarques », Sigismund se trouve clairement rendu à son propriétaire, qu'il le veuille ou non. Comme témoins, ce sont surtout des médecins, amis de la famille : Oscar Rie et Leopold Königstein, ses partenaires de tarots, ou Aloïs Bloch et Max Kaprawsky. Dans le registre se trouve aussi indiqué le nom de la sage-femme, sous la rubrique « accoucheuse », telle une certaine Marie Völkl qui assista Martha en plus d'un médecin-accoucheur dont le registre n'a pas retenu le nom.

Une colonne est restée muette face aux prénoms des trois fils Freud : celle réservée au nom du circonciseur, du *mohel,* et à la date de la circoncision. Trois fois, un grand blanc... mais ses fils ont pu être circoncis par un des nombreux médecins juifs amis de la famille, sans cérémonie religieuse peut-être. Compromis entre les vœux d'orthodoxie de Martha et ceux de laïcité de Schlomo-Sigmund? Il est difficile d'imaginer que Freud n'ait pas choisi de rallier ses fils à l'Alliance juive alors qu'il a si souvent insisté auprès de ses disciples pour qu'ils gardent leurs enfants au sein de la judéité [47].

Le choix des prénoms de ses enfants est également chargé, surdéterminé même, de nombreuses associations affectives. A ses filles, il donne, sûrement avec l'accord de Martha, des prénoms empruntés à des amies juives de leur entourage. A ses fils, il ouvre d'emblée l'accès à la société des Gentils; Jean-Martin doit son nom à Charcot, Ernst à son maître Brücke et Olivier à son héros anglais, favorable aux Juifs, Cromwell.

Freud a toujours lié les amis et les enfants à des sortes d'incarnations de figures anciennes de l'enfance, à des revenants. Se peut-il que sous les prénoms de ses six enfants se cache une fois de plus son frère mort? Comment comprendre que Mathilde, Martin, Olivier, Sophie, (H)anna et Ernst ont des initiales qui forment le nom de MOSHE, c'est-à-dire Moïse? S'agit-il là, comme il l'avouait à Jung à propos d'une spéculation chiffrée, d'une « nouvelle confirmation de la nature spécifiquement juive de [sa] mystique [48] »? Lui qui se disait aussi éloigné de la mystique que de la musique... Sans doute ne pouvait-il appliquer aisément à lui-même l'idée que l'inconscient ne connaît pas la négation.

De leurs années d'enfance, les enfants du docteur Freud, ainsi que leurs cousins, se souviennent de leur grand-père Jacob, un homme de grande taille, large d'épaules, très gentil, toujours prêt à raconter des histoires, une petite étincelle brillant au fond de ses grands yeux bruns, lisant souvent le Talmud, et de leur grand-mère Amalia qui parlait un allemand truffé de mots yiddish mais qui préparait de l'oie rôtie et des fruits confits pour Noël et le Jour de l'An. Dans ses mémoires, Martin décrit Amalia comme une femme douée d'une grande vitalité et d'un grand appétit de vivre mais sans aucune patience. Il insiste sur ses origines galiciennes : « Les Juifs galiciens, écrit-il, n'avaient ni élégance ni manières, leurs femmes ne correspondaient certainement pas à ce que nous appelons des " dames ". Ils étaient très émotifs et ils se laissaient facilement emporter par leurs sentiments. Mais, encore qu'à bien des égards, des peuples plus civilisés aient pu les considérer comme de grossiers barbares, ils constituèrent la seule minorité qui résista aux nazis. Ce furent des hommes du peuple d'Amalia qui combattirent l'armée allemande sur les ruines de Varsovie [49]. »

De sa grand-mère Emmeline, la mère de Martha, Martin a écrit qu'elle avait une personnalité beaucoup moins vigoureuse que celle d'Amalia, mais qu'elle était aussi un personnage important de la famille : « Elle était juive orthodoxe, pratiquante, et elle haïssait la gaieté viennoise. Fidèle aux règles sévères de la loi juive orthodoxe, elle portait le *Scheitel,* ce qui veut dire qu'à son mariage, elle avait sacrifié ses cheveux et que sa tête était couronnée de deux nattes artificielles étroitement ajustées. Il lui arrivait d'habiter chez nous et nous l'entendions alors, le samedi, chanter des prières juives d'une petite voix, ferme et mélodieuse cependant. Paradoxe pour les membres d'une famille juive, tout ceci était étrange à nos yeux d'enfants élevés dans une totale ignorance du rituel juif [50]. »

Les enfants de Freud ont-ils réellement été totalement ignorants des pratiques juives? N'est-ce pas là plutôt un « oubli » de Martin pour ne pas compromettre l'image officielle de son père comme celle d'un grand savant universel? Par d'autres sources nous apprenons que chaque année la famille se retrouvait autour de Jacob pour la cérémonie de la Pâque juive. Bien que Freud se soit présenté comme un « Juif tout à fait athée [51] », éloigné de la religion de ses pères comme de toute religion, il a sûrement participé jusqu'à ses quarante ans au repas pascal du *Seder* que dirigeait son vieux père encore vaillant (il meurt en 1896). D'après une de ses petites-filles, Jacob connaissait la cérémonie par cœur, ce qui l'impressionna beaucoup. Elle raconte aussi qu'étant la plus jeune des enfants à table, c'est à elle que revint l'honneur de poser les questions rituelles : « En quoi cette nuit est-elle différente de toutes les autres nuits », etc.

Par fidélité à son père, Martin omet de se rappeler ces détails intimes de leur vie quotidienne juive. Il se demande néanmoins si eux, les enfants d'un père juif (et Martha, leur mère?), avaient ou non l'air juif aux yeux des autres, et il y répond avec une certaine ambivalence : « Nous n'avions pas un physique typiquement juif, mais on ne pouvait pas non plus nous prendre pour des gentils bavarois ou autrichiens. " Vos enfants, déclara un jour à maman une dame allemande bien polie, ont l'air tellement italiens [52] "... »

Le 6 mai 1891, pour son trente-cinquième anniversaire, Freud reçoit de son père la Bible familiale, le livre d'histoires et d'images de son enfance. L'a-t-il lui-même fait lire à ses propres enfants? L'ont-ils regardée en cachette? Les documents restent muets sur ce sujet, alors que l'esprit dans lequel Jacob Freud a transmis à son fils la Bible se découvre grâce à sa dédicace :

« Mon cher fils Schlomo,

« Dans la septième année de ta vie, l'esprit du Seigneur s'empara de toi (Juges 13,25) et Il s'adressa à toi : Va, lis Mon livre, Je l'ai écrit, et les sources de l'intelligence, du savoir et de la compréhension s'ouvriront en toi. Vois ici, le Livre des livres, c'est en lui que les sages ont puisé, que les législateurs ont appris le statut et le droit (Nombres 21,18); tu as vu la face du Tout-Puissant, tu as entendu et tu as cherché à t'élever, tu as volé aussitôt sur les ailes de l'Esprit (Psaumes 18,11). Depuis longtemps, le Livre était caché à l'instar des débris des Tables de la Loi dans la châsse de son serviteur, (toutefois) au jour de ton trente-cinquième anniversaire, je l'ai recouvert d'une nouvelle reliure de cuir et l'ai appelé : " Source jaillis! Chante pour lui! " (Nombres 21,17) et je te l'ai apporté en souvenir, à la mémoire de l'amour.

« De la part de ton père qui t'aime d'un amour infini.

« Jacob, fils du rabbi Sch. Freud. A Vienne, la capitale,

« Le 29 *Nisan* 5651, 6 mai 1891 [53]. »

Ce don symbolique et la dédicace en hébreu révèlent l'attachement de Jacob à la religion de ses pères, lien qu'il désire voir se nouer dans les générations suivantes. L'entrée dans la trente-sixième année correspond traditionnellement à l'âge de la maturité pour les Juifs de l'Est. Par ce geste, il signifie à son fils qu'il le charge de poursuivre la lignée familiale, d'être digne de son grand-père homonyme. De ses quatre fils, Jacob élit Schlomo-Sigmund comme héritier spirituel. Et s'il lui reconnaît déjà un début de réussite intellectuelle, il lui rappelle aussi qu'il tient à le voir « s'élever sur les ailes de l'Esprit » au sein même de leur culture d'appartenance, d'origine. Il le lui dit par le contenu de sa dédicace mais surtout par la langue qu'il choisit, l'hébreu, que son fils ne sait pas lire. Pour Jacob, la Bible a toujours organisé le champ des représentations de référence, mais Freud ne lui reconnaîtra une importance qu'à la veille de sa mort. D'ailleurs, il ne cessa d'affirmer son « inculture » en ces matières, alors qu'il en savait bien plus sans doute qu'il ne l'avoua. Peut-être Jacob espérait-il qu'à la manière des commentaires de Ludwig Philippson son fils n'aborderait les sujets profanes – et tabous – que pour mieux approfondir et souligner la richesse du texte sacré. En s'interrogeant tout au long de sa vie – et de plus en plus en vieillissant – sur la religion et en se confrontant à la figure paternelle de Moïse (mais en « oubliant » le patriarche des patriarches, Abraham), Freud n'a-t-il pas tenté de répondre d'une certaine façon à l'attente de son père ? A sa manière, il a peut-être prolongé le courant affectif et culturel du judaïsme réformé modéré dans lequel il avait été élevé.

Quel est le contenu de la mémoire juive que Sigmund et Martha ont transmis à leurs enfants ? Sans doute ce « quelque chose d'essentiel », cette « joie de vivre » que Freud proposait à sa fiancée. Aucun des six enfants ne quitta le judaïsme ; les cinq qui se marièrent, le firent avec des partenaires juifs et avec la bénédiction d'un rabbin. Quant à l'un de leurs arrière-petits-fils qui songea, un moment, à devenir pasteur au sein de l'Église danoise protestante, à laquelle appartenait sa mère, il se rendit dans ce but en Israël pour apprendre l'hébreu dans un kibboutz. Martha offrit à sa famille maternelle les rares objets de culte qu'elle possédait, telle l'étoffe brodée qui sert à recouvrir le pain tressé lors des prières du samedi soir, lorsqu'elle arriva à Londres en 1938, en expliquant que ni elle ni ses enfants n'en auraient plus besoin. Mais si la judéité comme religion n'a pas été transmise à la jeune génération, un puissant sentiment de solidarité avec le peuple juif a toujours été présent chez Freud et fortement encouragé chez ses enfants. Ils se sont toujours considérés comme Juifs et n'ont cessé de l'être [54].

LE TEMPS DES RÊVES

A Bellevue, sur les hauteurs boisées de Vienne, cet été 1895, lilas, cytises, jasmins et acacias embaument l'air de leurs parfums lourds et sucrés. Freud et sa famille passent des jours heureux au « Paradis », Himmelstrasse, une rue escarpée des faubourgs. Une fête se prépare à l'occasion des trente-quatre ans de Martha, enceinte de leur sixième enfant. Freud est préoccupé par son amitié avec Wilhelm Fliess. Celui-ci a maladroitement opéré Emma Eckstein, sa patiente, et Freud se sent malheureux, responsable et voudrait disculper son ami de sa faute professionnelle. Il a lui-même souffert d'un problème cardiaque et de sinusite purulente; Fliess l'a aussi soigné et lui a interdit de fumer, ce qui est un véritable supplice pour Freud. Entre le jeu de quilles et la cueillette des champignons germent en lui les prémices de sa royale découverte : les rêves révèlent notre inconscient, réalisent fantasmatiquement nos désirs infantiles et ouvrent la voie vers une nouvelle compréhension de l'être humain.

Au matin du mercredi 24 juillet 1895, Sigmund Freud se réveilla avec le souvenir très vif d'un rêve complexe qu'il s'empressa de noter. Assis à l'angle nord-est de la terrasse, après Artémidore, et après Joseph, l'interprète des nuits pharaoniques, il se mit à analyser chacun des éléments de son rêve, avec le sentiment exaltant d'inventer une nouvelle clé des songes.

Le rêve de « l'injection à Irma [55] » rassemble le petit monde de collègues, patients et amis juifs qui entourent Freud et dans lequel les conflits prennent un relief plus déchirant, les rivalités un caractère plus familial et toutes les relations une intense coloration d'ambivalence. Oscar Rie, Ludwig Rosenberg, Joseph Breuer, Wilhelm Fliess, Fleischl, Anna Hammerschlag-Lichtheim, Emma Eckstein, sa femme Martha et lui-même, tous les personnages de sa vie et de son théâtre intérieur sont rassemblés là. L'enfance heureuse à Freiberg, ses relations familiales embrouillées par la différence de génération entre son père et sa mère, toutes les maladies et malaises de son corps, ses amitiés-rivalités, son ambition de faire une grande découverte, son désir de quitter l'univers de la Leopoldstadt pour accéder enfin à une réussite reconnue de « l'autre côté », l'ouverture d'une nouvelle période dans sa vie : l'auto-analyse, tout cela est présent dans ce rêve *princeps* et programme. Et même une métaphore biblique qui reviendra souvent : « Jacob luttant avec l'ange », identification qui s'amplifiera après la mort de son père qui survient le 23 octobre 1896.

Dans la nuit qui a suivi – ou qui a précédé – l'enterrement de Jacob Freud, son fils voit en rêve « un placard imprimé, une sorte d'affiche, quelque chose comme le " Défense de fumer " des salles d'attente de gares. On y lisait [56] :

ON EST PRIÉ DE FERMER LES YEUX / UN ŒIL

UN JUIF VIENNOIS

Cette double injonction révèle deux désirs : respecter la volonté du mort de ne pas aller voir du côté des tailleurs d'images occidentaux, de ne pas se laisser séduire par l'assimilation à la majorité compacte mais en même temps, par une « condensation » dont l'inconscient a le secret, Freud réclame l'indulgence de son père pour son vœu d'y jeter malgré tout un œil, d'y réaliser son ambition de gloire et de revanche.

Avec son père meurt aussi un peu de ce qui l'attachait encore à la Yiddishkeit, à ce monde coloré, chaleureux, souvent misérable mais toujours plein d'humour sur lui-même. Quelques mois après le décès de Jacob, Freud confesse à Fliess qu'il a commencé à collectionner de « très significatives histoires juives [57] ».

Par une démarche radicalement neuve dans le champ de la science, empruntée au monde des poètes et des romanciers, Freud introduit les objets les plus quotidiens, les plus personnels, les moins « nobles » au sein des études universitaires.

En réaction à la mort de son père, il se livre à un intense travail de fouille dans son passé, s'efforçant de ramener à la lumière de sa mémoire les fragments refoulés de son enfance, les sentiments violents et peu avouables à l'égard de ses proches. Pendant environ quatre ans, avec ses rêves, son auto-analyse et sa correspondance avec Fliess pour seuls instruments, Freud part à la découverte de terres inconnues, d'un continent invisible : l'Inconscient. Sa découverte de la psychanalyse s'effectue à partir du cheminement le plus singulier, le plus autobiographique : l'ascension d'un jeune Juif venu de Moravie, issu d'une famille de marchands galiciens, au sein de la bourgeoisie libérale et universitaire viennoise. Et après les récits oniriques de la *Traumdeutung* Freud attachera son nom (« Joie »)

– tant moqué à cause de son sens et de son association aux filles de joie – à une très sérieuse analyse des rapports du mot d'esprit avec l'inconscient.

Ainsi convertit-il un morceau de sa culture d'origine en discours savant et assimilable par sa culture d'adoption : rabbins, *Schnorrers* (mendiants), *Schadchen* (marieurs), le brave Itzig, le baron Rothschild, des Juifs galiciens et quelques filles à marier pauvres et boiteuses se trouvent mis en scène pour prouver les lois générales du psychisme humain! Freud ne manquait pas de toupet ou d' « inconscience » sociale. *L'Interprétation des rêves* mettra d'ailleurs dix ans à se vendre à six cents exemplaires... avant de finir au pilon, et le *Witz*, le *Mot d'esprit et ses rapports avec l'inconscient*, resta longtemps incompris.

C'est à la même époque que Freud commence à rassembler des traits d'humour juif, « difficiles à traduire du jargon [du yiddish] avec tout son sel [58] », à s'affilier à l'organisation juive libérale B'nai B'rith, et à collectionner les statuettes antiques. Cette année-là aussi, il rêve quatre fois de Rome. De même que sa passion archéologique représente à la fois son attachement à la Bible de Philippson de son enfance et la transgression des commandements de son père, ses quatre rêves romains, en 1897, illustrent une identité conflictuelle. Comme de nombreux Juifs viennois de son temps, il se trouve saisi, écartelé, entre un monde perdu, celui du shtetl, du ghetto, de la Leopoldstadt et l'univers attirant de l'émancipation avec ses risques d'assimilation et de perte de soi. Et puis, comment être un Juif athée dans une société où la religion est un des facteurs essentiels de l'identité sociale, un Juif d'expression allemande dans un État multinational qui ne reconnaît pas aux Juifs de nationalité propre et dont la cause allemande se lie désormais à l'antisémitisme le plus démagogique, un Juif libéral alors que le libéralisme est en plein déclin ?

« Je rêve un jour que, de la fenêtre du wagon, je vois le Tibre et le pont Saint-Ange ; puis le train se met en marche, et je pense que je ne suis pas descendu dans la ville. »

« Une autre fois, on me mène sur une colline et on me montre Rome à moitié cachée par la brume et encore si éloignée que je m'étonne de la voir si clairement. »

Dans un troisième rêve, il croit enfin y être arrivé mais, à sa grande déception, ce n'est pas encore le cas et il lui faut demander son chemin pour la Ville éternelle. Lorsqu'il se trouve finalement à Rome, c'est pour découvrir, fort étonné, des affiches en allemand [59].

Freud reste ambivalent face à Rome comme il l'est face à son père humilié par un chrétien. Rome, l'antique et la catholique, deux fois persécutrice des Juifs, est le théâtre de sa culpabilité et de ses fantasmes œdipiens. Son identification à Hannibal, le guerrier malchanceux, l'entraîne par cinq fois à l'âge adulte dans les musées et les églises italiennes sans jamais atteindre Rome, objet d'une nostalgie dont il reconnaît lui-même le « caractère profondément névrotique ». Rome raconte son désir de pénétrer l'énigme humaine et de rejoindre les cercles très fermés de l'agresseur chrétien. Cette ambition provoque la culpabilité à la fois par la supériorité sur Jacob et la transgression de l'héritage juif qu'elle engendre. Mais grâce à ses rêves et à leur analyse, Freud dénoue la malédiction du serment d'Hannibal.

En 1901, cinq ans après la mort de son père, le rêve romain se concrétise enfin, mais ce qu'il vient contempler à Rome, c'est un Moïse de marbre taillé par Michel-Ange. N'est-ce pas le comble de la transgression de la loi juive que d'admirer l'image de celui qui a justement formulé l'interdiction d'adorer les idoles ? Comment comprendre que Freud, même Juif « infidèle », incroyant, puisse ainsi faire fi de son millénaire héritage iconoclaste devant un fragment du mausolée qui devait s'élever à la gloire du pape Jules II dans une église catholique romaine ? Il réussit pourtant un étonnant compromis psychique : il regarde Moïse sans le voir. C'est le fond, le sens de cette statue et non ses qualités esthétiques, formelles, visuelles, qui le retient, explique-t-il [60].

Deux thèmes bibliques ont accompagné Freud tout au long de sa vie, et particulièrement au moment de son auto-analyse : Jacob luttant avec l'ange et Moïse voyant la terre promise de loin. « Ce sera ma juste punition, écrit-il à Fliess le 7 mai 1900, qu'aucune province inexplorée dans la vie psychique où j'ai pénétré comme premier parmi les mortels, ne portera mon nom ou obéira à mes lois. Lorsqu'au cours de la lutte, je me suis vu menacé de perdre le souffle, je priais l'ange de relâcher, et cela il l'a fait depuis. Mais je n'ai pas été le plus fort, quoique depuis je boite sensiblement. Oui, j'ai vraiment quarante-quatre ans, suis un vieil Israélite un peu miteux *(etwas schäbiger Israelit)*. » On découvre ici la précision de la connaissance biblique de Freud qui se nomme « Israélite » plutôt que « Juif » comme il le fait généralement, quand il évoque cette scène de la Genèse où Jacob reçoit son nom d'Israël après le combat avec l'ange.

Du rêve de l' « oncle à barbe jaune » au rêve « Mon fils, le myope... » *(Auf Geseres- auf ungeseres)*, Freud s'interroge dans la *Traumdeutung* sur l'antisémitisme et les moyens de s'y soustraire, lui et ses enfants. Dans l'analyse de ces rêves, apparaissent certains reproches qui visent son père qui l'a mené à Vienne plutôt qu'en Angleterre où il aurait été à l'abri : « La scène du rêve où je me vois en train d'éloigner mes enfants de Rome est d'ailleurs défigurée par une réminiscence de ma jeunesse ayant trait à un événement analogue. Tout cela signifie que j'envie des parents qui ont pu, il y a bien des années, mettre leurs enfants à l'étranger [61]. »

En association à ces mêmes préoccupations nocturnes, Freud se demande s'il est vrai que des « motifs confessionnels » retardent sa nomination de professeur à l'Université. Il évoque les œillets blancs qui sont à Vienne l'insigne des antisémites, par opposition aux œillets rouges des sociaux-démocrates à l'occasion d'un rêve qui lui rappelle la provocation antisémite qu'il avait endurée pendant un voyage en chemin de fer à travers la Saxe. Theodor Herzl, bien que son nom n'apparaisse pas, se trouve à l'origine du rêve « Mon fils, le myope... ». Freud avait, en effet, la veille de ce rêve assisté à la représentation de sa pièce de théâtre : *Das neue Ghetto*. « On reconnaît facilement, dans les pensées du rêve, la question juive, le souci de l'avenir des enfants à qui on ne peut donner une patrie [62]. »

En février 1898, au moment du procès de Zola et de l'affaire Dreyfus, il écrit à Fliess : « Zola nous tient en haleine. Quel brave homme! Avec lui, il serait possible de s'entendre [63]. » Et pour prouver que tout rêve est lié aux événements du jour qui vient de s'écouler, Freud donne quelques exemples parmi ses rêves personnels, dont celui-ci : « Un homme sur un rocher escarpé, au milieu de la mer, à la manière de Böcklin. Source : Dreyfus à l'île du Diable, en même temps nouvelles d'un de mes parents d'Angleterre [64]. »

Chaque samedi Freud rejoint ses partenaires de tarots, des amis médecins et juifs comme lui, et, un mardi sur deux, il passe la soirée avec ses « frères » juifs du B'nai B'rith, où il lui arrive de faire des conférences sur certains points de sa nouvelle théorie. Il s'y sent accueilli avec amitié, alors que partout ailleurs il se voit rejeté comme un hors-la-loi. Il dira plus tard, à l'occasion de ses soixante-dix ans, l'attention bienveillante qu'il y a trouvée : « Le fait que vous soyez juifs ne pouvait que me plaire car j'étais moi-même juif, et le nier m'a toujours semblé être non seulement indigne, mais encore franchement insensé. Ce qui me rattachait au judaïsme n'était pas la foi – je dois l'avouer – ni même l'orgueil national car j'ai toujours été incroyant, j'ai été élevé sans religion, mais non sans le respect de ce que l'on appelle les exigences "éthiques" de la civilisation humaine [65]. »

Et lorsqu'en 1899, il envoie à l'impression les premières pages de la *Traumdeutung*, il se sent plutôt mécontent de son travail et songe une fois de plus à l'une de « ces joyeuses anecdotes juives qui renferment tant de profonde et parfois d'amère sagesse et que nous citons si volontiers dans nos lettres et nos conversations ». Et la plaisanterie qui lui vient alors en mémoire est celle-ci : L'oncle Jonas est félicité par son neveu pour son prochain mariage. « Et comment est ta fiancée, Oncle ? – C'est affaire de goût. Moi, elle ne m'attire pas [66] ! »

LAPSUS, ERREURS ET OUBLIS DE TOUS LES JOURS

Accorder de l'attention aux détails de la vie de Freud, à ses gestes, ses rêves, ses identifications, déchiffrer les inscriptions familiales, géographiques ou culinaires qui ont modelé sa judéité, c'est se laisser bercer par une histoire pleine d'imprévus, de contradictions, de voyages, de mythes. Mais cette histoire a une particularité : c'est d'elle qu'est née la psychanalyse. Freud, ce Juif viennois, qui a vécu entre ghetto et assimilation, entre ses ancêtres bibliques et toute la bibliothèque des poètes de l'Occident, entre Athènes, Rome et Jérusalem, a métamorphosé la vie quotidienne. En s'attachant aux choses de la vie que tout le monde connaît, aux faits de tous les jours, il a transformé le banal et l'anecdotique en sagesse et en intelligence. Il leur a offert une dignité, une noblesse, un statut d'œuvre et de création. Le conscient, le manifeste, l'apparent sont devenus suspects, accusés de mensonge et de leurre. Le caché, l'absurde, l'incohérent et le quelconque sont porteurs soudain d'une vérité nouvelle. En dehors des catégories habituelles du visible, du raisonnable, du réel, qu'il soit politique, religieux, scientifique ou moral, il existe une réalité qui les sous-tend toutes : *la réalité psychique.* Et si cette hypothèse de l'inconscient n'avait pas changé notre vision du monde et de nous-mêmes voilà déjà presqu'un siècle, nous pourrions un instant nous croire au carnaval, à Venise ou à Rio, dans cet espace de renversement où tout ce qui est habituellement interdit devient permis, où toutes les règles établies sont balayées et remplacées par leur exact contraire. Mais si Freud a souvent joué avec les masques et s'est rêvé déguisé en docteur Faust, en Don Giovanni ou même en Méphistophélès, s'il n'a pas craint d'affronter tous les diables de l'enfer, il reste néanmoins un enfant de son siècle : il croit à la Science. Il veut donc prouver scientifiquement ce que son intuition littéraire lui suggère et il justifie sa démarche : « Ce qui constitue le caractère essentiel du travail scientifique, ce n'est pas la nature des faits sur lesquels il porte, mais la rigueur de la méthode qui préside à la constatation de ces faits et la recherche d'une synthèse aussi vaste que possible [67]. »

Et de même, pour prouver l'universalité de sa découverte, bien qu'elle soit essentiellement née du plus minoritaire des destins, Freud ne va cesser de donner à voir le plus général, le plus partagé. Son appartenance intellectuelle à la « majorité compacte », il la démontre aux yeux de tous par sa connaissance des grandes œuvres classiques (Homère, Virgile, Goethe, Sophocle, Shakespeare, Cervantès, Dante, qu'il lit tous dans le texte original), par sa passion des fouilles archéologiques, sa collection d'antiques, ses rêves et ses voyages romains, sa troublante visite à l'Acropole... Mais n'en fait-il pas trop ? Ne dévoile-t-il pas justement ce qu'il voulait estomper ? Qui d'autre qu'un membre d'une communauté minoritaire pourrait avoir un tel souci ? Sa participation à la famille occidentale ne va pas de soi, elle n'a pas, pour lui, un caractère d'évidence, il doit la gagner ; c'est une lutte incessante.

De son livre, *Psychopathologie de la vie quotidienne*, on connaît la célèbre analyse de l'oubli du nom du peintre italien Signorelli. Mais le deuxième chapitre, « oubli de mots appartenant à des langues étrangères », a moins retenu l'attention. Ces quelques pages [68] débutent par un « oubli » du traducteur, S. Jankélévitch, le père du philosophe, oubli qui rend difficilement compréhensible la suite du récit. Freud raconte comment il refait la connaissance d'un jeune homme au cours d'un voyage en train. Ils partagent tous deux la même situation sociale et appartiennent au même « *groupe ethnique* » (les deux mots « omis » par le traducteur). Or, cette référence à une identité juive commune et aux entraves qu'elle suscite est justement le pivot central de l'oubli de mots étrangers que Freud veut interpréter.

Le jeune homme, au cours de la conversation, se plaint de « l'état d'infériorité auquel était condamnée sa génération, privée de la possibilité de développer ses talents et de satisfaire ses besoins ». Et il termine sa diatribe par une citation latine tirée de Virgile : « *Exoriar(e)* aliquis *nostris ex ossibus ultor!* » Mais un mot vient à lui manquer et il demande à Freud de l'aider à comprendre pourquoi celui-ci lui a échappé. « Nous allons le voir, répond calmement Freud. Je vous prie seulement de me faire part *loyalement* et *sans critique* de tout ce qui vous passera par la tête, lorsque vous dirigerez votre attention, sans aucune intention définie, sur le mot oublié. »

Les associations du jeune homme sur « *aliquis* » le conduisent à évoquer tour à tour les reliques de Simon de Trente, l'opinion de saint Augustin sur les femmes (*Tota mulier in utero*), saint Janvier et le miracle du sang dans une église de Naples, l'occupation française en Italie, l'accusation de meurtres rituels prononcés à nouveau par des antisémites contre les Juifs puis, soudain, « une chose trop intime » : la crainte du jeune homme de recevoir l'annonce par sa maîtresse d'une mauvaise nouvelle. « La nouvelle que ses règles sont arrêtées? demande Freud sûr de lui. — Comment avez-vous pu le deviner? — Sans aucune difficulté, répond le Sherlock Holmes viennois. Vous m'y avez suffisamment préparé. Rappelez-vous *tous les saints du calendrier* dont vous m'avez parlé, le récit sur *la liquéfaction du sang s'opérant un jour déterminé*, sur *l'émotion qui s'empare des assistants lorsque cette liquéfaction n'a pas lieu...* »

Mais cet assaut de culture, et particulièrement de

culture chrétienne, n'aboutirait-il qu'à une discrète allusion à un enfant qu'un jeune Juif ne souhaite pas voir naître pour ne pas entraver davantage encore ses chances de succès dans la société viennoise ? Et Freud ne relève-t-il le défi que lui lance son interlocuteur de trouver le sens caché de son oubli que pour « enrichir [sa] collection d'un nouvel exemple » ? Bien sûr, c'est là le jeu auquel les deux voyageurs se sont livrés ensemble. Mais au-delà de ce « divertissement » commun, Freud et le jeune homme « de formation universitaire » partagent surtout la même appartenance juive, la même ambition de réussir et le même désir de revanche à l'égard de la majorité chrétienne. Et voici qu'apparaissent à nouveau Rome et Hannibal.

En effet, le vers cité par « l'ambitieux » est extrait d'une malédiction prononcée par Didon, princesse de Carthage, contre Énée et ses descendants romains : « Armes contre armes, que nos deux peuples combattent, eux et leurs descendants [69]. » Hannibal, le guerrier carthaginois poursuivra cette haine vengeresse. Freud aussi, qui le sait depuis son adolescence. Mais sa bataille, il la mène sur le terrain de l'ennemi et avec ses armes : sa mythologie, sa langue, sa culture, ses outils intellectuels. Entre les deux hommes du train existent non seulement une même alliance autour de leur judéité mais une connivence culturelle. Ils possèdent tous les deux une remarquable connaissance de l'histoire, de l'art, de l'histoire de l'Église, de la patristique, de la mythologie, du grec et du latin ainsi que de l'histoire européenne, de l'actualité antisémite et du discours raciste qui s'amplifie dans la Vienne de Karl Lueger. Et si l'enchaînement des associations permet de remonter à la source de l'oubli, source fort particulière et personnelle, le parcours culturel qui est accompli pour y parvenir charrie avec lui toute la problématique historique et sociale des Juifs viennois. De fils de marchands des ghettos, ils se sont retrouvés, grâce à l'émancipation et aux droits politiques, au sein de la bourgeoisie libérale et intellectuelle. Mais avec le déclin du libéralisme, la montée du nationalisme pangermanique et l'antisémitisme qui l'accompagne, ainsi que l'importance accrue de l'identité religieuse comme définition sociale, ces « émigrés de la deuxième génération » se sentent piégés. Et ils le sont comme le montrera trente ans plus tard le nazisme. Mais au début du siècle, Freud et son compagnon pensent encore pouvoir voyager dans le train occidental sans « payer le ticket d'entrée », selon la formule de Heine, c'est-à-dire sans se convertir. A la suite de Didon et d'Hannibal, ils supposent qu'une revanche est possible, que leur situation ne sera pas toujours celle de la victime, de la femme abandonnée comme Didon le fut par Énée. Et puis, ne sont-ils pas de plein droit citoyens de cette société dont ils ont si bien assimilé les mythes, les langues, la culture ? Ne connaissent-ils pas aussi bien sinon mieux son histoire, ses saints, ses reliques ?

Mais face à cette douloureuse position des Juifs viennois, Freud ne veut choisir ni la solution radicale qu'il réprouve – le reniement et le baptême –, ni une solution politique et sociale comme celle proposée par la social-démocratie (où de nombreux Juifs militent), ni la solution sioniste. En s'attachant à l'étude de la réalité inconsciente plutôt qu'aux éléments concrets de la réalité historique et sociale, en privilégiant l'homme qui rêve, qui oublie, qui rit, qui aime, qui craint, qui hésite, qui rumine, qui a des émois, de mauvaises pensées ou des paralysies, Freud tente aussi, peut-être, de reformuler à sa manière la question de l'identité juive. Non plus en termes de religion, d'assimilation ou de nationalisme mais par un projet intellectuel qui transcende les catégories habituelles. Sa proposition s'éloigne à la fois de celle de Victor Adler, le chef de la social-démocratie, de celles de Theodor Herzl, le sioniste, de Heine ou de Schönberg, de tous ceux qui se sont convertis et, bien sûr, de l'orthodoxie religieuse. Il offre l'hypothèse d'une terre intérieure, l'existence d'une terre d'asile que chacun porte en soi. Il suppose une mémoire qui, au-delà des oublis apparents, ne peut se perdre et traverse les générations. Il triomphe de la politique et de la religion en les soumettant aux lois de l'inconscient [70].

VAISSELLE BRISÉE ET MORALE SEXUELLE « CIVILISÉE »

Peu après son retour de Rome en 1901, Freud reçoit enfin sa nomination de professeur. Il croit rêver. Il se voit fêter par l'empereur en personne et les politiciens qui l'ont tant fait attendre et souffrir ; ainsi qu'il l'écrit à Fliess le 11 mars 1902 : « L'approbation du public m'était acquise, vœux et envois de fleurs pleuvaient, comme si le rôle de la sexualité avait été soudain découvert officiellement par Sa Majesté, la signification des rêves, confirmée par le Conseil des ministres, et la nécessité d'une thérapeutique psychanalytique de l'hystérie, reconnue par le Parlement à la majorité des deux tiers. » Rêverie bien viennoise à une époque où le Parlement était paralysé, les émeutes linguistiques nombreuses entre Tchèques et Allemands, les négociations économiques et financières entre l'Autriche et la Hongrie à leur point mort et les manifestations antisémites violentes dans la province de Galicie.

Ainsi le fils de Jacob, le « Juif errant galicien », accède enfin à la reconnaissance sociale; il rejoint les cercles fermés de l'agresseur chrétien, il est devenu un Juif émancipé, un Juif de la modernité, un respectable professeur d'une des plus célèbres universités d'Europe. Ascension qui s'est accompagnée de bien des conflits, anxiétés et maux divers. Pensant à ses patients juifs mais sûrement aussi à lui-même, Freud remarque dans un petit article intitulé « La morale sexuelle " civilisée " et la maladie nerveuse des temps modernes » : « Il arrive qu'un malade nerveux attire l'attention du médecin sur l'opposition qu'il faut observer dans la genèse de la maladie entre constitution et exigence culturelle, en disant par exemple : " Nous, dans notre famille nous sommes tous devenus nerveux parce que nous voulions être quelque chose de mieux que nous ne le pouvions, de par notre provenance [71] ". » Et Freud ajoute : « Ceux qui succombent à la maladie nerveuse sont justement les descendants de pères ayant des origines rurales simples et saines, issus de familles frustes mais vigoureuses qui viennent en conquérants dans la grande ville et permettent à leurs enfants de s'élever en un court laps de temps jusqu'à un haut niveau culturel [72]. »

Le petit enfant qui courait dans la campagne morave, en arrachant les pissenlits des champs, est devenu un Juif viennois cultivé. Bien qu'il se soit éloigné de l'atmosphère qui abritait les vieux Juifs de la Leopoldstadt et bien qu'il se soit toujours opposé aux croyances religieuses et à l'aspect obsessionnel de leurs rituels, Freud n'a jamais cessé de goûter dans l'intimité familiale de sa vie quotidienne les nombreux plaisirs, gestes et superstitions hérités de sa tradition juive. Il attribuait à certains chiffres une influence : favorable pour le 17, auquel il associa l'anniversaire de ses fiançailles avec Martha, ou néfaste pour le 52, qui correspond au mot « chien » en hébreu; il craindra longtemps de mourir à cet âge. Dans son livre sur la *Psychopathologie de la vie quotidienne,* il donne un autre témoignage de son attachement affectif à certains gestes traditionnels : « Il y eut récemment dans ma maison une période pendant laquelle les verres et la vaisselle de porcelaine subissaient un véritable massacre; j'y ai moi-même contribué dans une mesure considérable. Mais cette petite endémie psychique était facile à expliquer : on était à quelques jours du mariage de ma fille aînée. Dans cette circonstance solennelle on a toujours l'habitude de briser un objet en verre ou en porcelaine, en formulant des vœux de bonheur [73]. » Ces bris de vaisselle président au double mariage de Mathilde avec Robert Hollitscher et d'Alexander Gotthold Efraïm, le frère cadet de Freud, avec Sophie Sabine Schreiber, alliances célébrées par le rabbin Gelbhaus à Vienne le même jour.

S'il n'a pas été simple pour Freud d'être un fils, la paternité, au sens d'une filiation intellectuelle, d'une transmission de maître à disciple, se révèle souvent décevante. Après la lignée des fils, Œdipe, Hamlet, Hannibal et Joseph, surgit, de plus en plus présente, la figure grandiose d'un père fondateur, d'un conducteur de peuple, d'un législateur, Moïse. Il avait cru pouvoir faire de Jung, le chrétien, son fils adoptif, son successeur, son prince héritier, son Josué; la rupture consommée, Freud rédige le *Moïse de Michel-Ange,* cette statue qu'il vient et revient admirer depuis plus de dix ans à Rome. Il y décrit le prophète maîtrisant sa colère face à la trahison de son peuple... C'est aussi à cette époque qu'il cite pour la première fois de longs passages de la Bible, avec la référence précise. Ainsi, dans son *Moïse,* il relate la scène du Veau d'or à partir de la traduction biblique de Luther, tout en s'en excusant comme d'un anachronisme. Ne demande-t-il pas indirectement pardon à son père, capable, lui, de lire le texte sacré dans l'hébreu original ?

Si Freud a bien lu et aimé l'histoire biblique, il lui faut néanmoins, face à l'orthodoxie et à la tradition savante juive, reconnaître sa « part d'inculture » (*dieses Stück meiner Unbildung* [74]). Quant au sionisme, qui naît comme la psychanalyse en terre viennoise, il n'y adhère pas, bien qu'il éprouve à son égard une certaine sympathie, sans préjuger toutefois ni de ses chances de succès ni des dangers possibles. « Je ne suis pas sioniste – tout du moins pas comme l'est Einstein, bien que je sois l'un des curateurs de l'université hébraïque de Palestine », confie-t-il à l'un de ses élèves, Joseph Wortis [75]. Et il ajoute : « J'ai craint quelque temps que le sionisme ne fournisse l'occasion de ressusciter l'ancienne religion, mais des gens qui sont allés là-bas m'ont assuré que les jeunes Juifs, dans leur ensemble, n'étaient pas religieux, ce qui est une bonne chose [76]... » Lorsqu'un de ses fils, Martin, découvre à l'université une organisation sioniste, la Kadimah, et y adhère, il craint la réaction de son père : « Il aurait très bien pu désapprouver mon inscription à cette association, estimer que c'était encore une de mes frasques et que cela n'allait m'attirer que des ennuis. En fait, il fut sincèrement ravi et me l'exprima très clairement ; je peux le dire ici, bien des années plus tard, il devint membre honoraire de la Kadimah [77]. »

UNE FIDÉLITÉ MYSTÉRIEUSE ET CAPITALE

C'est à la joie intime de sa mémoire juive que Freud pense devoir ses forces vives et ses consolations quotidiennes. « Parce que j'étais juif, je me suis trouvé libéré de bien des préjugés qui limitent chez les autres l'emploi de leur intelligence; en tant que juif, j'étais prêt à passer dans l'opposition et à renoncer à m'entendre avec " la compacte majorité [78] ". » La crainte que la psychanalyse ne soit accusée d'être une « science juive » ne le quittera pourtant jamais. Il cherchera à protéger son « enfant » d'un destin antisémite. En choisissant Jung comme héritier, il espère soustraire son œuvre et le mouvement psychanalytique à la haine qui monte. Face aux nombreuses résistances que rencontre la psychanalyse, Freud s'interroge : « Enfin l'auteur a le droit de se demander si sa propre personnalité en tant que juif qui n'a jamais voulu cacher sa judéité, n'a pas joué un rôle dans l'antipathie que le monde environnant a manifestée à l'égard de la psychanalyse. Un tel argument a rarement été exprimé de façon explicite, mais nous sommes, hélas, devenus si méfiants que nous ne pouvons pas nous empêcher de soupçonner que cette circonstance n'est pas restée sans effet. Ce n'est peut-être pas par un pur hasard que le premier représentant de la psychanalyse fut un juif. Pour se déclarer partisan d'une telle doctrine, il fallait une bonne part de détermination, être disposé à accepter l'isolement face à l'opposition, un destin qui est plus familier à un juif qu'à quiconque d'autre [79]. » Mais lui, qui fit dire aux mots leur part d'ombre et d'inaccessible, n'a pour exprimer son attachement que des élans improprononçables. Il lie son attrait pour le judaïsme à « beaucoup d'obscures forces émotionnelles – d'autant plus puissantes qu'on peut moins les exprimer par des mots [80] ». Dans sa préface à l'édition en hébreu de son livre *Totem et tabou,* il écrit en 1939 : « L'auteur [...] qui ne comprend pas la langue sacrée de la religion de ses pères [...] si on lui demande ce qui lui reste de juif, répondrait encore beaucoup, probablement quelque chose de capital [81]. » Et à l'âge de quatre-vingts ans, il réaffirme avec joie et fierté cette judéité qui constitue pour lui « ce je ne sais quoi de mystérieux jusqu'ici resté inaccessible à toute analyse [82] ». Sans doute n'est-il pas indifférent que dans son dernier ouvrage, *L'Homme Moïse et la religion monothéiste*, Freud s'interroge sur la permanence du peuple juif au travers des siècles et sur ce qui l'unit aussi fortement. C'est dit-il « la possession commune d'un certain trésor intellectuel et affectif [83] ».

Si Athènes, Rome et Jérusalem fécondent ses rêves et ses textes ou racontent sa géographie intérieure, seules les patries d'Œdipe et de Romulus se sont offertes à ses yeux émerveillés. La terre de ses ancêtres est restée pur objet de désirs. Comme le temple désormais invisible, Jérusalem est un non-lieu, aussi présent et muet que les voyelles du tétragramme sacré [84]; Jérusalem ne peut s'incarner pour lui que dans le champ de l'écriture. Lorsque son ami Arnold Zweig l'invite à le rejoindre au pays de la Bible, Freud, qui a près de quatre-vints ans, lui répond : « Naturellement mon idée de partager votre printemps sur le mont Carmel n'était qu'un fantasme. Je ne pourrais, même appuyé sur ma fidèle Anna-Antigone, entreprendre aucun voyage [85]. » Et d'ajouter : « le *Moïse* ne lâche pas mon imagination. » Ce roman mosaïque dans lequel, peu de temps avant de quitter la scène de la vie, Freud note la seule phrase en hébreu de son œuvre. Il ne pouvait ignorer qu'elle représentait non seulement la prière quotidienne mais aussi les derniers mots que se doit de prononcer un Juif pieux avant de mourir : *Schema Jisroel Adonai Elohenou Adonai Echod* [86].

« Avec l'audace de celui qui n'a plus grand-chose ou plus rien du tout à perdre », Freud regarde en face cette « énigme » du destin : son père dont le deuil a fait naître son auto-analyse et l'a conduit sur la voie royale de la *Traumdeutung,* son père, qu'il a cru venger de la boue insultante et réhabiliter à ses propres yeux en devenant un savant illustre, revient à la fin de sa vie pour le confronter à l'inéluctable filiation, à l'inévitable héritage familial. Faire de Moïse un Égyptien ne peut effacer la réalité de ses origines. Être le père d'une œuvre occidentale ne le dispense pas de demeurer le fils d'un petit marchand juif de Galicie, le petit-fils d'un rabbi de Tysmenitz.

Se réconcilie-t-il avec sa généalogie en ajoutant en 1935 à son autobiographie, comme un post-scriptum à une longue existence : « Très jeune, alors que je venais d'apprendre ce qu'est l'art de lire, je me plongeai dans l'histoire biblique; comme je le reconnus bien plus tard, cela n'a cessé d'orienter mon intérêt [87] » ? Accepte-t-il de ressembler à son vieux père lorsqu'à la veille d'émigrer à Londres il écrit à son fils Ernst : « Je me compare quelquefois au vieux Jacob qui fut emmené en Égypte par ses enfants alors qu'il était très âgé [88] » ? Et peut-il enfin renouer, sans s'y sentir enfermé, avec la tradition de ses pères en s'identifiant à un illustre rabbin ? Alors que l'Autriche est envahie en mars 1938 par les nazis, le comité directeur de la Société psychanalytique de Vienne décide que chacun devra fuir Vienne et que le siège de la Société sera transféré là où Freud émigrera. Et ce dernier de commenter cette décision : « Après la destruction du temple de Jérusalem par Titus, le rabbin Jochanan ben Sakkaï demanda la permission d'ouvrir à Jabneh la première école consacrée à l'étude de la Torah. Nous allons faire la même chose [89]. »

Comme Freud le suggère lui-même à la fin de sa vie : « Il est raisonnable de renoncer à résoudre entièrement cette énigme [90]. » Car comment comprendre une fidélité aussi mystérieuse? Et peut-on faire l'inventaire d'un trésor intellectuel et affectif? Et puis, comment démêler les cheminements, les nœuds, les îles, les choix inconscients et les refus dans cet écheveau, cet entre-deux culturel qu'est Vienne au saut du siècle?

Freud n'est jamais là où l'on croit pouvoir l'attendre. On le voit sur les chemins qui mènent à Rome mais il marche aux côtés de son père sur les trottoirs de sa ville natale; quand il regarde Athènes, il se détourne des colonnes de marbre à la belle couleur ambrée pour imaginer au-delà des flots le temple invisible de Jérusalem. Lorsqu'il évoque un voyage en « Terre non sainte [91] », il se glisse dans la peau d'un Œdipe vieillissant, mais à Rome c'est un Moïse de marbre taillé qui le fascine. Il fait du législateur juif un très noble Égyptien et s'entoure de statuettes antiques comme un idolâtre, mais se considère comme « un bon Juif [92] ». Né le premier jour du mois d'Iar 5616 et rattaché à l'Alliance juive huit jours plus tard, c'est dans une urne grecque que ses cendres reposent dans le cimetière de Golder's Green à Londres. Sur ce cratère, d'un côté Dionysos assis tient le thyrse et le canthare, une colonne le séparant d'une femme debout qui porte un plateau d'offrandes et un miroir. De l'autre côté, conversent deux jeunes gens vêtus de toges.

C'est ainsi qu'a voulu passer dans le royaume des morts celui qui n'a reconnu comme seule terre que son œuvre : Juif viennois errant entre Athènes, Rome et Jérusalem, ses livres demeurent son unique patrie.

CHAPITRE 5

AU BAL DE L'AMOUR

AU bal de l'amour il les a toutes invitées. Et puis aussi : Eros, Œdipe avec Jocaste et Laïos, Narcisse, Sade, Masoch, Sodome et Gomorrhe, la carte du tendre et le courant sensuel, les rêveurs solitaires, les petits pervers polymorphes [1], les grandes amoureuses et les poètes qui les exaltent : Shakespeare, Heine, Cervantès ou Goethe.

Et les ombres chères surgissent et,
Avec elles, comme une vieille légende oubliée
Le premier amour, la première amitié [2].

Sans protocole ni façon, sont accueillis de la même manière amitié et attirance pour les femmes fardées, passion amoureuse et tendres sentiments de filiation, union sexuelle des époux et attachement aux idées abstraites [3]. La virginité est accompagnée de son tabou [4], et la morale « civilisée [5] » converse avec les moyens d'empêcher la conception, l'abstinence, l'infidélité et la masturbation. Le « roman familial » s'adresse à la « scène primitive [6] », et, allongées sur son sofa oriental, reposent ses patientes et ses disciples, unies à lui par les liens du transfert [7].

A ces expressions si diverses de la libido [8], Sigmund Freud réserve pourtant un seul mot : *l'amour*, y oppose une même passion : *la haine* et, sans détours, en dévoile *le sexe*.

De la mère à la mort, tourne la ronde de l'amour; sous mille visages, c'est toujours l'image de la première séductrice dont on s'éprend, l'incomparable, l'inaltérable : *Liebe ist Heimweh*, « l'amour est le mal du pays [9] ».

AMALIA

Nom de jeune fille : Nathansohn.
Nom d'épouse : Freud.
Prénoms : Amalia Malka.
Née : à Brody (Galicie), le 18 août 1835.
Décédée : à Vienne, le 12 septembre 1930, à quatre-vingt-quinze ans.
Enfants : Sigmund, Julius (décédé à six mois), Anna, Rosa, Mitzi, Dolfi, Paula, Alexander.
Lien avec l'intéressé : mère.
Comment elle l'appelle : « petit négrillon » et *mein goldener Sigi*.
Comment il la nomme : pudiquement en latin, *matrem nudam* [10].
Description : svelte, vive, impatiente, yeux noirs et cheveux sombres coiffés en chignon. Selon des témoignages, Amalia avait été dans sa jeunesse une fort belle femme. Elle resta féminine jusqu'à son dernier jour, appréciant toujours vêtements et bijoux. Ses deux fils lui offrirent pour ses quatre-vingts ans une broche et pour ses quatre-vingt-dix ans une bague ornée d'un gros saphir et de brillants. Essayant à cet âge un nouveau chapeau, elle déclara : « Je ne le prends pas, il me vieillit! »

Maîtresse de maison accomplie, bonne cuisinière et couturière aussi, c'était avant tout une femme enjouée et énergique. Elle aimait jouer aux cartes jusqu'à une heure où la plupart des vieilles dames, selon Jones, sont généralement couchées. Chaque année, elle se rendait à Ischl faire une cure et fêter son anniversaire à la même date que l'empereur. A Vienne, son cher « Sigi en or » venait lui rendre visite tous les dimanches et lui apporter des fleurs. Bien qu'elle sût que son fils aîné arrivait ponctuellement le dernier à ces réunions familiales, elle ne pouvait s'empêcher d'aller et venir anxieusement et de l'attendre en haut des escaliers, s'inquiétant de son éternel retard [11].

Qu'a-t-elle compris de la doctrine dérangeante et scandaleuse de son fils ? Sans doute pas grand-chose, mais elle ne douta jamais de son génie.

Ce que Freud a dit d'elle : « Quand on a été sans conteste l'enfant de prédilection de sa mère, on garde pour la vie ce sentiment conquérant, cette assurance du succès qui, en réalité, reste rarement sans l'amener [12]. »

Et à sa disparition, neuf ans seulement avant sa propre mort, Freud écrivit : « [...] Je n'avais pas le droit de mourir tant qu'elle était encore en vie, et maintenant j'ai ce droit. D'une façon ou d'une autre, les valeurs de la vie seront sensiblement modifiées dans les couches profondes [13]. »

Son influence sur la théorie : fondamentale, de la découverte du complexe d'Œdipe au questionnement longtemps différé sur la féminité.

A son ami Fliess, il écrit le 15 octobre 1897 : « J'ai trouvé en moi, comme partout ailleurs, des sentiments d'amour envers ma mère et de jalousie envers mon père [14]. » La haine du petit enfant pour sa mère, il en laissera la théorisation à ses héritières, Jeanne Lampl de Groot, Hélène Deutsch et Mélanie Klein. Car même morte, il préserve Amalia de ses sentiments hostiles et idéalise leur lien précoce : « Seuls les rapports de mère à fils sont capables de donner à la mère une plénitude de satisfaction car de toutes les relations humaines, ce sont les plus parfaites et les plus dénuées d'ambivalence [15]. »

Nourrice, amante, terre-mère, un homme ne quitte jamais son antique patrie : « L'enfant au sein de la mère est le prototype de toute relation amoureuse. Trouver l'objet sexuel n'est, en somme, que le retrouver [16]. »

Après la disparition d'Amalia, Freud se risque à explorer plus avant le sombre et profond continent de l'Éternel féminin dans un chapitre de ses *Nouvelles Conférences* et dans son texte *Sur la sexualité féminine*. Il se déclare surpris du développement psycho-sexuel des filles, comme un archéologue qui découvrirait qu'il existe une civilisation minoé-mycénienne avant celle des Grecs [17].

Fort humblement, il reconnaît l'étendue de son ignorance. Il aurait dit à Marie Bonaparte : « La grande question restée sans réponse et à laquelle moi-même je n'ai jamais trouvé de solution malgré mes trente années d'étude de l'âme féminine est la suivante : " Que veut la femme ? " [18] »

NANNIE

Nom probable : Zajic.
Prénom : Monika.
État civil supposé : célibataire.
Age : environ quarante ans lorsque Freud en avait deux ou trois.

Religion : catholique.
Lien avec l'intéressé : bonne d'enfant.
Comment elle l'appelle : Sigi, sans doute.
Comment il la nomme quarante ans plus tard : sa « première génératrice » (de névroses), son « professeur de sexualité », sa « vieille bonne d'enfant préhistorique ».
Description : vieille et laide, sensée, laborieuse; fut renvoyée pour vol. Elle emmenait souvent le petit Sigi à l'église, lui parlant de Dieu et de l'Enfer.
Ce que Freud a dit d'elle : « On peut supposer qu'en dépit de quelques tapes, j'aimais ma bonne quand j'étais enfant [19]. »

Au cours de son auto-analyse, elle apparut à plusieurs reprises dans ses rêves; Freud lui gardait un souvenir reconnaissant pour lui avoir donné dès sa petite enfance « une haute idée de [ses] propres facultés [20] ».

Son influence sur la théorie freudienne : sa Nannie reste attachée, dans l'après-coup de son investigation intérieure, à ses premiers émois, ses premières curiosités d'enfant qui cherche à comprendre les choses du sexe et de l'amour. Exploration rendue plus complexe par le jeu brouillé des générations dans sa propre famille : son père était déjà grand-père à sa naissance, il était lui-même l'oncle d'un neveu plus âgé que lui; sa vieille Nannie paraissait être la partenaire de son père; quant à Philippe, son demi-frère, il le soupçonnait d'être lié à Amalia, puisqu'ils avaient tous les deux le même âge.

ANNA

Nom de jeune fille : Freud.
Nom d'épouse : Bernays.

Née : à Freiberg (Moravie), le 31 décembre 1858.

Décédée : à New York, le 11 mars 1955.

Enfants : Judith, Lucia, Edward Louis, Hella et Martha.

Lien avec l'intéressé : sœur; épouse du frère de Martha.

Description : une vraie Viennoise, disait-on d'elle, toujours gaie et optimiste.

Ce qu'elle a raconté sur son frère : dans ses souvenirs, elle manifeste la même jalousie que Freud éprouva, enfant, à son égard. Elle décrit avec une pointe d'envie non dissimulée la chambre que son frère aîné occupait à lui tout seul, alors que ses sœurs s'entassaient dans le reste de l'appartement familial, ainsi que d'autres privilèges de fils adulé. Leur mère était très musicienne (comme leur jeune frère, Alexandre) aussi voulut-elle qu'Anna prît des leçons de piano, mais Freud s'y opposa et réussit à convaincre leur mère en menaçant de quitter la maison. Sigmund interdit aussi à sa sœur, âgé de seize ans, de lire Balzac ou Dumas. C'était un frère aîné autoritaire et jaloux du plaisir de ses sœurs.

Anna devait épouser le frère de Martha, la fiancée de Freud, et tous les quatre avaient projeté de faire une double cérémonie de mariage, mais cela n'eut pas lieu et Freud n'assista même pas au mariage de sa sœur. Plus tard, il aida Anna et Eli à émigrer aux États-Unis en gardant deux de leurs filles pendant plusieurs mois et en collectant même de l'argent pour les soutenir. La brouille était terminée. Mais c'est par la radio américaine qu'Anna apprit la nouvelle de la mort de son frère, le soir du 23 septembre 1939 [21].

Souvenir commun : « Mon père s'amusa un jour à nous laisser, l'aînée de mes sœurs et moi, mettre en lambeaux un livre orné de planches en couleurs (description d'un voyage en Perse). C'était à peine défendable sur le plan pédagogique. J'avais alors cinq ans, ma sœur n'en avait pas trois et le souvenir de la joie infinie avec laquelle nous arrachions des feuilles de ce livre (feuille à feuille, comme s'il s'était agi d'un artichaut), c'est à peu près le seul fait que je me rappelle de cette époque [22]. »

Influence sur la théorie : cette « usurpatrice » de l'amour maternel stimula certainement ses réflexions sur la rivalité fraternelle (part inévitable du conflit oedipien) et les théories sexuelles que les enfants inventent pour résoudre le mystère de la naissance des bébés (malvenus).

Trois mots de plus sur les cinq sœurs du docteur Freud : dans une lettre à Martha du 21 avril 1884 il écrit : « Mais ne te semble-t-il pas que l'on " s'arrache " nos petites sottes? Dolfi est la seule qui soit encore libre. Elle m'a dit hier – je l'avais invitée à goûter afin qu'elle répare ma redingote noire : " Comme ce doit être merveilleux d'être la fiancée d'un homme cultivé mais un homme cultivé ne voudrait pas de moi, n'est-ce pas? " Je n'ai pu m'empêcher d'éclater de rire devant cette affirmation [23]. »

Dolfi, comme plus tard sa fille Anna, resta célibataire et veilla toute sa vie sur leur mère, Amalia. *Rosa,* la sœur préférée de Freud, dont on disait qu'elle était belle comme Eleonora Duse, épousa un célèbre juriste viennois, Heinrich Graf. Elle habita également au 19 de la Berggasse jusqu'à son rapide veuvage; Freud reprit ensuite son appartement pour en faire son cabinet (qui se trouvait avant cela à l'entresol).

Sa sœur *Mitzi* épousa un lointain parent de Bucarest, Moritz Freud. Sigmund n'avait que fort peu de contact avec elle et guère plus de sympathie pour ses enfants et son époux « à moitié asiatique [24] ». *Pauline,* sa plus jeune sœur, connut un heureux mais trop bref mariage avec Valentin Winternitz, qui mourut en lui laissant une petite fille de quatre ans.

Pauline et Mitzi périrent en déportation à Treblinka, Rosa à Auschwitz. Dolfi mourut de faim à Theresienstadt. Marie Bonaparte n'avait pas réussi à obtenir l'accord des autorités françaises pour les faire immigrer sur la Côte d'Azur, à Nice ou dans les environs [25]. Avant de quitter Vienne, Freud leur avait laissé de l'argent (160 000 couronnes) mais il s'inquiétait de leur sort : « Les derniers événements affreux en Allemagne aggravent le problème de savoir que faire pour les quatre vieilles femmes [26]. »

GISELA

Nom de jeune fille : Fluss.
Nom d'épouse : Popper.
Age : quinze ans au moment des faits.
Lien avec l'intéressé : amie d'enfance.
Comment elle l'appelle : aucun renseignement disponible.
Comment il la nomme : Ichthyosaura.
Ce qu'il a écrit sur elle : « C'étaient mes premières vacances à la campagne [à Freiberg, son village natal] [...] J'avais dix-sept ans, la fille de mes hôtes en avait quinze, j'en tombai aussitôt amoureux. C'était la première fois que mon cœur s'enflammait d'une manière assez intense, mais j'en gardai complètement le secret. Peu de jours après, la jeune fille retourna à son collège qu'elle avait quitté elle aussi pour les vacances et cette séparation, après une si brève rencontre, ne fit qu'exacerber ma nostalgie. Des heures durant j'allais solitaire

par ces magnifiques forêts retrouvées, occupé à bâtir des châteaux en Espagne qui étrangement ne tendaient pas vers l'avenir mais cherchaient à améliorer le passé. Si seulement il n'y avait pas eu cette faillite, si seulement j'étais resté dans mon pays natal, si seulement j'avais grandi dans cette campagne, si j'étais devenu aussi robuste que les jeunes gens de la maison, frères de la bien-aimée, et si j'avais ensuite repris la profession de mon père et finalement épousé la jeune fille qui, bien sûr, au cours des ans serait devenue tout à fait intime avec moi! Naturellement, je ne doutais pas un seul instant que dans les circonstances que créait ma fantaisie je l'aurais aimée d'un amour aussi ardent que celui que j'éprouvais réellement alors [...] Je peux me souvenir avec précision combien la couleur jaune du vêtement qu'elle portait lors de notre première rencontre m'a fait de l'effet longtemps après quand je revoyais cette couleur quelque part [27]. »

Son influence sur la théorie freudienne : en analysant, sous le couvert de l'anonymat, cette première expérience amoureuse, Freud comprit le sens des « souvenirs-écrans ». Derrière Gisela et sa robe jaune, se dissimulaient sa cousine Pauline et le bouquet de pissenlits qu'il avait tenté de lui arracher alors qu'il avait à peine deux ou trois ans. Le souvenir de ses émois d'adolescent cachait en réalité un fantasme sexuel de défloration profondément refoulé.

Son amour secret pour Gisela lui permit peut-être aussi de théoriser certains traits de l'état amoureux : idéalisation et surestimation de la personne aimée, influence des fixations incestueuses, nécessité pour la libido de rencontrer un obstacle pour s'accroître, comme s'il était de son essence de rester toujours en partie insatisfaite [28].

SARAH

Nom : Bernhardt.
Lieu : Paris, porte Saint-Martin.
Date : 7 novembre 1885.
Lien avec l'intéressé : néant.
Représentation : *Théodora* de Victorien Sardou.
Ce qu'il a dit d'elle : « Elle n'est dans la pièce qu'*une femme qui aime* [en français dans le texte] [...]. Mais le jeu de cette Sarah! Dès les premières répliques de cette voix vibrante et adorable, il m'a semblé que je la connaissais depuis toujours. Jamais actrice ne m'a surpris aussi peu : tout de suite, j'ai été prêt à croire tout ce qu'elle disait [...]. Et puis, cette façon d'enjôler, d'implorer, d'étreindre; incroyables, les attitudes qu'elle prend, la manière dont elle se serre contre quelqu'un, sa façon de mouvoir ses membres et la moindre de ses articulations. Curieuse créature! J'imagine qu'elle n'est pas différente dans la vie de ce qu'elle est sur la scène [29]. »
Influence sur l'œuvre psychanalytique : nulle, sans doute; si ce n'est que cette chronique parisienne raconte l'extrême sensibilité de Freud à la voix humaine et renferme déjà la supposition d'une équivalence symbolique entre une représentation scénique et une vérité intérieure de la personne.

MARTHA

Nom de jeune fille : Bernays.
Nom d'épouse : Freud.
Née : à Wandsbek (près de Hambourg), le 26 juillet 1861.

Décédée : à Londres, le 2 novembre 1951.

Enfants : Mathilde, Jean-Martin, Olivier, Ernst, Sophie, Anna.

Lien avec l'intéressé : épouse.

Date de la première rencontre : un soir d'avril 1882.

Date des fiançailles : 17 juin 1882.

Date du mariage : 14 septembre 1886.

Comment il l'appelle : « *my sweet darling girl*, ma douce fiancée », « ma bien-aimée Martoune », « ma petite princesse », « mon doux trésor », « mon cœur », « mon cher amour », « ma Cordélia », « ma dulcinée », « la petite Eve ».

Comment elle l'appelle : Sigi, probablement. Aucune de ses lettres d'amour n'a été publiée.

Description : plutôt petite, elle est décrite comme étant toute douceur, grâce et dévouement mais aussi comme une personne qui a du caractère.

N'est pas aussi docile que Freud l'a supposé. Il aime chez elle « la pure et noble beauté de [son] front, de [ses] yeux » et ne déteste sans doute pas sa « maturité d'esprit » et son indépendance qui stimulent son désir de la conquérir.

Elle garda toute sa vie son accent hambourgeois et croyait à la ponctualité ; elle ne devint jamais une vraie Viennoise. D'après son fils Martin, elle « gouvernait sa maisonnée avec autant de fermeté que de tendresse » et savait parfaitement contrôler ses émotions [30].

Elle aimait beaucoup lire et était une grande admiratrice de Thomas Mann. Elle appréciait aussi l'opéra mais souvent elle manquait le premier acte, retenue auprès de son mari et de ses enfants pour le repas du soir, qui se prenait à 21 heures.

Ce qu'elle a dit de lui : dans une lettre à Binswanger du 7 novembre 1939 : « Comme c'est terrible et difficile de devoir vivre sans lui. Continuer à vivre sans plus avoir tant de bonté et de sagesse à ses côtés! Je trouve une faible consolation dans la conscience de savoir que pendant les cinquante-trois ans de notre mariage, il n'y a pas eu de méchante parole entre nous et que j'ai toujours essayé, autant qu'il était en mon pouvoir, d'écarter de son chemin les misères de la vie quotidienne. Ma vie a maintenant perdu son sens et son contenu [...] Combien d'amour et d'admiration il a connu, ce n'est que maintenant que nous en avons vraiment pris conscience [31]. »

Ce qu'elle a dit de la psychanalyse: selon René Laforgue, Martha ne croyait pas à la psychanalyse des enfants. « Je dois avouer que si je ne savais pas avec quel sérieux mon mari travaille, je croirais que la psychanalyse est une forme de pornographie [32]. » « Madame Freud, confie Marie Bonaparte à son analyste, m'a dit combien l'œuvre de son mari l'avait surprise, heurtée, en ce qu'elle traite si librement de la sexualité. C'est presque exprès qu'elle n'en prit pas connaissance. » « Ma femme est très bourgeoise », fut la réponse du mari [33].

Mais Martha s'est peut-être un peu vengée de cette « cause » qui absorbait toute l'énergie de son époux et la laissait si souvent seule le soir, pendant qu'il s'enfermait dans son bureau. De quoi parlait-elle avec sa sœur Minna, alors qu'elles sortaient ensemble au théâtre ou brodaient de fines étoffes des heures durant? Qui le sait?

Les déclarations d'amour qu'il lui a faites: « De tes lèvres tombaient des roses et des perles, comme chez la princesse du conte, et on ne savait pas ce qui prédominait chez toi, de la bonté ou de l'intelligence », tel fut le premier compliment du romantique Sigmund [34]. Mais il lui faut aussi reconnaître au lendemain de leurs fiançailles : « Quand j'aime, je suis très exclusif » (19 juin 1882) [35]. » Et l'amour, bien sûr, se veut réciproque : « Il faut que tu m'aimes sans raison, comme aiment sans raison tous ceux qui aiment, simplement parce que je t'aime (16 janvier 1884) [36]. »

Depuis sa tendre union avec sa mère, Freud rêve toujours de conjuguer amour et fusion : « Tu pourras lire en moi comme en un livre ouvert et nous serons si heureux de nous comprendre et de nous soutenir (23 octobre 1883) [37]. » Aimer, c'est cesser d'être deux.

Jaloux, tyrannique même, Freud rêve d'un foyer où l'homme et la femme occupent les places réservées traditionnellement à chacun des sexes. A l'épouse, les enfants, la cuisine, le joli linge dans les armoires : « Il est tout à fait impensable de vouloir lancer les femmes dans la lutte pour la vie à la manière des hommes [...]. Non, sur ce point, je m'en tiens à la vieille façon de penser. » Et il ajoute : « Je crois que nous sommes du même avis. (15 novembre 1883) [38]. » En échange, Martha reçoit la certitude d'être aimée toute sa vie.

Pourtant, il espère aussi trouver dans sa future femme quelqu'un avec qui dialoguer. Il aspire à une « vie en commun avec la bien-aimée qui ne sera pas seulement une maîtresse de maison et une cuisinière, mais encore un ami précieux et une charmante amoureuse (19 avril 1884) [39] ». Après leur mariage, l'« ami précieux » se nommera Fliess.

Scènes de la vie conjugale : Éloignée de Martha pendant les quatre années qui précèdent leur mariage, Freud est un fiancé aussi ardent que platonique. Tout au plus quelques baisers lors de leurs trop rares rencontres...

Après les premières années d'intimité – et les grossesses répétées –, leur vie semble s'être assez vite jouée dans les tons pastels. C'est à l'amitié (d'abord au masculin singulier, puis au pluriel et au féminin) que Freud réserve désormais la passion [40]. Mais l'on peut supposer que lorsque l'union de Martha et de Sigmund s'incarne, des sentiments tendres accompagnent leur vie conjugale. Ils ne se seraient disputés qu'autour des champignons : fallait-il les cuire avec ou sans leurs pieds ?

Dans son article sur « La morale sexuelle " civilisée " et la maladie nerveuse des temps modernes », Freud dépeint en théoricien critique les contraintes imposées par la société, mais n'y trahit-il pas aussi ses préoccupations intimes ? « Notre morale sexuelle civilisée restreint aussi le commerce sexuel à l'intérieur du mariage même, puisqu'elle impose aux gens mariés la contrainte de se contenter d'un nombre de procréations le plus souvent très réduit. Ceci a pour conséquence qu'il n'y a de commerce sexuel satisfaisant dans le mariage que pendant quelques années, encore faut-il naturellement soustraire le temps pendant lequel on doit ménager la femme pour des raisons d'hygiène. Après ces trois, quatre ou cinq années le mariage, en tant qu'il a promis la satisfaction des besoins sexuels, échoue, car tous les moyens trouvés jusqu'à présent pour empêcher la conception gâtent la jouissance sexuelle, perturbent la sensibilité fine des deux partenaires ou agissent directement comme facteurs de maladie [41]. »

Dans une lettre à Fliess – jusqu'ici censurée – du 20 août 1893, Freud décrit le soulagement de Martha de pouvoir prendre enfin un peu de repos et de distraction sans la perspective d'avoir comme les années précédentes une nouvelle grossesse « parce que nous vivons pour l'instant dans l'abstinence [42] ».

Secrets d'alcôve : « Je suis partisan, écrit Freud à James Putnam, le 8 juillet 1915, d'une vie sexuelle beaucoup plus libre, même si je n'ai pour ma part que fort peu usé d'une telle liberté; je n'en ai profité que dans la mesure où j'étais convaincu de ce qui m'était permis en ce domaine [43]. »

A chacun sa scène primitive.

MATHILDE

>*Nom de jeune fille* : Freud.
>*Nom d'épouse* : Hollitscher.
>*Née* : à Vienne, le 16 octobre 1887.
>*Décédée* : à Londres, le 20 février 1978.
>*Enfant* : sans.
>*Lien avec l'intéressé* : fille aînée.
>*Marraine* : Mathilde Breuer.
>*Annonce de sa naissance* : « Elle pèse trois mille quatre cents grammes, ce qui est très honorable, est affreusement laide, suce son pouce droit depuis le premier instant; en dehors de cela elle a l'air d'avoir bon caractère et se comporte comme si elle se sentait vraiment chez elle [...] elle ne donne pas l'impression de regretter sa grande aventure [...]. Comment peut-on écrire si longuement à propos d'une petite chose vieille de cinq heures? Je sens que je l'aime déjà beaucoup, bien que je ne l'aie pas encore vue à la lumière du jour [...]. Je suis aussi fatigué que si j'avais moi-même tout enduré [...]. J'ai depuis toujours apprécié à sa valeur l'inestimable trésor que j'avais acquis, mais [Martha] ne s'est jamais montrée aussi magnifique dans sa simplicité et sa bonté que dans cette dure épreuve qui ne permet aucune dissimulation [44]. »
>*Ce qu'elle a dit de lui* : adolescente, Mathilde accompagnait volontiers son père dans des promenades; une de ses camarades la voyant marcher à la droite

de son père lui fit remarquer que ce n'était pas la place d'une jeune fille. A quoi elle répliqua fièrement : « Ce n'est pas le cas avec *mon* père. Avec lui, je suis toujours la lady [45]. »

Éducation sexuelle : découvrant un jour que ses enfants ne connaissaient pas la différence entre un bœuf et un taureau, Freud leur dit : « Il faut que l'on vous parle de ces choses. » Il n'en fit jamais rien [46].

Ce qu'il lui a écrit : 26 mars 1908 : « [...] J'ai deviné depuis longtemps que, malgré tout ton bon sens, tu te tourmentes parce que tu t'imagines n'être pas assez belle pour plaire à un homme. Cela m'a fait sourire, d'abord parce que tu me sembles suffisamment belle et ensuite parce que je sais qu'en réalité il y a longtemps que ce n'est plus la beauté physique qui décide du sort d'une fille, mais l'impression que fait sa personnalité. Ton miroir te tranquillisera à ce sujet [...]. Ton père qui t'aime [47]. »

Freud avait souhaité voir Mathilde épouser Sandor Ferenczi, son jeune disciple, mais sa fille fit son choix en dehors de la tribu psychanalytique.

SOPHIE

Nom de jeune fille : Freud.
Nom d'épouse : Halberstadt.
Née : à Vienne, le 12 avril 1893.
Décédée : à vingt-six ans, à Hambourg, le 25 janvier 1920.
Enfants : Ernst (premier petit-fils de Freud, qui devint analyste) et Heinz Rudolf dit Heinerle. (On ne vit Freud pleurer qu'à la mort de ce petit être qu'il chérissait par-dessus tout.)

Marraine : Sophie Schwab, nièce de son vieil ami Samuel Hammerschlag.

Lien avec l'intéressé : fille.

Comment il l'appelait : son « enfant du dimanche », « la belle créature ».

Ce qu'il a dit d'elle : fier et inquiet du bon développement et de la santé de ses enfants, Freud raconte au jour le jour à son ami Fliess les dents qui poussent, les poèmes, les jeux de sa petite « troupe », leurs maladies, en père amoureux : « Sopherl qui a trois ans et demi est maintenant dans la phase de *beauté*[48]. » Et lors du mariage de sa sœur Rosa : « Ce qu'il y eut d'ailleurs de plus joli... ce fut notre petite Sophie frisée au fer et couronnée de myosotis[49]... »

Lorsqu'elle se fiance sans prévenir, Freud écrit à l'heureux élu : « [...] Nous avons toujours désiré que nos filles restent libres de suivre leur penchant dans le choix d'un mari [...]. Mais nous sommes tout de même des parents et avons toutes les illusions propres à cet état ; nous nous sentons obligés d'affirmer notre importance, et c'est pourquoi nous voudrions, avant de prononcer avec émotion un oui et un *amen*, faire aussi la connaissance du jeune homme énergique[50]. » Il réalise ensuite l'effet de cette nouvelle sur ses sentiments paternels : « Quelle curieuse chose de trouver une si petite fille soudain transformée en femme amoureuse[51] ! »

Une grippe, avec pneumonie, va lui arracher sa chère et resplendissante Sophie. Ce sera pour lui une offense irréparable : « Comme je suis profondément incroyant, je n'ai personne à accuser et je sais qu'il n'existe aucun lieu où l'on puisse porter sa plainte[52]. » Il gardera désormais en médaillon la photo de sa belle Sophie, attaché à la chaîne de sa montre[53].

Son influence sur la théorie freudienne : après sa mort, en 1920, Freud rédige *Deuil et mélancolie* et achève *Au-delà du principe de plaisir*. Quelque chose a définitivement basculé du côté de Thanatos... De son propre travail de deuil il écrira à Binswanger : « C'est aujourd'hui que ma défunte fille aurait eu trente-six ans [...]. On sait que le deuil aigu que cause une telle perte trouvera une fin mais qu'on restera inconsolable sans trouver jamais un substitut [...]. C'est le seul moyen que nous ayons de perpétuer un amour auquel nous ne voulons pas renoncer [54]. »

ANNERL

Nom de jeune fille : Freud.
Prénom : Anna (s'il s'était agi d'un fils, il se serait appelé Wilhelm).
État civil : célibataire.
Née : à Vienne, le 3 décembre 1895.
Décédée : à Londres, le 10 octobre 1982.
Profession : institutrice puis analyste à partir de 1923.
Marraine : Anna Hammerschlag-Lichtheim, la patiente préférée de son père, et fille unique de son vieux professeur d'hébreu.
Remarque : « C'est un délire des grandeurs sexuelles [...]; les trois femmes : Mathilde, Sophie, Anna, sont les trois marraines de mes filles, et je les ai toutes [55] ! »
Lien avec l'intéressé : fille cadette.
Comment il la nommait : « ma fidèle Antigone-Anna ».
Description : Brune, petite et menue; un air de jeunesse espiègle et grave qu'elle garda toute sa vie

selon des témoins proches. Elle sut sans aucune sentimentalité, comme son père le lui avait demandé, lui servir d'infirmière jusqu'à sa mort, seize ans après le début de son cancer à la mâchoire. Anna lut souvent à la place de Freud ses discours et communications; elle le représentait partout où il ne pouvait plus se déplacer. Elle était, sa fille, sa secrétaire, sa collègue et sa voix. Comme les membres du « Comité secret », Lou Andreas-Salomé et Marie Bonaparte, elle reçut la bague des plus fidèles disciples [56]. Sans doute fut-elle analysée par son père. Son frère Olivier se rappelle l'avoir vue aller dans son cabinet au printemps 1921. Elle accompagna Freud pour son dernier voyage à Rome, en 1923.

Ce qu'elle a écrit de lui : de Rome à Lou Andreas-Salomé : « Papa s'est beaucoup mieux porté ici qu'à Lavarone et il a vraiment pu jouir de tout. Il n'y a que deux jours que sa bouche le gêne davantage. Il m'a si bien introduite à tout, si bien familiarisée avec toutes les beautés, les antiquités et les curiosités qu'au bout de deux semaines, je me sens tout à fait à l'aise comme si j'avais été avec lui les nombreuses fois où il est venu [57]. »

Ce qu'il a dit d'elle : A Lou : « Naturellement, je dépends de plus en plus d'Anna et de ses soins. Cela rappelle tout à fait la remarque de Méphistophélès : " A la fin nous dépendons de créatures que nous avons faites. " En tout cas, il fut très sage de les faire [58]. »

A Stefan Zweig, il confia : « J'ai été exceptionnellement heureux dans mon foyer avec ma femme et mes enfants et, en particulier, avec une fille qui répond dans une mesure rare aux exigences d'un père. » A son fils, Ernst, il écrit : « On s'étonne de voir combien son travail scientifique a acquis de clarté et d'autonomie. Si elle avait plus d'ambition... mais peut-être est-ce mieux ainsi pour sa vie future [59]. »

Anna et les hommes : parmi tous les étudiants qui entouraient Freud, toutes sortes de théories circulaient pour expliquer pourquoi Anna ne se mariait pas. Son père était conscient qu'elle avait des difficultés à choisir un mari. Il demanda un jour à Kardiner s'il avait une idée là-dessus. « Eh bien, regardez son père, lui répondit-il, c'est un idéal avec lequel bien peu d'hommes peuvent rivaliser ; ce serait sûrement une déchéance pour elle de s'attacher à un homme inférieur [60]. »

Anna semble avoir été amoureuse de trois hommes tous proches de son père : Siegfried Bernfeld, Hans Lampl et Max Eitingon. Mais elle avoua elle-même qu'elle avait aimé son cousin, Edward L. Bernays. Elle le lui dit, en 1980. A quoi celui-ci répondit que leur mariage aurait été « un double inceste ». Ils étaient, en effet, tous les deux des enfants à la fois Freud et Bernays : Anna Freud, la sœur de son père, ayant épousé Eli Bernays le frère de sa mère. Mais le père de la psychanalyse n'a-t-il pas dévoilé l'inévitable source incestueuse de l'amour ?

GRADIVA

Identité littéraire : personnage d'une nouvelle de l'écrivain W. Jensen que Freud analyse avec délice en 1906.

Description : « La tête légèrement inclinée, elle tenait ramassé dans sa main gauche un pan de sa robe extraordinairement plissée, qui lui tombait de la nuque aux chevilles, et découvrait ainsi ses pieds dans des sandales. Le pied gauche était posé en avant, et le droit, qui se disposait à le suivre, ne touchait le sol que de la pointe de ses orteils, cependant que sa plante et son talon s'élevaient presque verticalement [61]. »

L'intrigue : Gradiva guérit de son délire un ami d'enfance, Hanold – ce jeune archéologue parti à Pompéi en quête d'un amour de pierre –, et lui rend la faculté d'aimer la femme bien vivante qu'elle est, et dont il avait refoulé le tendre souvenir d'enfance.

Identité freudienne : métaphore de la passion archéologique de Freud et symbole du transfert amoureux dans la cure psychanalytique. Ne pourrait-elle pas personnifier les liens du psychanalyste avec ses patientes amoureuses? D'une certaine manière, elle est l'ambassadrice d'Anna O. et de Breuer, de Sabina Spielrein et de Jung, d'Emma Eckstein, d'Irma, de Dora ou de la « demoiselle de 1920 » auprès de Freud.

Rencontre romaine : Freud découvre son héroïne dans un musée : « Pense à ma joie, écrit-il aussitôt à Martha, en rencontrant aujourd'hui au Vatican, après une si longue solitude, le visage connu d'un être cher; mais la reconnaissance a été unilatérale, car il s'agissait de *Gradiva* accrochée tout en haut d'un mur [62]. » Il l'emmène avec lui sous la forme d'un moulage en plâtre qu'il accroche au-dessus de son divan d'analyste et qu'il pare d'une branche de papyrus séché. Désormais, la Gradiva veille sur l'amour de transfert.

Des jeux de l'amour et du transfert : à l'occasion de cette fantaisie pompéienne, Freud insiste : « Toute cure psychanalytique est une tentative de libérer l'amour refoulé [63]. » Le détour par le transfert amoureux est inévitable : « La passion réveillée, qu'elle soit l'amour ou la haine, prend aussi chaque fois pour objet la personne du médecin [64]. » Mais si Freud partage avec Jensen l'espoir que finalement Eros triomphe, il lui faut bien reconnaître ce qui sépare le psychanalyste de la dame à la démarche d'une grâce si singulière : « Gradiva peut répondre à l'amour qui sourd de l'inconscient vers la conscience; le médecin ne le peut pas [65]. »

L'amour de la patiente naît de la situation analytique et non pas, bien sûr, des attraits et avantages de l'analyste. Il n'a donc aucune raison de s'enorgueillir de cette « conquête ». Si une jeune femme s'éprend de son analyste, il ne s'agit ni de répondre à cette déclaration enflammée, ni d'étouffer ses émois. Il convient de ramener à ses origines inconscientes cet amour de transfert.

L'état amoureux, qui se trouve ainsi violemment réveillé sur le divan, n'est qu'une « réédition de faits anciens », une répétition des attachements infantiles, mais, « c'est là le propre de tout amour », souligne Freud. « Il n'en existe pas qui n'ait son prototype dans l'enfance [66]. » Ainsi surgit, sous les yeux de l'analyste, entre fauteuil et divan, une nouvelle fois, l'amour à l'état naissant. Et s'il est du devoir de l'analyste de restituer à sa patiente la pleine faculté d'aimer, c'est à la « vie réelle » qu'elle doit en réserver l'usage « si précieux ».

Évidemment, reconnaît Freud, la tentation est parfois grande de se laisser saisir par une « belle aventure ». Ce qui lui plaît, ce n'est pas la « grossière sollicitation charnelle » mais les « émois de désir plus raffinés, ceux qui sont inhibés quant au but [67] ». Hilda Doolittle, Lou Andreas-Salomé ou Marie Bonaparte répondront à cette invitation.

Face à des adolescentes, de jeunes vierges, « belles », « intelligentes » et envoyées en analyse par leur

AU BAL DE L'AMOUR

père – comme Dora ou la « demoiselle homosexuelle de 1920 [68] » –, Freud bat en retraite. Le confrontent-elles trop directement à ses propres fantasmes d'adolescent, à son désir refoulé de défloration ? La première s'enfuiera et, vingt ans plus tard, c'est lui-même qui mettra brutalement fin au traitement de la seconde et lui conseillera d'aller voir une femme analyste.

Aux risques de l'amour: à Jung qui avait succombé à Sabina Spielrein, la jolie russe à la natte dans le dos, Freud avoue : « [...] Moi-même je ne me suis, il est vrai, pas fait prendre ainsi, mais j'en ai été plusieurs fois très près et j'ai eu *a narrow escape.* » Trois mois plus tôt, il l'avait mis en garde : « Être calomniés et roussis au feu de l'amour avec lequel nous opérons, ce sont les risques du métier [69]. »

Et à un autre disciple, Theodor Reik, il rappelle : « N'oubliez pas que ces sentiments positifs sont comme le vent qui met en mouvement les ailes de nos moulins [70]. »

MINNA

Nom de jeune fille : Bernays.
État-civil : célibataire.
Née : le 18 juin 1865.
Décédée : à Londres, le 13 février 1941.
Lien avec l'intéressé : belle-sœur.
Adresse : 19, Berggasse, de novembre 1895 à juin 1938 ; puis 20, Maresfield Gardens, Londres.
Trajet particulier : doit traverser la chambre conjugale de sa sœur et de son beau-frère pour rejoindre sa propre chambre.
Comment elle l'appelle : Sigi.
Comment il la nomme : Minna, « sa confidente la

plus proche » (lettre inédite à Fliess du 21 mai 1894); lorsqu'il lui écrit, il signe « ton frère Sigmund ».

Trait particulier : fait fantasmer tous ceux qui s'intéressent à la vie de Freud. Question : faisait-elle rêver l'intéressé ?

Description : est connue pour ses merveilleuses broderies, son esprit caustique et sa capacité à choisir les cadeaux qui font plaisir. Aime lire comme sa sœur.

Ce qu'elle a dit de lui : alors que Martha fait d'elle la confidente de ses premières rencontres avec Sigmund, elle commente : « Le docteur est vraiment bien aimable de tant s'intéresser à nous [71]. »

Ce qu'il a dit d'elle : alors qu'elle était fiancée à Ignaz Schönberg (elle ne se consola pas, dit-on, de sa mort), Freud pensait qu'Ignaz et Martha étaient les meilleurs, entre eux quatre, et estimait Minna et lui-même « moins bons et sauvagement passionnés ». Il ajouta : « Deux êtres semblables comme Minna et moi ne seraient pas particulièrement bien assortis [72]. » Il ne pouvait pas encore deviner qu'elle vivrait quarante-trois ans dans son foyer.

Dans les années 1890, confia-t-il un jour, seuls Fliess et Minna avaient apprécié son travail et su l'encourager.

Vacances communes : Minna accompagna plusieurs fois son beau-frère au cours de petits déplacements qu'il aimait faire durant l'été. En 1907, par exemple, il lui fit visiter Florence. Elle retourna ensuite à Méran, la villégiature favorite des femmes de la famille, alors que lui-même se rendait dans sa chère ville de Rome. En 1908, ils passent une semaine au bord du lac de Garde. En 1913, ce sont « dix-sept jours délicieux » dans la Ville éternelle. Dans les années 1920, ils partent régulièrement ensemble faire une cure à Bad Gastein avant de retrouver comme toujours le reste de la famille [73].

Son influence sur la théorie psychanalytique : et si elle avait été la chaste muse de l'idée de sublimation, d'amour « inhibé quant au but » et l'inspiratrice de cette phrase : « Aussi étrange que cela paraisse, je crois que l'on devrait envisager la possibilité que quelque chose dans la nature même de la pulsion sexuelle ne soit pas favorable à la réalisation de la pleine satisfaction [74] » ?

LOU

Nom de jeune fille : von Salomé.
Nom d'épouse : Andreas.
Prénom : Louise.
Enfant : sans.
Née : le 12 février 1861.
Décédée : à Göttingen, le 5 février 1937, à l'âge de soixante-seize ans.
Profession : écrivain et psychanalyste.
Lien avec l'intéressé : amie et disciple.
Comment il l'appelle : la *Versteherin*, la « compreneuse », sa « très chère Lou », la « découvreuse de problèmes ».
Comment elle le nomme : cher professeur.
Ce qu'elle a dit de lui : « Beaucoup de choses me plaisent dans l'aspect extérieur du caractère de Freud : notamment le mouvement avec lequel il entre en se glissant un peu de côté – au cours, par exemple –, je dirais cependant qu'il y a là un désir de solitude [...]. Surtout quand au-dessus de ce geste, on aperçoit la tête, le regard, si calme, intelligent et fort [75]. »
Ce qu'il a dit d'elle : à la mort de Lou, Freud reconnut

l'avoir beaucoup admirée, beaucoup aimée comme amie et lui avoir été très attaché mais « assez curieusement sans trace d'attraction sexuelle [76] ».

Une rencontre d'écriture : pendant un quart de siècle, ils échangent des mots : « Je vous écris pour vous ouvrir mon cœur, puisque d'un côté comme de l'autre il nous sera impossible de nous revoir. A combien de choses ne doit-on pas renoncer [77] ! » Et Lou, plus optimiste répond : « Nous finirons bien par nous rencontrer, dussions-nous clopiner avec des béquilles ; disons que je clopine déjà avec une joyeuse impatience [78]. »

Freud lui parle de musique : « J'attaque une mélodie – généralement très simple –, vous reprenez à l'octave au-dessus [79]. » Lou réplique en parlant pâtisseries. Recevant son *Introduction à la psychanalyse*, elle lui écrit : « Après avoir d'abord joui du tout, je me suis mise à "farfouiller" dans le gâteau, morceau par morceau, pour en extraire les plus gros et les plus récents raisins de Corinthe [80]. »

Malgré la différence de leurs tempéraments et de leurs visions du monde, parce qu'ils acceptent une frange de désaccord et d'inconnu, pendant vingt-cinq ans, jamais leur amitié ne s'assombrira ; jamais le maître ne fera de reproche à cette disciple si libre de penser. Lou était l'unique sœur de cinq garçons (et Freud l'aîné de cinq sœurs) mais le vieux professeur lui en attribuait toujours six. Se comptait-il parmi eux [81] ?

Son amour de la psychanalyse : Freud lui fit un jour remarquer en riant : « Je crois que pour vous, l'analyse représente d'éternelles étrennes [82] ! »

Son influence sur la théorie analytique : dans son livre, *L'Amour du narcissisme*, elle prolonge la réflexion de Freud, avec qui elle n'avait cessé de dialoguer sur toutes les questions théoriques.

PAULA

Nom : Fichtl.
État civil : ignoré.
Née : en 1902.
Profession : domestique.
Lien avec l'intéressé : bonne.
Description : à partir de 1929, assure les travaux de ménage de la famille Freud qu'elle accompagne dans son exil londonien. C'est grâce à sa mémoire que furent replacés, dans leur ordre initial, les statuettes antiques de la table de travail de Freud à Maresfield Gardens à Londres. Elle est restée au service d'Anna Freud, jusqu'en 1982. A Vienne, elle ouvre la porte aux patients, qui apprécient beaucoup son accueil affable. Hilda Doolittle, Joseph Wortis ou Abram Kardiner s'en souviennent comme d'une jolie jeune fille portant un gracieux bonnet dans les cheveux et un petit tablier noué autour de la taille.

Ce qu'elle a dit de lui : « *Doktor Freud ist sehr sympathisch, und gut und nett* (le docteur Freud est très sympathique, bon et aimable) [83]. »

Ce qu'il a dit d'elle : rien qu'on sache. En revanche, Freud a parlé de sa cuisinière lors d'une des soirées du Mercredi. Selon son observation, les cuisinières sont souvent sujettes à des troubles psychonévrotiques (en particulier la paranoïa) et les bonnes cuisinières ont toujours quelque anomalie grave. Sa propre cuisinière cuisinait toujours particulièrement bien quand une rechute était imminente [84]...

Son influence sur l'œuvre freudienne : elle semble bien impossible à évaluer, mais Paula n'a-t-elle pas, pendant dix ans, fait partie, avec le célèbre divan, du dispositif analytique ?

YVETTE

Nom d'artiste : Yvette Guilbert. La diseuse fin de siècle.
Nom d'épouse : Schiller.
Née : en 1867.
Profession : chanteuse de café-concert au *Moulin rouge*, au *Divan japonais*, au *Concert parisien* ou aux *Ambassadeurs* à Paris [85].
Lien avec l'intéressé : amie.
Comment elle l'appelle : Freud, tout simplement, ou « cher grand homme » dans ses lettres.
Comment il l'appelle : mon amie Yvette.
Description : robe verte et longs gants noirs.
Signe particulier : a été croquée par Toulouse-Lautrec.
Ce qu'il a dit d'elle : « Pourquoi éprouvons-nous un frisson en entendant *La Soûlarde* et répondons-nous " oui " de tout notre cœur à la question : " Dites-moi si je suis belle " ? Mais nous en savons si peu [86] ! »
Sa première dédicace : « A un savant, d'une artiste ».
Première soirée : sur les conseils de madame Charcot, Freud délaisse en août 1889 le Congrès international d'hypnotisme de Paris et va l'écouter à l'*Eldorado*.
Première rencontre : c'est grâce à la nièce d'Yvette, Eva Rosenfeld, venue en analyse chez Freud en 1929, qu'il rencontra la chanteuse dont il aimait tant les chansons grivoises. Dès lors, il ne manqua jamais d'aller l'écouter tous les ans quand elle passait à Vienne. Elle lui envoyait des billets de faveur et il lui adressait un bouquet de fleurs à l'hôtel *Bristol*. A cette

occasion, ils se retrouvaient pour prendre un thé en compagnie de Martha et de Max Schiller.

Dernières rencontres : lorsque, sur la route de l'exil, il s'arrête à Paris, Marie Bonaparte donne une réception en son honneur et y invite Yvette Guilbert. Au milieu de ces heures si sombres, elle sut, un instant, par ses chansons divertir un vieil homme qui avait jadis rêvé de gloire dans le salon de madame Charcot. Il y était parvenu, comme elle, en soulevant le voile qui masque la part la plus inconvenante de l'être humain.

Pour sa dernière sortie, avant sa mort, il alla l'écouter à Londres en octobre 1938, chanter, une fois encore, *Le Fiacre, La Pocharde* ou *Elle avait le nombril en forme de cinq...*

Son influence sur la théorie psychanalytique : aucune, sans doute; elle ne lut d'ailleurs jamais un seul de ses ouvrages, alors que lui, au contraire commenta les siens. Mais ils avaient en commun l'amour de Paris!

H.D.

Nom : Doolittle.
Prénom : Hilda.
Age : quarante-sept ans lorsqu'elle rencontre Freud en 1933.
Lien avec l'intéressé : patiente.
Ce qu'ils se sont dit : 8 mars 1933 : « Aujourd'hui, écrit H.D. dans son journal, quand je suis entrée dans son cabinet, le Professeur m'a dit : " J'étais en train de penser à ce que vous m'avez dit : que cela ne vaut pas la peine d'aimer un vieil homme de soixante-dix-sept

ans. " Je n'avais rien dit de tel et le lui fis remarquer. Il sourit, de ce sourire ironique, en coin [87]. »

L'amour, toujours : à cinquante et un ans, Freud écrivit à Jung : « Quand j'aurai tout à fait surmonté ma libido (au sens ordinaire), j'entreprendrai d'écrire un traité sur la vie amoureuse du genre humain [88]. »

A cinquante-neuf ans, il nota : « Les choses de l'amour ne se peuvent comparer à aucune autre; elles sont, pour ainsi dire, inscrites sur une feuille à part où ne doit se trouver nul autre écrit [89]. »

Et quand sa patiente, la poétesse Hilda Doolittle, lui envoie un bouquet de gardénias blancs pour ses quatre-vingts ans, il la remercie par ces mots : « La vie à mon âge n'est pas facile, mais le printemps est beau et l'amour aussi [90]. »

Une déclaration d'amour ne s'écrit généralement pas entre les lignes d'un fichier de détective ni dans les marges d'une biographie savante [91]. Pourtant, l'amour emprunte parfois d'étranges déguisements, des voies obliques et bien des sous-entendus. Faut-il les expliciter, les dévoiler ? Parler d'amour n'est pas sans danger. C'est déjà le promettre. Et le demander en retour. Risquer de le perdre peut-être.

Il y aurait eu trop d'indécence à écrire : « J'aime Freud. Il m'attendrit. Cette lueur de tristesse qui flotte dans ses yeux, son regard des vieux jours qui dit : " Je suis revenu de toutes les illusions humaines " me bouleverse. Il m'émeut à vouloir malgré tout, malgré lui, se protéger de la dernière nostalgie : l'amour magique, transparent, l'amour en majesté avec l'autre, la première, sa mère. »

Aimer, c'est rêver, et se blesser aussi.

CHAPITRE 6

VIENNE ENTRE DEUX SÉANCES

MASQUES ET SOUPÇONS

FREUD n'aime pas Vienne. Il lui voue une « haine personnelle [1] ». Sans doute projette-t-il sur la cité des Habsbourg toutes les insatisfactions de la vie. Mauvaise mère ou maîtresse sans talents, il lui adresse des plaintes et des reproches comme s'il s'agissait non d'une ville mais d'une personne. Elle le frustre, le repousse, le déprime. Vienne lui pèse et le déçoit. Lorsqu'il était enfant, elle a signé la rupture avec le vert paradis de Freiberg ; adolescent, elle l'expose à l'hostilité antisémite ; fiancé, elle le retient loin de Martha, la Hambourgeoise ; chercheur, elle lui refuse la reconnaissance scientifique qu'il attend d'elle.

Elle est toujours la même : ni Freiberg, ni Paris (« Dans ma France, tout était plus beau [2] »), ni Berlin, où vit son double, son alter ego, Fliess, l'ami des années 1890 (« Je ressens cruellement la distance qui sépare Vienne de Berlin [3]... »). Vienne n'est pas non plus Rome, l'incarnation de ses fantasmes œdipiens, sa chère Ville éternelle à laquelle une irrésistible nostalgie l'attache [4]. Non, décidément, « Vienne est toujours Vienne, donc tout à fait exécrable [5]. » C'est une « misère ⁶ » d'y vivre et pourtant, il lui reste fidèle soixante-dix-huit ans. Jusqu'à son exil forcé à Londres, il accumule les rancœurs, mais lorsqu'il lui faut quitter celle qui a vu naître son enfant-psychanalyse, il ne peut s'empêcher de soupirer : « On n'a pas cessé d'aimer la prison dont on a été libéré [7]. »

La Vienne qui valse, s'amuse et s'étourdit entre deux bouchées de *Sachertorte* ou d'*Apfelstrudel,* pourrit sur pied. La royale et impériale *Cacanie* [8] se meurt. Ce sont les *dernières journées de l'humanité* [9]. Vienne est devenue la capitale du mensonge et du faux-semblant : le bourgeois s'y déguise en aristocrate, l'architecture n'y est que trompe-l'œil, la politique immobilité, le sexe hypocrisie, la langue vide de sens. Surgissent alors de nouvelles interrogations. Musique, peinture, littérature, physique, politique même, mettent en question le plein et le vide, l'identité, l'ornement, le Sujet ou la nature du langage. Schönberg, Mahler, Klimt, Schiele, Hofmannstahl, Schnitzler, Musil, Ludwig Boltzmann, Otto Bauer ou Theodor Herzl... refusent les valeurs et les conceptions des générations précédentes. Ils renversent les perspectives, dévoilent ce qui devait rester caché aux yeux de la bonne société et inventent un monde qui est en partie devenue le nôtre.

Qu'il le veuille ou non, Freud fait partie de ces Viennois. Il habite et nourrit de sa créativité cette Vienne du soupçon, de la rupture, du questionnement et de l'individualité exacerbée. Son livre sur les hystériques paraît l'année où Gustav Mahler devient directeur de l'Opéra et compose sa *Deuxième Symphonie.* C'est au début du siècle qu'il écrit *L'Interprétation des rêves* et les *Trois Essais sur la théorie de la sexualité.* A la même époque Klimt rompt avec l'Académie et fonde la Sécession (l'Art nouveau viennois), Otto Weininger publie *Sexe et caractère* et Hugo von Hofmannstahl collabore avec Richard Strauss pour son *Electre*. Anton Bruckner et Johannes Brahms meurent. Herzl rédige son *État juif*. Un autre journaliste, Karl Kraus, fonde son célèbre journal satirique, *Die Fackel*. Ces mêmes années voient la construction par Adolf Loos du café *Museum*, la mise en scène des pièces de Schnitzler, la publication dans la *Neue Freie Presse* de son *Lieutenant Gustl* sous forme de feuilleton. En 1911, *Le Mot d'esprit et ses rapports avec l'inconscient* de Freud paraît alors que Strauss et Hofmannsthal offrent au public *Le Chevalier à la rose*. L'année suivante, Freud publie *Totem et tabou*, Schönberg compose son *Pierrot lunaire*.

Si, dans notre regard, Freud appartient à une Vienne quasi mythique, sa propre sensibilité l'entraîne le plus souvent loin de cette cité. « A l'inverse du géant Antée, je prends des forces nouvelles dès que je pose le pied hors du sol de la ville où je réside [10]. » Chaque été, la canicule chasse les Viennois vers la campagne, la montagne ou la mer. Après des vacances en famille, Freud se précipite au pays du vin et de l'huile d'olive. Seule la terre italienne lui procure insouciance et joie de vivre. Il s'y promène, visite églises et musées, y achète vases, statuettes et coupes pour sa collection d'antiquités et joue à l'homme élégant en costume de soie, un gardénia à la boutonnière.

De retour à la Berggasse, dans le IXe arrondissement de Vienne, il retrouve la calme ordonnance des jours et des saisons. Il se lève vers sept heures, se fait tailler la barbe et prend le petit déjeuner en famille. Il jette un coup d'œil dans le journal avant de recevoir ses patients de huit heures à treize heures. Après le déjeuner, il fait une marche rapide dans le centre de la ville puis reprend son travail jusqu'à vingt et une heures. Le repas du soir est suivi d'une nouvelle promenade.

Il n'aime peut-être pas Vienne mais il la connaît comme sa poche. Pas une rue, pas une place, pas une partie du Ring qui n'ait entendu résonner son pas. Il arpente la ville à grandes enjambées, sous la neige comme dans la chaleur moite, de jour et de nuit, seul ou accompagné. Musées, galeries d'art, antiquaires, libraires et, bien sûr, cafés, lui sont familiers. Comme d'ailleurs un certain réverbère où il donne toujours rendez-vous à sa femme et ses filles après le théâtre.

ARTHUR SCHNITZLER, SON DOUBLE

Si les liens qui l'unissent à Vienne sont faits d'amour et de haine, les rapports qu'il entretient avec ses concitoyens mêlent attirance et évitement. Ainsi en est-il avec l'écrivain et dramaturge, Arthur Schnitzler.

Le parcours des deux hommes est étonnamment parallèle : Arthur Schnitzler, fils d'un célèbre laryngologiste (que toutes les jolies cantatrices viennent consulter) fait sa médecine. Comme Freud, il suit les cours de psychiatrie du professeur Meynert, étudie chez Bernheim à Nancy, s'intéresse à l'hystérie et à l'hypnose. En 1889, Schnitzler consacre sa thèse à l'aphonie; deux ans plus tard, Freud écrit la sienne sur l'aphasie. Mais ensuite leurs voies divergent, en apparence.

Freud est fasciné par les hommes qui, entre l'art et la science, trouvent l'immortalité, tels Léonard de Vinci ou Goethe. Il envie aux poètes leur connaissance intérieure de l'inconscient alors que lui, parce qu'il s'est engagé sur l'austère voie scientifique, doit se battre pour mettre en forme ses intuitions et justifier ses idées sur le fonctionnement de l'âme humaine par des raisonnements et des démonstrations. Il ne lui suffit pas de raconter des histoires, de nouer des intrigues, de bâtir des drames.

Lorsqu'il va voir au théâtre, en 1899, le *Paracelsus* de Schnitzler – où il est question de rêves, d'amour, de folie, de vérité et d'hypnose –, il reste confondu par l'étendue de ce que « le poète sait [11] ».

Ils habitent la même ville et fréquentent des amis communs (Lou Andreas-Salomé, par exemple). Freud joue aux tarots avec Julius Schnitzler, le frère cadet de l'écrivain, mais Arthur Schnitzler et Freud ne se rencontrent pas. A l'occasion des cinquante ans du psychanalyste, deux lettres sont échangées. Freud se dit honoré, fier et joyeux d'apprendre que ses écrits ont pu être une source d'inspiration pour l'écrivain qu'il admire et envie aussi. « Je me suis souvent demandé avec étonnement d'où vous teniez la connaissance de tel ou tel point caché, alors que je ne l'avais acquise que par un pénible travail d'investigation [12]. » Puis c'est à nouveau le silence entre eux.

A plusieurs reprises, Freud évoque des œuvres de Schnitzler. En 1918, il illustre « Le tabou de la virginité » par « un petit conte magistral », *Le Destin du baron de Leisenborgh* [13]. Et un an plus tard, dans « L'inquiétante étrangeté », il se déclare généralement « docile à l'appel du poète » mais éprouve « un sentiment d'insatisfaction, une sorte de rancune » après la lecture du récit de Schnitzler, *La Prophétie* [14]. L'écrivain éveille en lui d'étranges sentiments de familiarité. Lui en veut-il de l'avoir trop habilement conduit dans ces zones de l'inquiétant où nos superstitions réprimées soudain nous trahissent?

En 1922, à l'occasion des soixante ans de Schnitzler, Freud lui avoue, sous le sceau du secret, que s'il n'a pas cherché durant toutes ces années à le fréquenter, c'est qu'il l'a évité « par une sorte de crainte de rencontrer [son] double ». Et il ajoute : « Non que j'aie facilement tendance à m'identifier à un autre ou que j'aie voulu négliger la différence de dons qui nous sépare, mais en me plongeant dans vos splendides créations, j'ai toujours cru y trouver, derrière l'apparence poétique, les hypothèses, les intérêts et les résultats que je savais être les miens. » Il conclut, avec une certaine amertume : « Pardonnez-moi de retomber dans la psychanalyse, je ne sais rien faire d'autre. Je sais seulement que la psychanalyse n'est pas un moyen de se faire aimer [15]. »

Maître du dévoilement, Freud ne se confie pas volontiers. Il entoure de mystère et de pudiques ruses chacune de ses « révélations » intimes. Pourtant avec le poète italien, Giovanni Papini, venu lui rendre visite en mai 1934, il semble avoir été plus bavard. Papini avait eu l'heureuse délicatesse de faire précéder son arrivée par l'envoi d'une statuette de marbre de la période hellénistique, représentant Narcisse, « en hommage au découvreur du narcissisme ». « Votre visite est une grande consolation », lui aurait dit Freud, vous n'êtes ni un patient, ni un collègue, ni un disciple, ni un parent. » Il lui aurait alors parlé « librement » et avoué qu'il n'était en vérité qu'un scientifique « par nécessité et non par vocation », que sa nature le conduisait à être un artiste et que s'il n'avait pas choisi la littérature, c'est parce qu'il avait été pauvre. « Depuis mon enfance, mon héros secret, c'est Goethe [...]. Je n'ai rien fait de plus que forcer mes patients à agir comme Goethe. La confession, c'est la libération, et telle est la cure psychanalytique [...]. J'ai été capable de vaincre mon destin d'une manière indirecte et j'ai réalisé mon rêve : rester un homme de lettres sous les apparences d'un médecin [16]. »

VIENNE ENTRE DEUX SÉANCES

PREMIÈRE VISITE À LA BERGGASSE

Si Freud était un personnage de Schnitzler, il pourrait bien être le héros d'une nouvelle qui s'intitulerait « Retour à la Berggasse ». A l'époque de ses fiançailles, un jeune chercheur en neurologie, loin d'avoir trouvé sa place dans la vie, rencontre par hasard dans les rues de Vienne un ancien camarade de classe, du nom d'Heinrich Braun, un futur politicien socialiste. Ce dernier l'avait jadis éveillé à quantités de sentiments révolutionnaires. Sous son influence, notre héros avait même décidé d'étudier le droit à l'université mais avait finalement opté pour la médecine. Les deux jeunes gens, qui ne s'étaient plus vus depuis un certain temps, échangent des nouvelles; Heinrich montre une photographie de la jeune fille avec qui il s'est fiancé et son ancien condisciple lui fait l'aveu qu'il est dans la même situation. Les deux amis se rendent ensuite chez le beau-frère de Braun, le chef du parti socialiste, Victor Adler. Le jeune neurologue se rappelle s'être un jour disputé avec lui à l'université et l'avoir traité fort grossièrement; il avait même été question de duel mais son aîné avait pris les choses avec calme et l'affaire s'était arrêtée là. Entre-temps, Victor Adler a obtenu de la vie ce que le jeune médecin souhaite pour lui-même : une position sociale assurée, un foyer heureux, une femme et un fils. Au cours du déjeuner chez Victor, au 19 de la rue de la Montagne, il aperçoit le petit Fritz, alors âgé d'un an ou deux, qui s'illustrera plus tard comme secrétaire de la IIIe Internationale mais aussi comme l'assassin du Premier ministre autrichien, le comte Stürgkh. Au moment de quitter son hôte, le jeune neurologue jette avec envie un dernier coup d'œil sur l'appartement de son aîné puis se dirige vers l'Hôpital général en remontant la rue escarpée.

Près de dix ans plus tard, poussé par d'étranges raisons, Sigmund Freud, devenu entre-temps père d'une famille nombreuse, décide de louer un logement fort exigu et mal commode, au numéro 19 de la rue de la Montagne. Il y flotte encore le parfum de rêves anciens. L'ancienne nursery du petit Friedrich est transformée en cabinet. C'est au tour du nouveau maître de maison de vouloir changer le monde.

Était-ce une manière pour Freud de rester fidèle aux projets politiques révolutionnaires de sa jeunesse ? Ou croyait-il que les lieux peuvent être porteurs de chance et de félicité pour ceux qui les occupent successivement ? Il y habitera quarante-sept ans, sans en bouger un meuble [17].

UN VIENNOIS PARMI LES VIENNOIS

« Chaque café viennois ressemblait, malgré la fumée, à une académie platonicienne. » C'est ainsi qu'Hermann Bahr parle de Vienne qui, au tournant du siècle, voit se croiser dans les rues, les cafés, les théâtres tous ceux qui font et défont sa vie culturelle et intellectuelle.

Il n'y avait rien de surprenant à entendre Anton Bruckner donner des leçons de piano au physicien Ludwig Boltzmann ou à savoir que le philosophe Brentano était le patient du docteur Josef Breuer. Dans ce lieu en pleine décadence qui sécrète en très peu de temps la plus folle nouveauté artistique et scientifique, il est simplement normal que Freud, Viennois parmi les Viennois, joue aux cartes avec le frère d'Arthur

Schnitzler, habite l'appartement qu'occupa avant lui Victor Adler, entretienne des relations avec la sœur du philosophe Ludwig Wittgenstein, lise les critiques littéraires de Theodor Herzl dans la *Neue Freie Presse* ou aille au théâtre découvrir sa pièce *Das Neue Ghetto*. Et que parmi ses patients, il compte Hermann Swoboda, l'ami d'Otto Weininger, Gustav Mahler dont il écoute plus volontiers les plaintes psychologiques que les compositions musicales ou la belle-fille de l'architecte Ferstel. Cette dernière entreprit de faire « dans le monde » la connaissance d'un ministre à qui elle promit un tableau de Böcklin en échange de la nomination de Freud à l'Université. La baronne Marie Ferstel prit ensuite l'habitude d'inviter les enfants Freud à la réception qu'elle donnait à l'occasion de Noël et emmena même un jour les deux aînés au Burgtheater assister à une représentation de *Guillaume Tell* dans sa loge.

Les nouvelles théories de Freud sont peu remarquées du monde scientifique et ses livres se vendent particulièrement mal : en revanche, il séduit davantage le milieu littéraire qui se reconnaît volontiers dans ses préoccupations. Par sa recherche autobiographique, l'utilisation des rêves comme voie d'accès à l'âme humaine, son questionnement social et politique, son talent d'écriture aussi, Freud touche les écrivains du *Jung-Wien* [18].

Ce qui ne les empêche pas d'être critiques. Schnitzler écrit à Theodor Reik, un disciple et ami de Freud : « Quant aux chemins qui mènent vers les tréfonds de l'âme, ils sont plus nombreux et plus divers que les psychanalystes ne s'en laissent rêver ou " rêvinterpréter " *(traumdeuten)*. Et bien des sentiers sont encore à ciel ouvert que déjà vous (les psychanalystes) et vous (Reik), croyez devoir les détourner vers le royaume de l'ombre [19]. » Et Karl Kraus n'est pas moins critique : « La psychanalyse est cette maladie de l'esprit dont elle se considère elle-même comme le remède. »

CAFÉS VIENNOIS

Le faire-part de la naissance de la psychanalyse, c'est dans la langue de Charcot que Freud l'a rédigé, mais pendant presqu'un demi-siècle, ses patients l'ont entendu prononcer ses interprétations analytiques dans un allemand aux accents viennois [20]. Freud hait Vienne mais il l'habite. Et Vienne, l'ingrate, reste le décor mais aussi le terreau, involontaire il est vrai, où la psychanalyse est née et s'épanouit. Comme la plupart de ses concitoyens, son inventeur fréquente volontiers les cafés de la ville. Freud aime s'y arrêter, le temps d'une bière ou de l'un des délicieux cafés que l'on y sert avec un petit verre d'eau : *Teeschale, Nuss, Kapuziner, Schale Gold*... Il y feuillette les journaux, le *Leipziger Illustrierte* ou d'autres revues, occasions toujours renouvelées de commettre des « erreurs de lecture » qu'il consigne ensuite dans sa *Psychopathologie de la vie quotidienne.*

Les gestes, les conversations, les rencontres de tous les jours, les rues de Vienne, ses établissements, ses enseignes, tout permet à Freud de démonter les mécanismes du fonctionnement de l'inconscient. Sa vie quotidienne nourrit les pages de ses livres. A les lire, non pour y entrevoir les profondeurs de l'âme humaine, mais pour en extraire quelques détails autobiographiques, on y rencontre un Freud jaloux d'un homme élégant qui porte de plus beaux souliers jaunes que les siens ou distrait lorsqu'il s'agit d'arriver à l'heure au théâtre afin d'y chercher sa femme... Pour illustrer les lois de la psyché, Freud n'hésite pas à confier des petits travers, des petites mesquineries que les grands hommes (comme les autres d'ailleurs) préfèrent généralement soustraire à l'attention de l'entourage. L'oubli d'un achat de buvard, *Fliesspapier,* parce qu'il évoque désagréablement l'ami berlinois, une erreur de calcul en allant retirer de l'argent à la Caisse d'Épargne postale pour le traitement thermal d'un membre de sa famille, le trouble causé par l'adresse d'un marchand de tapis, la mauvaise lecture d'un titre de journal, tout est prétexte à démonstration [21]. Son laboratoire, c'est à la fois son intériorité, et la manière dont il l'analyse, la découpe et en extrait les arguments nécessaires à son hypothèse de l'inconscient. Et comme au-delà des joies de la science, Freud aime surtout la magie des mots, le récit d'une rencontre malheureuse, par exemple, se transforme en un croquis pris sur le vif de la vie viennoise : « Ç'avait été un après-midi d'été très chaud. Le soir, j'avais fait mon cours sur les rapports de l'hystérie et des perversions. Tout ce que j'avais dit m'avait déplu profondément et m'avait paru sans valeur. J'étais fatigué et je ne trouvais pas le moindre plaisir à mon rude travail. J'en avais assez de me vautrer ainsi dans toutes les saletés humaines et j'aurais voulu être auprès de mes enfants, ou encore voir les beautés de l'Italie. Dans cet état d'esprit, je quittai l'amphithéâtre et allai dans un café pour y prendre un sandwich en plein air, car je n'avais plus envie de dîner. Mais un de mes auditeurs m'accompagna. Il demanda la permission de s'asseoir à côté de moi pendant que je buvais mon café et m'étouffais avec mon croissant [22]... »

D'autres cafés encore appartiennent à l'histoire nocturne et diurne de la psychanalyse : le *Riedl* ou le café *Bauer*, ou les premiers analystes de la Société viennoise se retrouvent après la partie « officielle » de la soirée du mercredi. A ces occasions, Freud parle à bâtons rompus de choses et d'autres et aborde des sujets qu'il n'évoque jamais au cours des séances académiques, comme les phénomènes de télépathie [23].

Au *Ronacher* ou derrière les grandes vitrines de l'*Alserhof* [24], alors que dehors la nuit viennoise est blanchie par la neige, des hommes et des femmes discutent avec passion autour du maître. Comme si le destin du monde était en leurs mains.

En été, Freud s'arrête au *Central*, un café construit par l'architecte Ferstel et qui accueille de nombreux écrivains. L'hiver, c'est au café *Landtmann*, situé sur le côté du Burgtheater, qu'il se rend de préférence. Avec ses hauts plafonds, ses belles marqueteries et ses petits coins, ses tables de marbre et ses banquettes recouvertes de velours, on peut y passer une journée entière à rêver, jouer aux échecs (comme Freud le fit dans sa jeunesse), lire les journaux, boire du chocolat chaud ou paresser en attendant l'heure du théâtre. On peut aussi, quand on vient de l'étranger pour faire une psychanalyse avec Freud, y vivre entre deux séances. Ainsi Hilda Doolittle y passa beaucoup de temps. Elle aimait y écrire ses impressions et ses sentiments sur Vienne, sur son analyste, sur les événements politiques de l'époque ou sur les cafés eux-mêmes.

JOURNAL D'ANALYSE

5 mars

« J'ai feuilleté des journaux au café, il y a des histoires récentes qui sont atroces. Je ne peux pas parler de ce qui me concerne de manière réelle; je ne parviens pas à parler à Sigmund Freud, à Vienne, en 1933, des atrocités commises contre les Juifs à Berlin. »

13 mars
« Je me sens sans énergie et frustrée. J'ai été gênée, à la fin de ma séance, par Jofi qui se promenait et j'ai senti que le Professeur lui accordait plus d'attention qu'à mon histoire. J'ai été gênée, aussi, parce que j'ai entendu quelqu'un rire de l'autre côté de la porte. Il m'arrive rarement d'entendre ou de percevoir ce qui se passe dans la salle d'attente ou dans l'entrée. »

14 mars
« Mauvais rêve. Je me remets en prenant mon petit déjeuner sur un plateau où se trouvent du café viennois et des petits pains, et je sors pour aller chercher la gravure de Sigmund Freud que j'ai commandée, il y a quelques jours, dans une boutique de la Ringstrasse. »

16 mars
« En ce moment, pendant que j'écris sur le plateau de marbre d'une table de café, il y a un petit bouquet de violettes sur mon cahier et j'ai envie de pleurer. »

17 mars
« Je suis assise au café Victoria, dans un coin, sur une banquette recouverte d'un coussin, sous un lustre immense. Je pense à Venise en regardant les multiples éclats du cristal. »

20 mars
« J'ai passé un agréable dimanche dans les musées. J'y ai vu Vecellio Tiziano, Jacopa da Strada et Palma Gioime, ainsi que des statues... et aussi Giovanni Battista Moroni. Une des toiles, représentant un Italien de la Renaissance d'un type intellectuellement raffiné, se tenant près d'une table où se trouvent des statuettes, m'a fait penser au portrait de Sigmund Freud avec sa rangée de petites statues, devant lui, sur sa table. »

25 mars
« Je me suis sentie épuisée et énervée. Dans ma chambre, je me suis préparé un citron chaud et ai pris de la cibalgine... une bonne nuit de repos. Il faisait un froid mordant, mais plus tard, au cours de la matinée, je suis sortie dans le soleil. »

Sans date
« Le Professeur m'a suggéré de visiter Schönbrunn et d'aller voir les appartements du duc de Reichstadt. »

12 juin
« Je quitte Vienne samedi, cette semaine.
Sur les conseils du Professeur, j'ai cessé de prendre des notes. » [25]

OPÉRA, BAL ET CINÉMA

La Vienne des patients étrangers de Freud, c'est un monde entre rêve et réalité : c'est le chemin quotidien entre l'hôtel et la Berggasse, les cafés où l'on attend l'heure de la séance, les musées, les vieilles églises, les palais, les lieux dédiés à la mémoire de

VIENNE ENTRE DEUX SÉANCES

Mozart, Beethoven, Schubert ou Johann Strauss, que l'on visite les jours où l'on n'est pas trop absorbé par son propre monde intérieur.

Marie Bonaparte, par exemple, passe beaucoup d'heures seule. Elle ne veut voir personne. Elle se concentre sur elle-même. Elle s'est sentie saisie, happée par la psychanalyse; pendant ses séjours viennois, rien d'autre ne compte. Un soir, elle se rend, en voisine, à l'Opéra, écouter la Tétralogie de Wagner, dirigée par Weingartner. Elle assiste quelques fois aux consultations du professeur Wagner-Jauregg à la clinique psychiatrique de l'Hôpital général et commence la traduction en français d'*Un souvenir d'enfance de Léonard de Vinci*. En quittant Vienne pour Paris, Marie oublie son alliance à l'hôtel *Bristol*... Elle a quarante-trois ans et Freud soixante-dix.

Le psychiatre américain Abram Kardiner qui est encore célibataire, ne serait pas fâché de rencontrer une jeune fille de bonne famille. Plein d'espoir, il va au bal de la Saint-Sylvestre, organisé par la ville de Vienne, et y fait la connaissance d'une bien agréable partenaire de valse. Mais dès que sa famille apprend qu'il est Juif, la jolie danseuse disparaît. Il se console alors en s'étourdissant de musique. Il va au music-hall, au concert et bien entendu à l'Opéra où il assiste à une représentation bouleversante de *Tristan et Isolde*. Avec des collègues, il loue même un jour les services d'un jeune pianiste de l'Orchestre philharmonique à qui il demande de jouer la partition intégrale du *Chevalier à la rose*. Il a aussi la chance de rencontrer une dame « très fortunée » qui l'invite à écouter la version de concert de *La Femme sans ombre* de Richard Strauss.

Un jour, Freud s'étonne de le voir arriver à l'une de ses séances dans un état de grande excitation. Il mène sa petite enquête et découvre que ses amis américains (également en analyse chez Freud) lui ont fait une farce. Comme ils avaient l'habitude de prendre ensemble un café et de bavarder en attendant de se rendre à la Berggasse, l'un des étudiants avait glissé dans la tasse de Kardiner une certaine dose de caféine...

Lou Andreas-Salomé, elle, fréquente les milieux littéraires, en dehors de sa participation à toutes les activités psychanalytiques (y compris des contacts avec la dissidence adlérienne : « Nous discutâmes avec âpreté, à la fin en courant par les rues; il courait tout gentiment à mes côtés : c'était touchant [26] »). Le 15 février 1913, elle accompagne Beer-Hofmann, Wassermann et Schnitzler à la répétition générale de la *Boîte de Pandore*, de Wedekind. Le mercredi 19 février, elle va au cinéma, à l'*Urania*, avec Tausk et ses fils. Elle note dans son journal qu'elle ne peut s'empêcher de rire qu'ils s'adonnent à cette activité, mais elle défend l'honneur du cinéma : « La technique cinématographique est la seule qui permette une rapidité de succession des images qui corresponde à peu près à nos propres facultés de représentation et imite aussi dans une certaine mesure sa versatilité [27]. »

Elle passe Noël dans la famille de l'écrivain Richard Beer-Hofmann et se retrouve souvent invitée à la Berggasse en famille pour un repas puis, jusque fort tard parfois, seule avec Freud dans son cabinet. Il la reconduit ensuite toujours jusqu'à son hôtel, bavardant encore le long des rues et des parcs. « En partant avec ses roses, je me réjouis de l'avoir rencontré sur ma route et d'avoir pu le " vivre " comme le point de départ de ma nouvelle évolution [28]. »

Elle viendra revoir son maître à la fin août 1913 : « Merveilleusement belle, cette arrivée à Vienne, ce trajet jusque chez moi avec Tausk, le vieux numéro [chambre] 28, avec tous ces pots de fleurs fraîches à la fenêtre; même le personnel, si cordialement accueillant. Dans cette ville brûlante, vidée de ses habitants, quelque chose d'indicible [29]. »

PROMENADES

Après les séances de la matinée et après le repas du soir, Freud se promène dans les rues de Vienne. De la Berggasse, qu'il remonte jusqu'à la Votivkirche, il se dirige vers la Schottengasse qui se prolonge par la Herrengasse, la rue des Messieurs, au coin de laquelle se trouve, dans le palais Herberstein, le fameux café *Griensteidl,* lieu de rencontre des écrivains du Jung-Wien. Prolongeant sa marche, Freud rejoint son marchand de cigares, à côté de l'église Saint-Michel. Il lui en faut une vingtaine par jour, aussi cette course est-elle fréquente. Habitué à cette route doublement journalière, sans doute Freud n'est-il plus très attentif aux maisons qui l'entourent. En traversant Michaelerplatz, il a à sa droite la résidence de l'empereur François-Joseph, la Hofburg, et à sa gauche l'immeuble fort dépouillé qu'Adolf Loos a construit pour le meilleur tailleur d'Europe, le tailleur viennois Goldmann. « Qui endosse aujourd'hui une veste de velours n'est pas un artiste mais un paillasse ou un rupin. Nous sommes devenus plus fins, plus subtils, écrit Loos. Les hommes qui vivaient en troupeau devaient se vêtir de couleurs différentes pour se différencier les uns des autres. L'homme moderne se sert de son vêtement comme d'un masque. Son individualité est d'une telle force qu'elle ne peut plus être exprimée par son habit [30]. » Tandis que celui qui délogea le moi de son domaine, vêtu d'un costume strict et conventionnel, parfaitement taillé dans un tissu anglais de qualité (la cravate nouée en *demi-windsor* ou *demi-scappino*, selon son habitude), passe son chemin.

Après avoir fait sa provision de nicotine, Freud se rend, entre palais et pâtisseries, jusqu'au Bauernmarkt à la librairie *Bukum* de son éditeur, Hugo Heller. Il y dépose un manuscrit ou prend des épreuves à corriger. Il rentre ensuite chez lui en traversant la vieille ville ou revient par le Ring s'il désire prolonger la promenade. Certains jours, il longe les quais du canal du Danube et remonte alors la Berggasse par le marché aux puces, le Tandelmarkt.

Lorsque ses enfants l'accompagnent, Freud égaye leur marche en racontant des histoires. Ils affectionnent particulièrement celle de la grand-mère du diable qui, donnant une réception, avait préparé sur un plateau son plus beau service à café, qu'elle laissa tomber juste au-dessus de Vienne, en survolant un quartier qui se nommait Franzjosefkai et qui depuis compte sur ses toits un nombre très important de cheminées et de motifs décoratifs divers [31].

WEEK-ENDS ET LOISIRS DU DOCTEUR FREUD

Le samedi après-midi, Freud donne son cours à l'auditorium de la clinique psychiatrique, à quelques pas de la Berggasse. Il faut traverser les longues cours et les portails étroits de l'Hôpital général avant d'atteindre la salle de conférence qui se trouve à l'extrémité d'un vaste ensemble de bâtiments, près de la tour des Fous. Les chaises sont disposées tout près de Freud qui n'aime pas forcer la voix. Il expose, sans notes, ses idées, faisant confiance à ses associations et à son admirable mémoire. Il parle lentement, prononce chaque mot clairement. De temps en temps, il regarde la bague qu'il porte, ouvrant et fermant les doigts de la main droite, ou presse la pointe de son stylo sur le bureau, comme si le manipuler l'aidait à se concentrer.

Après ces deux heures d'exercice intellectuel, Freud se rend, chaque samedi soir, au cœur de la ville, Biberstrasse 11, chez son ami le docteur Leopold Königstein. Il y retrouve ses partenaires de tarots avec qui il dîne joyeusement. Le repas y est souvent copieux et la soirée finit généralement fort tard. Rien, si ce n'est la mort, empêcherait les amis de se réunir rituellement autour de leur jeu de cartes.

Apprenant le décès, en 1931, d'Oscar Rie, avec lequel il avait « tout partagé pendant une génération et demie », il reconnaît : « C'est un destin inévitable que de voir mourir ses vieux amis ; c'est déjà bien qu'on ne soit pas condamné à survivre aux jeunes [32]. » Tout au long de sa vie, Freud conserve quelques rares amis, restés en marge de la psychanalyse, avec qui il peut « tout partager » sans que la passion ne vienne détruire la fidélité. Loin des soucis professionnels, il lui faut garder quelques lieux privilégiés.

Le dimanche est traditionnellement réservé à ses proches. Le matin, Freud emmène parfois ses enfants visiter des musées, écoute Martin réciter des poèmes de sa composition ou joue au grand jeu « Cent voyages à travers l'Europe » avec sa petite « bande ». C'est un père tendre et attentif, qui voit ses enfants surtout le dimanche et durant l'été mais leur offre alors tout son temps et son amour.

Le déjeuner dominical se tient chez la mère de Freud, à la Grüne Thorgasse. S'y retrouve toute la famille, enfants et petits-enfants d'Amalia. Alexandre, le frère cadet de Freud, amuse tout le monde en sifflant de mémoire des opéras entiers ou en contant des histoires merveilleuses où interviennent des personnages venus des quatre coins de l'Empire austro-hongrois, dont il imite successivement tous les accents.

L'après-midi, c'est au tour de Martha de jouer les maîtresses de maison. A l'heure du thé et des petits gâteaux, elle reçoit quelques amies, Bertha Pappenheim, la fameuse Anna O., Anna Hammerschlag, devenue Irma dans un des rêves de son mari, le ménage Rosanès et les épouses de leurs amis médecins. Parfois, Freud se joint un instant à la conversation mais le plus souvent, il accueille lui-même de nombreux hôtes étrangers, disciples et jeunes collègues, avec qui il discute toujours volontiers; il les retient dans son bureau-bibliothèque, fumant cigare sur cigare jusqu'à ce que l'atmosphère devienne irrespirable, maniant souvent une des statuettes posées sur la table tout en argumentant avec le visiteur. Parfois aussi, si le temps s'y prête, il entraîne ses hôtes dans de longues promenades le long du Ring, dans les petites rues du centre ou dans les allées du Belvédère, d'où la vue est si belle sur Vienne.

En semaine, quand il en a le loisir, Freud aime lire des ouvrages d'archéologie et de préhistoire mais aussi des romans anglais, comme les aventures d'un personnage avec qui il partage le goût des traces et des mystères (et de la cocaïne), le Sherlock Holmes de Conan Doyle. Il s'offre l'autobiographie d'un autre double, Schliemann : « Cet homme a trouvé le bonheur en découvrant le trésor de Priam, tant il est vrai que la réalisation d'un désir infantile est seule capable d'engendrer le bonheur [33]. » Un soir, son ami, l'archéologue Emmanuel Löwy, le tient éveillé toute la nuit en l'entretenant de la Rome antique.

Mais il sort peu : une conférence de Marc Twain, une soirée au théâtre pour voir *Œdipe Roi* dans une mise en scène du célèbre Max Reinhardt, une soirée à Salzbourg pour écouter *Don Giovanni* et dans sa vieillesse, quelques récitals de son amie Yvette Guilbert. Il n'a d'yeux et d'oreilles que pour elle, mais, devenu entre-temps lui aussi célèbre, toute la salle n'est attirée que par la fragile silhouette de l'homme à la barbe et au cigare.

AVEC SES FRÈRES DU B'NAI B'RITH

Pour sortir de son isolement, en réaction à la mort de son père et à l'antisémitisme viennois, Freud s'affilie en 1897 à une organisation juive qui défend les idées libérales des Lumières en même temps que l'unité et la solidarité du peuple juif. Pendant plus de vingt-cinq ans, il se rendra deux fois par mois, le mardi soir, à sa loge, nommée *Wien*, rue de l'Université, à quelques enjambées de chez lui. Jusqu'à l'apparition de son cancer de la mâchoire en 1923, il en est un membre très actif. Il participe à la création d'une nouvelle loge, convainc son frère et des amis de s'y affilier, s'intéresse au rôle de la femme dans cette organisation et y donne aussi des conférences. Avant de fonder lui-même un groupe de travail avec quelques pionniers en 1902 et même par la suite, le B'nai B'rith jouera pour Freud le rôle d'un premier public à qui il expose ses nouvelles théories. Il leur parle, en décembre 1897, de son interprétation des rêves, en cours d'élaboration à l'époque; en 1899, de la psychologie de l'oubli et en 1900, de la vie psychique des enfants et du livre de Zola, *Fécondité.* Cette dernière conférence donne lieu à un rêve où Freud se voit chercher le livre qu'il a oublié de prendre avec lui au B'nai B'rith mais il se perd dans les rues, ne retrouve plus le chemin de sa maison et prépare entre-temps l'exposé pour lequel il ne se sentait pas du tout prêt. L'oubli du volume puis celui de la route n'était que des prétextes pour gagner du temps. Sans doute, Freud craint-il cette nuit-là de ne pas recevoir de ses frères du B'nai B'rith l'accueil chaleureux qu'il y trouve généralement et auquel il est fort sensible [34].

Dans sa dernière conférence connue, en 1917, il s'attache à la question du fantasme et de l'art. Au fil des ans, il s'est tour à tour intéressé à la chance et aux superstitions, à *La Révolte des anges* d'Anatole France, au personnage d'Hamlet et à celui d'Hammurabi, à la mort et à l'humour. Il gardera, jusqu'à la fin de sa vie, « un sentiment d'appartenance » avec ses amis du mardi soir.

GÉNÉALOGIE PSYCHANALYTIQUE

Frères du B'nai B'rith, partenaires de tarots, collègues médecins, invités des thés de la Berggasse, ce ne sont que les diverses dénominations des mêmes amis. Le cercle des relations de Freud est étroit et, de plus, des liens d'alliance scellent ces amitiés.

Oscar Rie, le pédiatre de ses enfants, a épousé Mélanie Bondy alors que Fliess s'est marié avec Ida Bondy. Wilhelm et Oscar sont donc beaux-frères. Ludwig Rosenberg, un autre partenaire de jeu, a épousé la sœur d'Oscar Rie. Les Breuer et les Hammerschlag vivent dans le même immeuble et marient le fils de l'un à la fille de l'autre.

A la génération suivante, cette amicale généalogie se lie à la psychanalyse : alors que son père s'est brouillé avec son inventeur, Robert Fliess devient psychanalyste comme la fille de Ludwig Rosenberg, Anny Katan. Une fille d'Oscar Rie se marie avec l'analyste Hermann Nunberg et l'autre, Marianne, épouse Ernst Kris et devient analyste elle-même. Née à Vienne le 27 mai 1900, elle est morte le 23 novembre 1980, à Londres, chez Anna Freud, dans la dernière maison où vécut Freud avant de disparaître. La petite histoire a retenu que Freud n'aimait pas que Marianne coupe ses cheveux trop courts!

« *FINIS AUSTRIAE* »

Sur son bureau, Freud garde toujours à portée de la main de grandes feuilles de papier blanc sur lesquelles il prend de façon laconique quelques notes journalières.

Le samedi 12 mars 1938, il écrit les deux mots latins : « *Finis Austriae.* » Les troupes allemandes franchissent la frontière autrichienne au son du tambour, drapeaux au vent. Le chancelier autrichien démissionne. Dans la Berggasse habituellement calme, un samedi après-midi, on entend les cris insistants des vendeurs de journaux. Freud envoie Paula, la petite bonne, chercher un exemplaire. Elle y court et rapporte l'*Abend*.

Martin se rappelle que son père croyait que ce quotidien dissiperait la confusion et ramènerait la situation à de plus justes proportions. Freud en parcourt les titres puis le froisse et le jette dans un coin de la pièce. « Nous demeurâmes silencieux, raconte Martin, nous étions conscients que s'il jetait un journal par dégoût et désappointement, la tournure des événements devait être inquiétante [35]. »

Depuis 1933, Freud mesure la gravité des événements en Allemagne. Il écrit à Marie Bonaparte le 10 juin 1933 : « Le monde devient une grande prison, la pire des cellules est l'Allemagne. Ce qu'il va advenir de la cellule autrichienne est très incertain [36]... » Freud croit cependant que l'Église sera un rempart contre le fascisme et que s'il y a un fascisme autrichien, il ne sera pas aussi terrible que le nazisme. « Quel danger me menace personnellement ? Je ne peux pas croire qu'il soit tel que Ruth et Mark (deux psychanalystes) me le décrivent à longueur de journée [37]. »

Lorsque les nazis jettent ses livres dans les flammes, il commente simplement : « Quel progrès nous faisons. Au Moyen Age ils m'auraient brûlé [38]. »

Pendant ce temps-là, Freud continue à recevoir ses patients. Hilda Doolittle s'inquiète davantage, elle écrit : « Il y eut d'autres croix gammées. Elles étaient maintenant tracées à la craie. Je les suivais en descendant la Berggasse comme si on les avait tracées à mon intention sur le trottoir. Elles conduisaient à la porte du Professeur – peut-être descendaient-elles une autre rue jusqu'à une autre porte, mais je n'ai pas été voir plus loin. Personne n'effaça ces croix gammées. Il n'est pas si facile de faire disparaître d'un trottoir des présages de mort dessinés à la craie [39]. »

A la date du 22 mars 1938, Freud note sur ses grandes feuilles : « Anna *bei Gestapo*. »

Il a deux patients en analyse à cette époque mais il leur annonce qu'il ne pourra plus les recevoir et leur conseille de partir. « Quand le conscient est perturbé, il est impossible de prendre intérêt à l'inconscient [40]. »

Grâce à Marie Bonaparte, à l'ambassadeur Bullitt et à leurs appuis diplomatiques – et une forte rançon –, Freud et sa famille peuvent quitter à temps le piège qui s'est refermé sur Vienne. Les S.S. lui demandent de

VIENNE ENTRE DEUX SÉANCES

signer un papier selon lequel il aurait été bien traité, il le fait mais demande à ajouter une phrase : « Je puis cordialement recommander la Gestapo à tous. » Il quitte Vienne sur un jeu de mots mais peut-il pressentir que l'ironie s'achèvera à Auschwitz ?

Le 4 juin Freud prend congé de la ville qui a vu naître et grandir son œuvre et à laquelle, malgré toute sa haine, il reste attaché. Emporté par l'Orient-Express, il franchit la frontière française à trois heures du matin. Il est sauvé. Il passe quelques heures à Paris, très entouré et particulièrement d'Yvette Guilbert et de Marie Bonaparte. Celle-ci lui fait don d'une petite statuette d'Athéna avec ces mots :

Athéna
Paix ! Raison !
Salue ceux qui ont fui
l'enfer des fous [41] !

Dans la nuit, il traverse la Manche en ferry-boat jusqu'à Douvres. Il a quatre-vingt-deux ans et malgré son cancer, il aime encore la vie. Selon le vieux désir de son enfance, il va enfin habiter en Angleterre, et durant la nuit qui l'emmène vers Londres, il rêve, bien sûr. Il rêve qu'il débarque à Pevensey, comme avant lui, en 1066, Guillaume le Conquérant [42].

L'inconscient ne connaît ni la mort, ni les siècles.

CHAPITRE 7

CHAMPIGNONS, GARDENIA ET FRAISES DES BOIS

Freud est un homme de passion. Et ses passions, il les cultive. Avec les jours et les saisons s'allonge le catalogue de ses statuettes, de ses cigares, de ses champignons, de ses amitiés épistolaires aussi. Les vitrines de son cabinet se couvrent d'objets anciens, il invite à la table du repas familial ses dernières acquisitions antiques, les cendriers en jade de Chine se remplissent de mégots, il chasse rituellement les baies sauvages dans les sous-bois mais de ces gestes, il ne dit rien. Freud théorise ses propres rêves, ses lapsus, ses rires, ses souvenirs-écrans mais pour ses passions quotidiennes, les mots lui manquent. S'il en revendique l'excès, il en affirme également l'intimité. C'est une « affaire personnelle [1] ». Ce sont des passions privées.

A Stefan Zweig, qui prétend faire son portrait, il rappelle que ce qui le définit n'est pas « l'élément de correction petit-bourgeois ». Suit alors la demande pressante d'être perçu sans idéalisation : « Votre description ne s'accorde pas avec le fait que j'ai eu, moi aussi, mes céphalées et mes états de fatigue, comme tout le monde, que j'ai été un fumeur passionné (je voudrais l'être encore) qui attribuait au cigare le rôle le plus important dans la maîtrise de soi-même et dans la ténacité au travail, qu'en dépit de la modestie si vantée de mon train de vie, j'ai fait beaucoup de sacrifices pour ma collection d'antiquités grecques, romaines et égyptiennes, que j'ai lu en réalité plus d'ouvrages sur l'archéologie que sur la psychologie, que jusqu'à la guerre il me fallut passer, au moins une fois par an, quelques jours ou quelques semaines à Rome (et une fois encore après la guerre) [2]. »

Les portraits officiels de Freud le présentent comme un homme austère et réservé, un savant détaché des choses de ce monde. Mais sait-on qu'il posait en se composant soigneusement une « tête à photographier [3] » ? Quelques images de lui saisies par ses proches le révèlent au contraire intensément humain, tendre, ardent et presque un peu triste – ou est-ce la trace de quelque au-delà du plaisir ? Car si Freud est un être d'enthousiasmes, il semble avoir pourtant toute sa vie choisi de renoncer au monde du sensible pour l'accomplissement d'un idéal d'abstraction. Aussi, l'amitié avec son exigence de désincarnation répond-elle pleinement à son aspiration et s'offre à lui comme une des formes les plus sublimes de l'amour (avec les femmes comme avec les hommes d'ailleurs, tels Fliess et Jung). Mais de l'amitié, de la sublimation (de la judéité [4]) ou de ses passions quotidiennes, il n'écrit presque rien.

Bien sûr, il n'est pas interdit de croire que les lieux où Freud se tait, ses continents noirs, ses taches aveugles, les sujets rebelles à l'énonciation, le racontent plus sûrement que tout autre discours autobiographique. Mais ces choses-là se vivent et peut-être même ont-elles besoin de se taire pour être vécues.

Tels son culte des antiquités et la métaphore archéologique qui revient, obsédante, dans sa quête d'une vérité psychanalytique : fouiller, creuser plus profondément encore dans l'inconscient pour en exhumer le plus archaïque fragment, l'ultime trace enfouie du passé. Ce monde de rêve qui lui apporte « dans les combats de la vie, une consolation insurpassée [5] ». Et analyse-t-on impunément ses consolations, qu'elles se nomment cigares, lettres, objets antiques ou chasse aux champignons ?

LES MYSTÈRES DE LA NATURE

« D'où viennent-ils ? » peut-on se demander en voyant apparaître les champignons dès que le ciel a trempé la terre. Sortis furtivement du sol, ils évoquent les mystères de la conception. Freud confie cette association à son ami Fliess : « Je connais à Aussee une admirable forêt pleine de fougères et de champignons où il faudra que tu m'inities aux mystères du monde des animaux inférieurs et des enfants. Je vais demeurer bouche bée devant ce que tu auras à me dire [6]. »

Étonnant discours de la part d'un homme de quarante et un ans, père de six enfants. Dans ce qui l'attache si puissamment à l'ami, avec qui il dialogue depuis de nombreuses années par lettres interposées, Freud reconnaît un trait particulier de sa personne : « Rien ne peut pour moi remplacer les contacts avec un ami, c'est un besoin qui répond à quelque chose en moi, peut-être à quelque chose de féminin [7]. » Ce fantasme de bisexualité psychique, fruit d'une envie du féminin, il le partage avec Fliess. Fantaisie qui trouve une mise en scène particulièrement riche dans la rituelle « chasse » aux champignons que Freud organise avec ses enfants à la fin de l'été.

« Notre attaque sur les champignons n'était jamais menée au hasard, se souvient Martin, le fils aîné. Père partait toujours en reconnaissance [8]. » « On fait semblant d'entrer dans la forêt sans le moindre bruit, sans bavarder, le sac emporté soigneusement roulé sous le bras pour que les champignons ne soient pas alertés [9] », raconte Anna, la cadette, à Lou Andreas-Salomé, l'introduisant ainsi dans la plus grande intimité de la famille Freud. « Nous n'en parlions jamais avec des gens qui ne faisaient pas partie de notre petit cercle [10] », insiste Martin. C'est un culte réservé aux initiés. Tout le monde n'est pas mycophile.

C'est un champignon vénéneux, rouge avec des taches blanches, qui signale la présence du bolet convoité, le *Steinpilz*, littéralement, « le champignon de pierre ». « Quand il avait trouvé un bon endroit, père y conduisait sa petite troupe, chaque jeune soldat prenant position à intervalle, puis avançant en tirailleurs, comme une section d'infanterie bien entraînée attaquant à travers bois. Nous faisions semblant de chasser un gibier aussi léger qu'insaisissable ; il y avait aussi un concours pour désigner le meilleur chasseur. Père gagnait à chaque fois [11]. »

La métaphore guerrière et chasseresse, est-elle du père ou bien du fils ? En tout cas, après cette manœuvre d'attaque, Freud semble mimer une scène primitive en se précipitant sur un beau spécimen qu'il recouvre de son chapeau tyrolien. Il tient captif le champignon élu, puis lance un signal de victoire avec un petit sifflet d'argent qu'il sort de la poche de son gilet. Et devant ses enfants, complices de son plaisir, il lève son couvre-chef et exhibe la petite boule brun clair, nommée parfois « bébé » lorsqu'il s'agit d'un jeune végétal. Quant aux « vieux messieurs » (*alte Herren*), ils sont ignorés, car ces trop gros champignons « mûrs et flasques » ont perdu toute fermeté et leur saveur n'a plus aucune délicatesse gastronomique.

Champignons comestibles et divinités de pierre ou

de terre cuite s'associent dans les plaisirs freudiens. Comme dans ce récit d'une journée de vacances en août 1899 à Berchtesgaden : « Nous cueillons tous les jours des champignons. A la première journée de pluie, j'irai à pied jusqu'à mon cher Salzbourg où j'ai, la dernière fois, déniché de vieux objets égyptiens. Ils me mettent de bonne humeur et me parlent de temps et de pays lointains [12]. »

Le rapprochement n'est pas seulement formel. Il y a dans ces deux passions des plaisirs troubles et vifs qui se nouent à d'archaïques fantasmes. Collection de champignons ou chasse aux mille et trois statuettes font de Freud un Don Giovanni désincarné, sublimé. Mais aussi une femme enceinte et une nourrice, lorsqu'il couve de son chapeau ventru le jeune bolet ou offre à la dernière née de ses acquisitions archéologiques un repas à sa table. Mais ces cultes si pleins de mystère et de féerie plongent également leurs racines dans d'autres nostalgies : gravures égyptiennes de la Bible de son enfance et intimité avec sa Nannie, qui le menait à l'église et lui parlait de dieu, des saints et de l'Enfer [13].

Ainsi, entre fidélité et transgression, Freud s'entoure, à l'âge adulte, d'idoles muettes et recommande à la fin de l'été à sa fille Anna de déposer chaque jour un bouquet de fleurs – pour qu'elle soit propice à leurs recherches – au pied de la madone dressée à l'orée de la forêt [14]...

UNE SI LONGUE LETTRE

Freud vit la plume en main (un stylographe Montblanc). S'il ne cesse d'inventer la psychanalyse comme une œuvre toujours en cours d'écriture, il fait de sa vie une lettre qui ne s'achève pas. De son adolescence et jusqu'à la mort, il raconte son existence au jour le jour, ses humeurs, ses voyages, ses idées, ses impressions à l'égard de l'écriture même de la lettre, ses sentiments pour la personne à qui la lettre est destinée. Fluss, Silberstein, Martha, Fliess, Jung, Abraham, Lou, Zweig, ... la liste de ses correspondants serait trop longue à énumérer. Mais lui-même tient un carnet de son courrier : lettres reçues, lettres envoyées (généralement, il répond le jour même).

Dès ses premières affinités électives, il a voulu que l'amitié s'écrive. Avec un désir absolu de vérité, un rêve de transparence, il promet à ses interlocuteurs de ne rien leur cacher. Mais en échange, il leur faudra être *l'autre,* son premier et meilleur public. Pour s'engager dans la solitude de la création, Freud ne pourra jamais se passer d'un dialogue avec l'ami absent.

Le 18 septembre 1872, Freud a seize ans, il écrit à Emil Fluss avec qui il vient de passer quelques jours à Freiberg : « Je tiens ma promesse de vous relater, une fois de retour chez moi, mon voyage [...]. Je confesse la vérité nue, mais à vous seulement ; et j'espère qu'aucun regard étranger n'apercevra ces lignes. Si cela, malgré tout, devait se produire et que vous ne soyez pas en mesure de l'empêcher, ne m'en dites rien, car alors c'en serait fait de la vérité, et vous ne recevriez plus que des phrases lisses comme des anguilles, dont vous ne sauriez quoi retirer [15]. » Dans cette première lettre publiée de Freud, déjà le vœu de « tout dire » à un autre privilégié, qui garde le secret et accueille les confidences avec bienveillance et intérêt. On croit reconnaître là l'anticipation du futur cadre de la cure psychanalytique. Et si Freud avait transposé le dispositif particulier de l'écriture d'une lettre à un autre invisible dans l'espace du cabinet de l'analyste ? Souvent, les lettres à Wilhelm Fliess, l'ami du milieu de la vie, ont été assimilées à une démarche transférentielle proche de la relation analytique, mais Freud imprime ce dialogue particulier dans presque toutes ses lettres, et dès le début de sa correspondance d'adolescent. Ainsi, après le « petit roman » de son voyage en train de Freiberg à Vienne, il s'inquiète de la réaction d'Emil Fluss : « Je serais peiné que vous en eussiez attendu davantage, et que vous pensiez que cela ne vaut pas l'effort du " silence ". » Et il achève sa lettre par la promesse d'un nouveau récit dans le prochain courrier [16].

L'amitié épistolaire a ses exigences ; Freud désire des amis prompts. Le 24 juillet 1873, il termine une lettre à Eduard Silberstein par ces mots : « Si tu me réponds sur les ailes de l'aigle ou avec le rayon de l'éclair, tu n'en auras pas fait de trop [17]... » A Fliess, il se plaindra : « Démon ! Pourquoi ne m'écris-tu pas ? Comment vas-tu ? Est-ce que tu ne t'intéresses plus du tout à ce que je fais [18] ? »

A l'un de ses anciens patients, Ernst Blum, venu en analyse chez lui en 1922, il demandera pourquoi celui-ci ne lui avait jamais écrit depuis lors. Blum lui répondra que le souvenir des dizaines de lettres déposées chaque jour dans le hall d'entrée l'avait découragé, il ne voulait pas ennuyer Freud. Mais ce dernier lui répliquera : « Et si j'avais pris plaisir à lire vos lettres [19] ! »

A Martha, Freud écrit durant leurs fiançailles plus de neuf cents longues lettres. Chaque jour et parfois même plusieurs fois dans la journée, il adresse à sa fiancée des mots d'amour mais aussi ses conceptions du monde et les détails très quotidiens de sa vie de jeune chercheur.

« Le mardi 27 juin 1882
« dans la matinée, au laboratoire

« Ma douce fiancée,
« J'arrache ces quelques feuillets à mon cahier de travail pour t'écrire pendant que mon expérience se poursuit. J'ai volé une plume sur le bureau du professeur [Brücke]. Les gens autour de moi s'imaginent que je fais des calculs relatifs à mon analyse [...]. Devant moi, dans mon appareil, quelque chose cuit et des bulles de gaz bouillonnent, dont je dois m'occuper. Tout cela nous prêche une fois de plus la résignation et l'attente [...] [20]. »

Sur le chemin de Hambourg où il vient rendre visite à sa fiancée, Freud s'arrête dans un café pour écrire encore une fois bien que la lettre risque d'arriver après lui auprès de Martha.

« Seul client assis dans cette toute petite pièce, garnie de plusieurs sièges et de plusieurs tables, il m'a fallu attendre un quart de siècle pour obtenir du café avec très peu de sucre – il faudra que ma petite Martha en mette davantage dans mon café. Toutefois le gâteau est bon. Quel prodigue je suis! J'en ai mangé deux tranches, une pour ma petite Martha. Et maintenant il faut vite m'arrêter, sans quoi je laisserai toute ma fortune dans ce café pour payer la lumière, l'encre, l'usure du mobilier; toutes les jolies choses que je voulais encore te dire resteront inexprimées. Mais nous allons concourir, ce griffonnage et moi, pour savoir lequel de nous deux précédera l'autre auprès de Martha [21]. »

Et le fiancé et la lettre prirent le même train...

Freud balance entre les joies de la sublimation et la promesse de l'incarnation de ses désirs : « Ma chérie, ma fiancée, ma petite femme, sais-tu que j'ai passé deux jours entiers sans nouvelles de toi et que je commence à être inquiet? Serais-tu souffrante ou fâchée contre moi? Je ne demande pas mieux que de t'écrire de plus en plus souvent, j'aimerais même mieux t'écrire toute la journée, mais malgré tout, je préfère encore travailler tout le jour, pour avoir le droit, plus tard, de te caresser tout au long des années [22]. »

Martha enfin conquise, Freud a besoin de nouveaux motifs d'écriture. Il rencontre Fliess un an après son mariage, et comme celui-ci vit à Berlin, une correspondance s'engage entre les deux hommes. Elle durera de 1887 à 1904. Les premiers mots qu'il lui adresse sont clairs : « Bien que cette lettre soit une lettre utilitaire, je vous avoue que j'aimerais bien rester en contact avec vous [23]. » L'intimité qui suivra sera d'autant plus grande que Fliess encourage son ami à lui confier ses moindres changements d'humeur, ses petits malaises, ses périodes de bien-être et de fécondité pour en calculer les rythmes biologiques. Fliess, en effet, cherche à prouver que si les femmes sont réglées tous les vingt-huit jours, les hommes connaissent, eux, des périodes de vingt-trois jours qui influencent leur vie physique, psychique et intellectuelle.

« Comment je me sentais? En un mot, comme un chien – abominablement misérable. Depuis hier soir, c'est passé. Je suis à nouveau un être humain avec des sentiments humains (13 mars 1895) [24]. » « Aujourd'hui, après une semaine entière de misères, se prolongeant d'une date particulière à la suivante, je me suis réveillé bien reposé (29 mars 1897) [25]. » Et puis cette phrase où se lit une intimité en miroir, « narcissique » et « homosexuelle » : « Conséquence d'une secrète sympathie biologique dont tu as souvent parlé, chacun de nous a senti le bistouri du chirurgien dans son corps à peu près au même moment (6 novembre 1898) [26]. »

Après la rupture avec Fliess, Freud n'écrira plus à personne ce qu'il lui avoua au temps du plus fort lien transférentiel : « Des êtres comme toi ne devraient jamais disparaître. Nous manquons trop, nous autres, de gens de ton espèce. Quels remerciements ne te dois-je pas pour la consolation, la compréhension, l'encouragement que tu m'apportes dans ma solitude ; tu m'as fait saisir le sens de l'existence et, dernièrement, tu m'as rendu la santé, ce que nul autre n'aurait pu faire. C'est avant tout ton exemple qui m'a permis d'acquérir la force intellectuelle de me fier à mon propre jugement... et d'affronter, comme toi, avec une résignation voulue, toutes les épreuves que me réserve peut-être la vie. Pour tout cela, accepte mes simples remerciements (1er janvier 1896) [27]. »

Jung comme Fliess apportera à Freud cette amitié épistolaire dont il a tant besoin, mais après l'idéalisation (il veut faire de Jung son héritier, son Josué s'il est Moïse) vient le temps des désillusions. Le rêve d'un lien unique et exclusif à l'autre échoue. Les correspondances se multiplient, l'amitié se répartit comme pour en diminuer l'enjeu affectif et le risque de trahison. Aux uns et aux autres, il confie désormais ses préoccupations, ses joies, ses idées et ses humeurs. Et ses passions quotidiennes.

LES JOIES ET LES JOURS

En voyage au Tyrol avec son frère, il écrit à sa famille, le 20 avril 1905 [28].

« Mes très chers,
« Ça va. Alex a nettoyé ma plume et j'ai le temps

de vous raconter les événements du jour en attendant le rôti et la salade. D'ailleurs le Traminer est excellent.

« Donc, nous sommes montés à Dreikirchen par un beau temps chaud mais brumeux [...]. Une première escalade de ce genre n'est pas facile, toutefois les nouvelles chaussures se sont avérées extraordinaires, on s'y sent à l'aise comme si on était né avec elles. Tant que les gens de la Fürichgasse vendront des chaussures comme celles-là, ils pourront, en ce qui me concerne, tirer la langue à leur client avant et après l'achat. Donc nous marchions d'un bon pas et, au bout de trois quarts d'heure environ, nous avons fait halte à l'ombre de myosotis [...]. On sort enfin de la forêt et la vue s'étend devant vous comme une carte géographique [...]. Il y régnait une solitude enchanteresse, montagnes, forêts, fleurs, eaux, châteaux, couvents et pas un être humain. Sur le chemin du retour, il s'est mis à pleuvoir, mais doucement. Après tout cela, nous avons trouvé le dîner très bon. Nous partons demain pour St. Ulrich et Wolkenstein.

« Tendresses.

« Papa. »

Les voyages que Freud s'offre loin de sa famille sont l'occasion de descriptions colorées et minutieuses, toujours parcourues du bonheur d'écrire. « Vous devez cette lettre à l'achat inconsidéré, il y a quelques jours, d'un timbre bleu et à la pluie qui tombe aujourd'hui [...]. Minna se repose dans sa chambre; je pense que je vais manger une grenade (à dix centimes), puis fumer et faire une réussite. Avec les vieilles années, de nombreux talents pour jouir de la vie apparaissent en moi (25 septembre 1908) [29]. »

De Palerme où il se promène en compagnie de Sandor Ferenczi, il écrit à Martha qu'il s'en veut de jouir seul de tant de beauté sans pouvoir procurer à toute sa famille ces mêmes joies. « Il n'aurait pas fallu devenir psychiatre et prétendu fondateur d'une nouvelle tendance en psychologie, mais fabricant de quelque objet d'usage courant comme du papier hygiénique, des allumettes ou des boutons de bottines (15 septembre 1910 [30]. »

Avec Ferenczi toujours, c'est de Rome qu'il donne de ses nouvelles le 20 septembre 1912 : « Nous sommes même allés au théâtre hier soir après le dîner voir une nouvelle opérette patriotique. C'était un peu trop pour moi, peut-être aussi n'ai-je pas bien supporté le café que j'avais pris à l'entracte. Mais maintenant, avant le lunch, je suis de nouveau plein d'entrain. Je dois dire que je ne me suis jamais autant soigné et que je n'ai jamais vécu dans une telle oisiveté, au gré de mes désirs et de mes caprices [31]. »

Cinq jours plus tard, il précise : « Je porte tous les jours un gardénia et joue à l'homme riche qui se passe toutes ses fantaisies [32]. »

Mais la vie quotidienne apporte son lot de soucis et de contrariétés. C'est la dissidence de Jung et les préoccupations pour l'avenir du mouvement analytique qui occupent aussi l'esprit de Freud en 1912. « Seul ceci est grave en l'occurrence : sémites et aryens ou antisémites, que je voulais faire se fondre au service de la psychanalyse, se séparent à nouveau comme l'huile et l'eau [33]. » Puis éclate le premier conflit mondial.

Le 26 juillet 1914, Freud écrit à son ami et collaborateur, Karl Abraham, depuis Karlsbad où il fait une cure : « En même temps que la déclaration de guerre qui vient bouleverser la paix de notre station, m'arrive une lettre de vous qui m'apporte enfin un soulagement. Nous voilà donc enfin débarrassés de

Jung, cette sainte brute, et de ses acolytes! [...]. Toute ma vie, j'ai été à la recherche d'amis qui ne m'exploitent pas pour me trahir ensuite, et maintenant que je ne suis plus tellement loin du terme naturel de cette vie, j'espère les avoir trouvés [34]. »

Soucis physiques et métaphysiques alternent dans ses lettres. « A Vienne on ne cuit plus de pain blanc; chose peut-être plus inquiétante : les caisses d'épargne et les banques ne remboursent pas les dépôts au-delà de 200 couronnes. On pourra voir jusqu'à quel point on peut se passer d'argent dans la vie quotidienne (2 août 1914) [35]. »

Freud se sent « alternativement productif et maussade » (10 janvier 1915); « les huit mois de guerre pèsent sur [lui] comme un mauvais rêve » (1er avril 1915) [36]. A son ami américain, James Putnam, il confie : « Je n'ai aucune crainte du Bon Dieu. S'il arrivait que nous nous rencontrions un jour, j'aurais plus de reproches à lui faire qu'il n'aurait de choses à critiquer en moi. Je lui demanderais pourquoi il ne m'a pas doté de meilleures facultés intellectuelles et il ne pourrait m'objecter que je n'ai pas utilisé au mieux ma prétendue liberté [...]. Je n'ai jamais rien fait de bas ni de méchant mais, comme je n'en éprouve pas la tentation, je n'en tire pas une grande fierté [...]. Si seulement une plus grande partie de cette précieuse prédisposition pouvait davantage se trouver chez les autres humains [37]! »

Avec la guerre, l'activité médicale est au ralenti et les activités scientifiques suspendues. Freud se sent par moments aussi isolé qu'au début de sa pratique analytique. Chaque lettre est un lien précieux avec le reste du monde. Il raconte à Lou Andreas-Salomé comment se passe son été 1915. « Je vous écris d'une retraite idyllique que nous nous sommes préparée ma femme et moi, avec obstination et entêtement, mais cette idylle se trouve continuellement troublée par les exigences de l'heure présente. Il y a environ une semaine, notre fils aîné nous a écrit qu'une balle avait traversé son képi et qu'une autre lui avait éraflé le bras, mais aucun de ces incidents n'a interrompu son activité et aujourd'hui notre autre guerrier [Ernst] nous annonce qu'il a reçu son ordre de départ pour demain, lui aussi vers le nord [sur le front russe]. [...] Comme nous n'osons guère nous figurer l'avenir, nous vivons au jour le jour et essayons d'obtenir de chaque jour ce qu'il veut bien nous donner [38]. »

LES PLAISIRS DE LA TABLE
(« TAFELFREUDEN »)

A la Berggasse ne flotte jamais l'odeur du chou-fleur. Le maître de maison n'aime pas ce légume. Pas plus d'ailleurs que la volaille, la bicyclette ou les parapluies! Ce qui excite ses papilles ce sont les fruits du soleil : artichauts, asperges et épis de maïs. Et toujours les champignons, bien sûr.

Une des préoccupations majeures en ces temps de guerre, c'est justement d'arriver à se procurer de la nourriture. « Je ne peux pratiquement plus, comme vous le voyez, écrire lisiblement, fait-il remarquer à Abraham. Peut-être que l'alimentation inhabituelle – j'ai toujours été carnivore – contribue également à mon relâchement (22 mars 1918) [39]. » Dans une autre lettre, Freud résume la situation : « Notre vie ces derniers temps, depuis environ un an, est caractérisée par un trait particulier, dont je ne vous ai encore jamais parlé : à savoir que nous sommes ravitaillés par des clients et des adeptes avec qui je suis lié d'amitié. Nous vivons proprement de dons gracieux, comme une famille de médecin préhistorique. Cigares, farine, graisse, lard, etc., nous sont dispensés soit sous forme de cadeaux, soit à des prix extraordinairement modérés, par nos Hongrois, Ferenczi et Eitingon en tête, ainsi que par quelques familles de Budapest qui sont favorables à la psychanalyse; mais ici aussi, j'ai trouvé de tels disciples nourriciers (29 mai 1918) [40]. »

En avril 1919, la situation ne s'est pas améliorée et Freud fait appel à son neveu Samuel de Manchester : « Nous vivons avec peu de nourriture. (Le premier hareng il y a quelques jours était un repas de fête!) Pas de viande, pas assez de pain, pas de lait, pommes de terre et œufs extrêmement chers [...]. Liste des denrées dont nous avons le plus besoin : graisse, corned beef, cacao, thé, gâteau anglais [41]. »

Mais les sous-bois offrent toujours à Freud les baies sauvages qu'il aime y cueillir : framboises, myrtilles, mûres et ces fraises des bois qui manquent, selon lui, à l'Amérique. Au cours de son voyage aux États-Unis, en 1909, il souffrit beaucoup de troubles intestinaux, malaises qui lui étaient assez familiers, mais il en rendit responsable la cuisine américaine, et pour marquer son mécontentement, il déclara son mépris par ces mots : « Un pays où il n'y a même pas de fraises des bois! »

S'il n'a sans doute jamais mis la main à la pâte lui-même, une fois au moins dans sa vie, Freud alla chez l'épicier. Ça se passait lors de vacances familiales à Aussee ou à Berchtesgaden (Martin, qui raconte l'histoire, n'est pas sûr du lieu). Leur maison étant isolée par des inondations dans la région, les vivres commençaient à manquer. Aussi, vêtu de knickerbockers, de bonnes chaussures, son plus gros sac alpin sur le dos, Freud partit dans la montagne à la recherche de quelque village épargné où trouver des provisions. Il revint le soir lourdement chargé et fut accueilli comme un héros par ses enfants, fortement intéressés par l'énorme salami qui trônait au-dessus des victuailles [42].

Si Freud apprécie la bonne chère, il boit peu. Une lettre à Fliess révèle pourtant qu'en 1899 son ami lui fit envoyer une caisse de marsala et qu'il y succomba volontiers [43]. Plus tard, c'est Oscar Rie qui lui adressera pour Noël de bons vins et Ferenczi des bouteilles de Tokay, venues des caves royales de Hongrie. Jadis à Paris, Freud avait apprécié à la table de Charcot la diversité des vins de France. Depuis, ses vacances italiennes lui ont fait découvrir d'agréables crus locaux qu'il savoure volontiers loin de son cabinet viennois. Il est devenu un fin connaisseur, aussi un jour qu'il goûtait un petit vin italien sous le soleil de Tivoli, il se plaignit que le breuvage sentait le permanganate de potassium !

Mais à partir de 1923, son cancer à la mâchoire l'oblige à porter une prothèse, son « monstre » comme il la nomme. Désormais les plaisirs de la table ne seront plus jamais les mêmes.

PERLE, SOBERANOS, REINA-CABANA ET LES CHIENS

Avec son humour aigre-doux, il fait part à ses amis des dernières nouvelles de sa santé. Le 10 mai 1923, il écrit à sa très chère Lou : « Je puis vous apprendre que je recommence à parler, mâcher et travailler, oui, et même fumer – certes, d'une certaine manière, mesurée, prudente, pour ainsi dire de petit-bourgeois. Le médecin de la famille m'a même offert un fume-cigare pour mon anniversaire qui a été célébré comme si j'étais une diva d'opérette ou comme si c'était le dernier de la série.

« Le pronostic même après l'opération, est bon. Vous savez que cela signifie simplement un léger éclaircissement d'une certaine insécurité planant sur les années à venir. Ma femme et ma fille m'ont soigné avec tendresse. Je partage complètement vos vues sur notre impuissance contre la douleur physique, trouve comme vous que c'est désespérant, et, si l'on pouvait s'en prendre à quelqu'un personnellement, ignoble [44]. »

Et à Karl Abraham, ce cher incorrigible optimiste : « Aujourd'hui, j'ai changé de pansement, me suis levé, ai fourré ce qui restait de moi dans des vêtements. Merci pour toutes les nouvelles, lettres, salutations, coupures de journaux. Si je peux dormir sans piqûre, je rentrerai bientôt chez moi [45]. »

Malgré des dizaines d'interventions chirurgicales et d'ajustements de sa prothèse, la vie reprend le dessus et Freud continue de recevoir de nombreux patients. Pourtant, il se sent fatigué, son oreille droite a été « mise hors d'usage » et sa façon de manger « ne supporte aucun spectateur ». Mais, comme il l'écrit le 1er avril 1925 à Max Eitingon : « Entouré de trois tendres créatures [Martha, Minna et Anna] qui veillent sur moi, je n'ai pas toute liberté de me plaindre, et j'ai une bonne occasion pour m'exercer dans la nécessaire maîtrise de moi-même. Cependant, on se fatigue à la longue [46]. »

Heureusement, il y a toujours la consolation de ses chers cigares auxquels il ne renoncera jamais et que tous ses proches veillent à lui fournir : « Je veux vous dire encore que les petits – les Perle – se sont révélés très satisfaisants. Ma provision s'est amenuisée. Si l'homme de Berchtesgaden [où Eitingon trouve de bonnes marques de cigares] ne peut me fournir les Soberanos, j'accepterai volontiers les fort bons Reina-Cabana qui m'ont été proposés une fois en remplacement [47]. »

Est-ce la maladie, l'amertume face aux hommes, l'influence de Marie Bonaparte ? Freud se prend de tendresse pour les chiens, lui qui n'aimait pas les animaux. Ainsi, à la fin de sa vie, comme s'il n'avait jamais cessé d'aspirer à quelque lien de paix pulsionnelle, avec Topsy, Jofi, le fidèle Wolf ou la douce Lun Yu, Freud avoue enfin jouir d'une inclination sans mélange, sans ambivalence. C'est même pour un chow-chow au poil d'or qu'il se surprend à fredonner un air de *Don Giovanni* : « Un lien d'amitié nous unit tous deux », *Cosi saremo amici*.

D'une retraite d'été, Freud raconte à Abraham les charmes discrets de ses vacances : « La journée se passe sans qu'on s'en aperçoive. Quand on y réfléchit le soir, on voit qu'elle a comporté peu de chose : quelques rêveries à la table de travail, une séance avec l'Américain, quelques aventures avec Wolf que vous ne connaissez pas encore et qui, par son affection jalouse et passionnée, la méfiance qu'il nourrit envers les étrangers, son mélange de sauvagerie et de docilité, est devenu l'objet de l'intérêt général, quelques lettres, des corrections d'épreuves, des visites de nos parents d'Amérique, etc., [48]. »

Selon Martin, la petite chienne Jofi, qui assistait aux séances d'analyse couchée sous une table couverte d'antiquités, bâillait exactement à la fin du temps que Freud consacrait à chacun de ses patients ! Mais Freud admettait que la chienne pouvait se tromper d'une minute aux dépens du visiteur.

Une autre histoire familiale veut que Wolf, le

chien-loup qu'Anna promenait tous les jours au Prater, s'échappât un jour et se perdît, mais, sautant dans un taxi, il montra avec obstination le médaillon attaché à son cou : « Professeur Freud, 19, Berggasse », y était-il indiqué. Devant l'insistance de son passager inattendu, le chauffeur finit par s'exécuter et le ramena à son propriétaire qui ne lésina pas sur la récompense[49]. Freud avait si totalement adopté les chiens dans le cercle familial qu'il ne se serait pas étonné de les voir lire dès qu'ils étaient seuls! Mais il n'avait pas toujours vécu dans cette intimité avec le règne animal et dix ans auparavant, Lou Andreas-Salomé avait noté dans son journal la touchante rencontre de Freud et d'une chatte « narcissique ».

LA CHATTE SUR UN DIVAN BRÛLANT

« A cette époque, Freud avait encore son cabinet de travail au rez-de-chaussée; elle était entrée par la fenêtre ouverte et au début, n'éveilla en lui, qui n'a point de goût pour les chiens, chats et autres bêtes, que des sentiments mitigés; surtout quand elle sauta du divan où elle s'était installée bien à l'aise et se mit à examiner et flairer en détail les antiquités provisoirement déposées sur le parquet; il n'osait naturellement pas la chasser de peur que d'un mouvement brusque, elle ne fît quelque malheur parmi ses trésors tant aimés, mais quand il vit que la chatte continuait à exprimer sa satisfaction archéologique par un ronronnement sans causer le moindre dommage, tant elle évoluait avec grâce et souplesse, le cœur de Freud fondit et il alla jusqu'à lui faire apporter un peu de lait. A dater de ce jour, la chatte vint quotidiennement occuper sa place sur le divan, inspecter les antiquités et laper sa soucoupe de lait ; en dépit de l'admiration et de l'attachement sans cesse croissants qu'éprouvait Freud, elle ne faisait nullement attention à lui, dardait sur sa personne les prunelles obliques et glacées de ses yeux verts comme sur un quelconque objet et quand il voulait obtenir un peu plus que son ronronnement égoïste et narcissique, il devait mettre à terre un des pieds qu'il avait commodément étendus sur sa chaise longue et agiter d'un mouvement magiquement enchanteur le bout de son soulier pour attirer son attention. Ces relations un peu unilatérales duraient déjà depuis quelque temps lorsqu'un beau matin, Freud trouva la chatte sur le divan brûlante de fièvre et haletante ; et bien qu'elle eût été soignée aussitôt le plus attentivement du monde par des enveloppements, etc., elle succomba à une pneumonie – ne laissant derrière elle que le symbole du charme paisible et enjoué du véritable égoïsme [50]. »

SIGMUND FREUD, NUMÉRO DE L'ABONNÉ : A-18-170

Si Freud a inventé une part de notre modernité, il se tient cependant à l'écart des changements technologiques qui l'entourent, il n'y participe pas volontiers. Dans *Malaise dans la civilisation*, il se pose la question du bonheur que peut apporter le progrès de la technique en ces termes : « N'est-ce donc point pour moi un gain positif de plaisir, un accroissement non équivoque de mon sentiment de bonheur, que de pouvoir entendre à volonté la voix de mon enfant qui habite à des centaines de kilomètres, de pouvoir apprendre sitôt après son débarquement que mon ami s'est bien tiré de sa longue et pénible traversée ? » Et il y répond avec un certain pessimisme et peut-être même une pointe de nostalgie : « Sans les chemins de fer, qui ont supprimé la distance, nos enfants n'eussent jamais quitté leur ville natale, et alors qu'y eût-il besoin de téléphone pour entendre leur voix ? Sans la navigation transatlantique mon ami n'aurait point entrepris sa traversée, et je me serais passé de télégraphe pour me rassurer sur son sort [51]. » En surimpression ne voit-il pas ce train qui l'arracha à son enfance heureuse à Freiberg et ce bateau qui emmena Emmanuel et Philippe, ses demi-frères, en Angleterre ? Comme si le progrès technique était nécessairement équivalent à quelque séparation déchirante.

Toutefois, de même que certains médecins viennois, Freud possédait déjà un téléphone dans les années 1890. Il était fixé assez haut sur le mur du hall d'entrée de l'appartement familial. Son fils Martin se souvient que les enfants éprouvaient un mélange de crainte et de curiosité pour ce dispositif bruyant. « Il se passa tout de même un certain temps avant que nous osâmes nous en servir. De toute façon nous n'avions personne à qui téléphoner : aucun de nos amis n'avait le téléphone [52]. » Freud détestait cet appareil et n'y répondait que s'il se trouvait seul à la maison. Il avait tellement l'habitude de regarder intensément ses interlocuteurs qu'il était gêné de n'avoir personne en face de lui si ce n'est un microphone inanimé. « Téléphonage » féerique et décevant comme le raconte, presque à la même époque, Proust : « [...] après quelques instants de silence, tout d'un coup j'entendis cette voix que je croyais à tort connaître si bien, car jusque-là, chaque fois que ma grand-mère avait causé avec moi, ce qu'elle me disait, je l'avais toujours suivi sur la partition ouverte de son visage où les yeux tenaient beaucoup de place, mais sa voix elle-même, je l'écoutais aujourd'hui pour la première fois [...] cet isolement de la voix était comme un symbole, une évocation, un effet direct d'un autre isolement, celui de ma grand-mère, pour la première fois séparée de moi [53]. »

Freud évite autant qu'il le peut de téléphoner et jamais cet instrument ne l'empêche de prendre son stylo à large plume pour s'adresser à ses amis. Il n'utilise d'ailleurs pas davantage la machine à écrire et ne s'intéresse pas plus à la radio, qu'il n'écouta avec attention qu'à l'occasion de graves événements politiques. C'est à soixante-quinze ans qu'il reçoit le baptême de l'air, dans un avion de la Deutsche Lufthansa, à Berlin où il était venu se faire soigner. Quant à la première automobile dans laquelle il monta, c'était une Fiat décapotable. Elle appartenait à un Italien de Padoue, descendu avec sa famille au même hôtel que la famille Freud, l'*Hôtel du Lac* à Lavarone. Cette voiture pouvait rouler à quarante kilomètres à l'heure, vitesse considérée alors, vers 1906-1907, comme le maximum supportable pour un corps humain. Mais Freud préfère se promener à pied dans la montagne. Vêtu d'un costume de campagne avec faux col et cravate – dont il ne se déferait pour rien au monde, pas plus qu'il ne boirait au goulot d'une bouteille –, il jouit de la nature, des fleurs, du silence et parfois aussi de l'eau pure d'un lac. C'est un excellent nageur mais qui ne se permet aucune fantaisie. Tout en veillant à ne pas mouiller sa barbe, qu'il garde cérémonieusement hors de l'eau, Freud avance toujours au rythme régulier de la brasse. Il porte bien sûr le maillot de bain fort décent de l'époque qui lui couvre les épaules et même une partie des bras. Il adore prolonger son bain et s'y fait parfois apporter des rafraîchissements ou des cigares et des allumettes [54]!

EXPERTISE GRAPHOLOGIQUE D'UN AUTOGRAPHE FREUDIEN

Le 20 juillet 1932, un numéro de la revue française *Vu* présente un reportage chez le professeur Freud ainsi qu'une analyse de son écriture par un certain A. Holz. Voici donc l'analyste analysé : « Un individu de grande fantaisie mais pas un fantaisiste, il devine avec un instinct très sûr les capacités et les faiblesses des hommes. Une imagination essentiellement visuelle conjuguée avec la capacité de ramener logiquement chaque symbole à la vie, lui permettent de révéler les relations et les influences les plus subtiles. Ce n'est pas un sentimental mais un énergique, objectif, qui pense en homme passionné. Il ne se soucie pas de l'opinion publique. Fanatique de la Vérité, il n'a pas besoin d'une affirmation de l'extérieur. »

Sur la même page, on peut voir une photographie du vieux maître de Vienne sur un balcon avec deux chows-chows près de lui. Freud comprend mal l'intérêt personnel que des étrangers lui portent un peu partout dans le monde. A une « chasseuse » d'illustres signatures, il répond ceci : « Vous avez bien deviné quelle était mon attitude à l'égard des chasseurs d'autographes. Si réellement, grâce à un trait de plume, on peut faire quelque chose pour une personne méritante qui se trouve dans le besoin, il n'y a alors aucune raison d'hésiter et l'on peut même reconnaître un élément utile dans la folie humaine. Je vous prie dans l'intérêt de votre protégé de ne pas omettre de faire savoir à la dame fortunée qu'un autographe comme celui qui est inclus dans cette lettre est d'ordinaire très difficile à obtenir [55]. »

Et à l'inventeur d'un célèbre test d'intelligence, le professeur Wechsler, il adresse des mots où la modestie se mêle à l'impossibilité de mesurer la place qu'occupera non pas son œuvre mais sa personne : « En ce qui concerne votre désir de me voir laisser les manuscrits de mes publications à notre Université de Jérusalem, il ne m'est pas très facile de me prononcer. Vous supposez que cette Université m'est chère et c'est exact; peut-être ne sommes-nous pas d'accord sur la valeur de ces manuscrits. Pour moi, ils ne représentent rien, il ne me serait jamais venu à l'esprit d'en faire cadeau à l'Université. J'avais pour habitude de les jeter à la corbeille à papiers dès qu'ils avaient été imprimés, jusqu'au jour où quelqu'un me fit remarquer que l'on pouvait en faire un autre usage. Il me dit que parmi les gens riches de ce monde se trouvaient des fous capables de payer comptant ces pages écrites de ma main au cas où, par hasard, je deviendrais célèbre. Depuis, je les conserve et j'attends d'aussi heureuses conséquences de ma célébrité. Comme c'est le seul moyen que j'aie d'offrir ou de léguer quelque chose à nos propres fondations, telles que le Verlag, l'Institut Viennois ou le Sanatorium de Berlin, je pense aussi qu'un tel legs serait favorablement accueilli par mes sept petits-enfants. Avant la déclaration de guerre, j'ai vraiment entendu dire qu'un collectionneur réputé de vieux papiers pensait aussi à acquérir mes torchons. Mais la guerre est arrivée et depuis lors je n'ai entendu parler de rien de semblable. Comme cela ne coûte rien, je continue à attendre et je me dis que peut-être, quelque temps après ma mort, ces trésors prendront une valeur suffisante pour que leur conservation se trouve justifiée. Je ne puis réellement pas accorder à ces manuscrits un *pretium affectionis*, je n'ai pas non plus le sentiment de léser tant soit peu l'Université de

Jérusalem en ne les lui offrant pas ; d'autant plus qu'ils sont d'une valeur aujourd'hui encore très douteuse. Si l'Université de Jérusalem est d'un autre avis sur ce point, je puis en tenir compte en exprimant dans mon testament le désir que ces manuscrits lui soient remis au cas où, au bout d'un certain nombre d'années après ma mort, aucun acheteur ne se sera présenté [56]. »

Dans sa jeunesse, Freud ne fit pas toujours preuve d'autant de modestie ni de sagesse mais l'humour l'accompagna toute sa vie. Alors qu'à vingt-neuf ans l'ambition le dévore et qu'il ne rêve que de troubler le sommeil du monde par une grande découverte, il brûla notes, lettres et ébauches de manuscrits scientifiques accumulés depuis plus de dix ans. Et tout aussitôt, il écrit à Martha qu'il vient d'accomplir une tâche qui, il n'en doute pas un instant, « mettra, un jour dans un cruel embarras une foule de gens qui ne sont pas encore nés mais qui naîtront pour leur malheur » : ses futurs biographes ! « Laissons-les se tourmenter, ne leur rendons pas la tâche trop facile [...] je me réjouis déjà des erreurs qu'ils commettront [57] », ajoute-t-il, heureux de ce pied de nez à la postérité !

> *L'air est maintenant si plein d'un tel revenant*
> *Que personne ne sait comment lui échapper*
>
> Goethe, *Faust*
> (Epigraphe à la *Psychopathologie*
> *de la vie quotidienne*)

Ainsi s'achève notre promenade. L'homme au cigare n'arpente plus les rues de Vienne. Aucune patiente, aucun patient de Freud ne monte plus le cœur battant au premier étage de la Berggasse. Le divan pour toujours muet demeure en exil à Maresfield Gardens. Et la psychanalyse n'est plus ce qu'elle était.

Comme ces vieux albums de famille qu'on ne se lasse jamais de feuilleter bien qu'on en connaisse tous les visages et tous les lieux, Freud fait désormais partie de notre mémoire culturelle. Presque de notre intimité. Parce qu'il n'a cessé de réfléchir aux choses de la vie quotidienne, aux énigmes de la filiation, du désir et du langage, à nos secrets, à notre enfance, à nos rêves et à notre corps.

Devenu un ancêtre plutôt qu'un maître, il nous raconte que le caché hante le visible, que ce qui est tu par les lèvres s'échappe par les mains et que seule la lucidité peut avoir raison de l'irrationnel.

Les arrière-petites-filles de Freud seront-elles joyeuses ?

NOTES

1
UN DOCTEUR INVRAISEMBLABLE

1. « L'Étiologie de l'hystérie », in *Névrose, psychose et perversion*, P.U.F., 1973.
2. Phrase prononcée par Kraft-Ebing, in Max SCHUR, *La Mort dans la vie de Freud*, Gallimard, coll. « Tel », 1975, p. 135.
3. Lettres à Fliess du 26 avril 1896, in *The Complete Letters of Sigmund Freud to Wilhelm Fliess. 1887-1904*, traduit et édité par J. M. Massson, The Belknap Press of Harvard Univ. Press, Cambridge-Londres, 1985, p. 184. A propos de monsieur « Joyeux » voir J.-B. Pontalis, « Le séjour de Freud à Paris », *Nouvelle Revue de psychanalyse*, 8, 1973.
4. « Contribution à l'histoire du mouvement psychanalytique », in *Cinq leçons sur la psychanalyse*, Payot, 1985, p. 89.
5. Lettre à Martha du 2 février 1886, in *Correspondance. 1873-1939*, Gallimard, 1966, p. 215.
6. « Contribution à l'histoire du mouvement psychanalytique », *op. cit.*, p. 89.
7. *Études sur l'hystérie*, P.U.F., 1975, p. 127.
8. *Ibid.*, p. 240.
9. Lettre à Emil Fluss du 1ᵉʳ mai 1873, in *Nouvelle Revue de psychanalyse*, 1, 1970, p. 176.
10. Cette phrase, comme celles qui suivent à propos du cas d'Emmy von N., se trouve sous la plume de Freud dans les *Études sur l'hystérie, op. cit.*., pp. 35-82. Voir aussi Alain

de Mijolla, « Débuts de psychanalyses au temps de Freud » in *Histoire de la psychanalyse*, (sous la direction de R. Jaccard), Hachette, 1982, t. I, pp. 245-268.

11. Voir la lettre à J. Breuer du 3 mai 1889, in *Correspondance. 1873-1939, op. cit.*, p. 237.

12. Hommage à Samuel Hammerschlag (1904), in The Standard Edition of the Complete Psychological Works of Sigmund Freud, Londres, The Hogarth Press, 1953-1966, IX, p. 255.

13. Lettre à Stefan Zweig du 2 juin 1932, in *Correspondance. 1873-1939, op. cit.*, p. 448.

14. « Fragment d'une analyse d'hystérie », in *Cinq psychanalyses*, P.U.F., 1975, p. 82.

15. « Métaphores de Freud », in *Études sur l'hystérie, op. cit.*, pp. 233-236.

16. Lettres à Martha du 27 janvier 1886 et du 2 février 1886, in *Correspondance. 1873-1939, op. cit.*, p. 211 et 214.

17. Lettre du 16 octobre 1887, *ibid.*, p. 233.

18. Ernest JONES, *La Vie et l'œuvre de Sigmund Freud*, t. I, P.U.F., 1976, p. 158.

19. Lettre à Martha du 6 mai 1886 in *Correspondance. 1873-1939*, p. 228.

20. Lettre à Minna Bernays du 13 juillet 1891, *ibid.*, p. 240.

21. *Études sur l'hystérie, op. cit.*, p. 81.

22. Ce dialogue est extrait du cas Lucy, in *Études sur l'hystérie, op. cit.*, pp. 88-90.

23. *Ibid.*, p. 241.

24. Lettre à Minna Bernays, in *Correspondance. 1873-1939, op. cit.*, p. 241.

25. Lettre à Fliess du 7 mai 1900, in *La Naissance de la psychanalyse*, P.U.F., 1956, p. 283.

26. *Ibid.*, p. 65.

27. Lettre inédite à Fliess du 20 août 1893, in *The Complete Letters...*, *op. cit.*, p. 54.

28. *Études sur l'hystérie, op. cit.*, p. 208.

29. *Ibid.*, p. 125.

30. *Ibid.*, p. 121.

31. *Ibid.*, p. 93.

32. *Cinq psychanalyses, op. cit.*, p. 54.

33. Ce dialogue fait partie du cas Lucy, in *Études sur l'hystérie*, pp. 83-97.

34. *Ibid.*, p. 247.
35. Martin FREUD, *Freud, mon père*, Denoël, 1975, p. 38.
36. Marianne KRÜLL, *Sigmund, fils de Jacob*, Gallimard, 1983, p. 194.
37. Lettre à Fliess du 31 octobre 1897, in *Naissance de la psychanalyse*, p. 201.
38. *Ibid.*, p. 177.
39. *Études sur l'hystérie, op. cit.*, p. 98.
40. Le cas de Katharina est rapporté dans les *Études sur l'hystérie, op. cit.*, pp. 98-106.

2
PORTRAITS FREUDIENS

1. Lettre à Stefan Zweig, in *Correspondance. 1873-1939*, Gallimard, 1966, p. 490.
2. Lettre de Freud du 18 janvier 1928, in Jacques et Anne CAÏN, « Freud, " absolument pas musicien... " », *Psychanalyse et Musique*, Les Belles Lettres, 1982, pp. 91-137.
3. Lettre à Stefan Zweig du 7 février 1931, in *Correspondance. 1873-1939, op. cit.*, p. 440.
4. Lydia FLEM, « L'archéologie chez Freud. Destin d'une passion et d'une métaphore », in *Nouvelle Revue de psychanalyse*, 26, 1982, pp. 71-93.
5. *La Naissance de la psychanalyse*, P.U.F., 1956, p. 364.
6. *The Complete Letters of S. Freud to W. Fliess. 1887-1904*, The Belknap Press of Harvard Univ. Press, Cambridge, 1985, p. 121, 124.
7. *L'Interprétation des rêves*, P.U.F., 1976, p. 98.
8. Voir *Les Premiers Psychanalystes. Minutes de la Société psychanalytique de Vienne (1906-1908)*, Gallimard, 1976, p. 365.
9. Voir E. JONES, *La Vie et l'œuvre de Sigmund Freud*, t. III, P.U.F., 1969, p. 163, et *Malaise dans la civilisation*, P.U.F., 1971, p. 16. Freud mentionne également les deux frères Eckstein et leur mère Amalia dans *Psychopathologie de la vie quotidienne*, Payot, 1976, p. 30 : « Un jour se présente à ma consultation un jeune homme. C'est le frère cadet d'une

de mes patientes, je l'ai déjà vu un nombre incalculable de fois et j'ai l'habitude de l'appeler par son prénom... »

10. Lettre inédite du 12 décembre 1897 in *The Complete Letters of S. Freud to W. Fliess. 1887-1904, op. cit.*, p. 286.

11. Emma GOLDMAN, *Épopée d'une anarchiste*, Hachette, 1979; Complexe, collection « Historiques », 1984, pp. 99-101. Je remercie Régina Cykiert de m'avoir indiqué ce passage du livre.

12. A qui Freud, en guise d'interprétation, répond par l'air de Chérubin dans le deuxième acte des *Noces de Figaro*!

13. Lettre du 15 novembre 1889, in *Correspondance. 1873-1939, op. cit*, pp. 254-255. Heinrich Gomperz est cité par Freud dans *Au-delà du principe de plaisir* pour des indications sur le mythe bisexuel dans le *Banquet* de Platon. Sa mère, Elise, aida Freud à devenir officiellement professeur et son père, Theodor, offrit dès 1880 à Freud de traduire le volume 12 des œuvres de Mill. En 1907, Freud cite parmi les dix meilleurs livres de son choix, les *Penseurs grecs*.

14. Sur la famille Gomperz, voir l'*Encyclopaedia Judaica*, vol. 7, pp. 771-775.

15. Voir M. POLLAK, *Vienne 1900. Une identité blessée*, Gallimard, collection « Archives », 1984.

16. « Fragment d'une analyse d'hystérie », in *Cinq psychanalyses*, P.U.F., 1975, p. 12.

17. *Ibid.*, p. 39.

18. Felix DEUTSCH, « Apostille au fragment de l'analyse d'un cas d'hystérie de Freud », in *Revue française de psychanalyse*, mai 1973, 3, pp. 407-414.

19. Arnold A. ROGOW, « Dora's brother », in *International Revue of Psycho-Analysis*, 1979, 6, pp. 239-259.

20. *Cinq psychanalyses, op. cit.*, p. 10.

21. *Psychopathologie de la vie quotidienne, op. cit.*, pp. 258-259 et Hannah S. DECKER, « The choice of a name : "Dora" and Freud's relationship with Breuer », in *Journal of the American Psychoanalytic Association*, 1982, 1, pp. 113-136.

22. Lettre à Jung du 6 juin 1907, in *Correspondance Freud-Jung*, Gallimard, t. I, 1975, p. 109.

23. Voir Bertrand VICHYN, « 1904, dernier échange

NOTES DU CHAPITRE 2

épistolaire entre Freud et Fliess », in *Psychanalyse à l'université*, sept. 1981, 24, pp. 705-733.

24. Lettres à Fliess du 7 octobre et du 2 novembre 1901, in *Naissance de la psychanalyse, op. cit.,* pp. 301 et 302.

25. Lydia FLEM, « L'amour de l'amitié ou *der Freund Freud* », in *Nouvelle Revue de psychanalyse*, 28, automne 1983, pp. 93-109.

26. Voir les quatre volumes des *Minutes de la Société psychanalytique de Vienne*, Gallimard, 1976.

27. Max GRAF, « Réminiscences sur le Professeur Freud », in *Tel Quel*, 88, 1981, pp. 92-101.

28. On sait que, à chaque acquisition nouvelle, Freud invitait à sa table la dernière statuette de sa collection. Il écrivit en 1895 à Fliess que « quand une vieille fille possède un chien ou qu'un vieux célibataire collectionne des tabatières, la première compense son besoin d'une vie conjugale, le second son envie de multiples conquêtes. Tous les collectionneurs sont des répliques de Don Juan. »

29. Voir Barbro SYLWAN, « Le ferd-ikt », in *Études freudiennes*, 13-14, 1978, pp. 127-174.

30. *L'Homme aux loups par ses psychanalystes et par lui-même*, textes réunis et présentés par Muriel Gardiner, Gallimard, 1981.

31. Voir E. JONES, *op. cit.* t. II, pp. 83-84. Le célèbre chef d'orchestre Bruno Walter consulta également Freud, ainsi sans doute que le fils de Theodor Herzl. Voir à ce sujet Ronald W. CLARK, *Sigmund Freud*, S. Fischer Verlag, 1981.

32. Bruno GOETZ, « Souvenirs sur Freud », in *Freud, jugements et témoignages*, P.U.F., 1976, pp. 211-223.

33. *Sabina Spielrein entre Freud et Jung*, Aubier, 1981.

34. *Ibid.*, p. 119.

35. *Ibid.*, p. 264.

36. *Ibid.*, p. 266.

37. *Ibid.*, p. 273.

38. *Ibid.*, p. 162.

39. Voir Élisabeth ROUDINESCO, *La Bataille de cent ans. Histoire de la psychanalyse en France*, vol. I, Ramsay, 1982, pp. 286-289.

3
SUR LE DIVAN DU PROFESSEUR FREUD

1. Ces détails sont extraits de Shirley SHERWOOD, *Venise Simplon Orient-Express*, Payot, 1984.
2. Marie Bonaparte, « Derrière les portes closes », citée par Célia BERTIN, *La Dernière Bonaparte*, Perrin, 1982.
3. Hilda DOOLITTLE, *Visage de Freud*, Denoël, 1977, p. 39.
4. *Ibid.*, p. 65.
5. Abram KARDINER, *Mon analyse avec Freud*, Belfond, 1978.
6. Smiley BLANTON, *Journal de mon analyse avec Freud*, P.U.F., 1973, p. 13.
7. A. KARDINER, *op. cit.*, pp. 29-30.
8. Célia BERTIN, *op. cit.*, p. 261.
9. Hilda DOOLITTLE, *op. cit.*, p. 10.
10. Célia BERTIN, *op. cit.*, p. 260.
11. S. BLANTON, *op. cit.*, p. 49.
12. Lou ANDREAS-SALOMÉ, *Correspondance avec Sigmund Freud, suivie du Journal d'une année (1912-1913)*, Gallimard, 1970.
13. A. KARDINER, *op. cit.*, pp. 108-110. Freud envoyait ses patients en 1899 à la pension *Vienna*, tenue par la veuve d'un médecin.
14. Hilda DOOLITTLE, *op. cit.*, p. 115.
15. *La Maison de Freud. Berggasse 19, Vienne*, photographies d'Edmund Engelman, Le Seuil, 1979.
16. S. BLANTON, *op. cit.*, p. 74.
17. *Ibid.*, p. 90.
18. Joseph WORTIS, *Psychanalyse à Vienne, 1934. Notes sur mon analyse avec Freud*, Denoël, 1974, p. 19.
19. S. BLANTON, *op. cit.*, p. 14.
20. Hilda DOOLITTLE, *op. cit.*, p. 130.
21. Lou ANDREAS-SALOMÉ, *op. cit.*, p. 427.
22. E. JONES, *La Vie et l'œuvre de S. Freud*, t. III, P.U.F., 1976, p. 4.
23. A. KARDINER, *op. cit.*, p. 33.
24. E. JONES, *op. cit.*, p. 112.
25. Maryse CHOISY, « Qu'est-ce qu'ils en feront ? Souvenirs de mes visites à Freud », in H.M. RUITENBEEK, *Freud*

NOTES DU CHAPITRE 3

as We knew Him, Wayne State University Press, 1973, pp. 291-295.

26. Célia BERTIN, *op. cit.*, p. 261.
27. *The Complete Letters of Sigmund Freud to Wilhelm Fliess. 1887-1904*, traduit et édité par J.M. Masson, The Belknap Press of Harvard Univ. Press, Cambridge, Londres, 1985.
28. E. JONES, *op. cit.*, t. III, p. 259.
29. *La Maison de Freud, op. cit.*
30. Voir dans le chapitre « Un Juif viennois », la singulière Bible de Philippson.
31. L. FLEM, « L'archéologie chez Freud. Destin d'une passion et d'une métaphore », in *Nouvelle Revue de psychanalyse*, n° 26, 1982, pp. 71-93.
32. Hilda DOOLITTLE, *op. cit.*, p. 213.
33. A. KARDINER, *op. cit.*, p. 34.
34. J. WORTIS, *op. cit.*, p. 38.
35. Hilda DOOLITTLE, *op. cit.*, p. 214.
36. *Ibid.*, p. 215.
37. *Ibid.*, p. 216.
38. *Ibid.*, p. 49.
39. *Ibid.*, p. 49.
40. *Ibid.*, p. 133.
41. *Ibid.*, p. 62.
42. *Ibid.*, p. 132.
43. *Ibid.*, p. 100.
44. *Ibid.*, p. 132.
45. A. KARDINER, *op. cit.*, p. 35.
46. S. BLANTON, *op. cit.*, le 19 avril 1930, pp. 56-57.
47. Hilda DOOLITTLE, *op. cit.*, p. 121.
48. *Ibid.*, p. 158.
49. Célia BERTIN, *op. cit.*, p. 263.
50. A. KARDINER, *op. cit.*, p. 115.
51. *Ibid.*, p. 117.
52. Raymond de Saussure est le fils du grand linguiste Ferdinand de Saussure. Voir E. ROUDINESCO, *La Bataille de cent ans. Histoire de la psychanalyse en France, op. cit.*, p. 366.
53. E. JONES, *op. cit.*, t. II, p. 429.
54. Hilda DOOLITTLE, *op. cit.*, p. 207.
55. S. BLANTON, *op. cit.*, p. 41.
56. Hilda DOOLITTLE, *op. cit.*, p. 185.

57. A. KARDINER, *op. cit.*, p. 107.
58. A. KARDINER, *ibid.*, p. 103.
59. H. SACHS, *Freud, mon maître et mon ami*, Denoël, 1977, pp. 43-44.
60. S. BLANTON, *op. cit.*, p. 28.
61. « Le début du traitement », in *La Technique psychanalytique*, P.U.F., 1953, p. 80.
62. *Ibid.*, p. 93.
63. *Ibid.*, p. 94.
64. « Sur la psychogenèse d'un cas d'homosexualité féminine » (1920), in *Névrose, psychose et perversion*, pp. 250-251.

4
UN JUIF VIENNOIS

1. Sur les trois premières années de la vie de Freud et sur sa ville natale de Freiberg, voir : « La famille Freud à Freiberg » de Renée GICKLHORN, in *Études freudiennes*, nº 11-12, 1976, pp. 231-238. Voir aussi J. SAJNER, « Les rapports de S. Freud avec sa ville natale, Freiberg (Pribor), et avec la Moravie », in *Lettres de l'École*, nº 26, mars, 1979, et Marianne KRÜLL, *Sigmund, fils de Jacob*, Gallimard, 1983.
2. *Sigmund Freud. Lieux, visages, objets*, Complexe/Gallimard, 1979, p. 46.
3. Lettre écrite au maire de Pribor, 25 octobre 1931, in *Correspondance 1873-1939*, Gallimard, 1966, p. 445.
4. *L'Interprétation des rêves (Traumdeutung)*, P.U.F., 1967, p. 411.
5. « Sur les souvenirs-écrans » (1899), in *Névrose, psychose et perversion*, P.U.F., 1973, p. 121.
6. *La Naissance de la psychanalyse*, P.U.F., 1956, lettre à W. Fliess du 15 octobre 1897, p. 196.
en Galicie, voir le chapitre 2 de M. KRÜLL, *Sigmund, fils de Jacob, op. cit.*, pp. 113-151.
8. *Ibid.*, p. 139.
9. *Ibid.*, p. 140.
10. *Ibid.*, pp. 140-141.
11. Théo PFRIMMER, *Sigmund Freud, lecteur de la*

NOTES DU CHAPITRE 4

Bible, P.U.F., 1982 et Lydia FLEM, « Freud et la Bible de Philippson », in *Psychoanalyse*, 3, 1985.

12. Sur les Juifs viennois, voir Ivar OXAAL et Walter R. WEITZMANN, « The Jews of Pre-1914 Vienna. An Exploration of Basic Sociological Dimensions », in *Leo Baeck Institute of Jews from Germany*, Year Book, vol. XXX, Londres, 1985.

13. Lettre à Emil Fluss du 18 septembre 1872, in *Nouvelle Revue de psychanalyse*, n° 1, 1970, pp. 169-170.

14. « Sur les souvenirs-écrans », *op. cit.*, p. 122.

15. Anna BERNAYS-FREUD, « My Brother Sigmund Freud », in *American Mercury*, 1940, pp. 335-342.

16. Voir note 11.

17. *L'Interprétation des rêves*, *op. cit*, p. 495 et Didier ANZIEU, *L'Auto-analyse de Freud et la découverte de la psychanalyse*, P.U.F., 1975, pp. 389-407.

18. The Standard Edition, IX, p. 255.

19. R.M. RAINEY, *Freud as Student of Religion : Perspectives on the Background and Development of his Thought*, American Academy of Religion, Scholars Press, University of Montana Missoula, 1975.

20. *L'Interprétation des rêves*, *op. cit.*, p. 175. A propos de l'interprétation de ce récit, voir Didier ANZIEU, *op. cit.*, pp. 250-288 et L. FLEM, « Freud entre Athènes, Rome et Jérusalem. La géographie d'un regard », *Revue française de psychanalyse*, 2, 1983, pp. 591-613.

21. « Un trouble de mémoire sur l'Acropole », in *Résultats, idées, problèmes II, 1921-1938*, P.U.F., 1985.

22. *Ibid.*.

23. Cité par H. ELLENBERGER, *A la découverte de l'inconscient*, Villeurbanne, Simep-Éditions, 1974, p. 352.

24. Quelques lettres de Freud à Silberstein ont été publiées in T. PFRIMMER, *op. cit.*. Voir aussi John GEDO et Ernest WOLF, « The " Ich " Letters » et « Freud's *Novelas Ejemplares* », in *Psychological Issues*, 1976, IX, n° 2-3, pp. 71-111.

25. Sophie de MIJOLLA-MELLOR, « Vérité ou fantasmes de vérité », in *Métapsychologie et philosophie*, III ͤ Rencontres psychanalytiques d'Aix-en-Provence, 1984; Les Belles Lettres, 1985, p. 139.

26. Lettre à Karl Abraham du 8 octobre 1907, in *Correspondance Freud-Abraham*, Gallimard, 1969, p. 17.

27. Lettre du 20 juillet 1908, *ibid.*, p. 53.
28. Lettre à Emil Fluss du 17 mars 1873, in *Nouvelle Revue de psychanalyse, op. cit.*, p. 175.
29. Lettre du 16 juin 1873, *ibid.*, pp. 179-181.
30. Lettre à Silberstein du 4 septembre 1873 citée par Théo Pfrimmer dans sa thèse, soutenue en 1981 à la faculté de théologie de Strasbourg, *Sigmund Freud, lecteur de la Bible*, p. 271.
31. *Sigmund Freud présenté par lui-même*, Gallimard, 1984, pp. 16-17.
32. Michael POLLAK, *Vienne 1900. Une identité blessée*, Gallimard, coll. « Archives », 1984.
33. Lettre à Martha du 2 février 1886, in *Correspondance. 1873-1939, op. cit.*, p. 216.
34. Michael POLLAK, *op. cit.*.
35. *L'Interprétation des rêves, op. cit.*, p. 172.
36. Lettre à Fliess du 16 avril 1900, in *Naissance de la psychanalyse, op. cit.*, p. 282.
37. Lettre à Martha du 4 septembre 1883, in *Correspondance. 1873-1939, op. cit.*, pp. 63-64.
38. Lettre à Martha du 2 février 1886, *ibid.*, p. 215.
39. Lettres du 19 juin 1885 et du 19 novembre 1885, *ibid.*, p. 165 et 197.
40. Lettre à Martha du 23 juillet 1882, *ibid.*, p. 28-32.
41. *Ibid.*
42. Lettre à Martha du 13 juillet 1883, *ibid.*, p. 49. Freud était aussi fort mécontent que madame Bernays interdît à sa fille de lui écrire le samedi.
43. Lettre à Martha du 8 septembre 1883, *ibid.*, p. 65.
44. Lettre à Martha du 14 août 1882, *ibid.*, p. 34.
45. Elliot PHILIPP, « Souvenirs de rencontres avec Sigmund Freud », in *L'Écrit du temps*, n° 6, 1984, p. 46. Freud ne doutait pas que la famille de Martha eût préféré la voir épouser « un vieux rabbin ou quelque *schochet* » (celui qui abat rituellement le bétail) plutôt que le « païen » qu'il était.
46. *Ibid.*
47. Voir chapitre II, « Portraits freudiens ».
48. Lettre à Jung du 16 avril 1909, in *Correspondance Freud-Jung. 1906-1909*, Gallimard, 1975, p. 297.
49. Martin FREUD, *Freud, mon père*, Denoël, 1975, pp. 9-10.

NOTES DU CHAPITRE 4

50. *Ibid*, p. 13.
51. Lettre au pasteur Pfister du 9 octobre 1918, in *Correspondance de Sigmund Freud avec le pasteur Pfister, 1909-1939*, Gallimard, 1966, p. 105.
52. Martin FREUD, *op. cit.*, p. 123.
53. *Sigmund Freud. Lieux, visages, objets*, *op. cit.*, p. 134.
54. « Letter to the editor of the Jewish Press Centre in Zurich », The Standard Edition, XIX, p. 291.
5. Voir à propos de ce rêve, *L'Interprétation des rêves*, pp. 98-112 ainsi que Didier ANZIEU, *op. cit.*, pp. 175-217, Max SCHUR, *La Mort dans la vie de Freud*, Gallimard, 1975, pp. 107-119 et E. JONES, *La Vie et l'œuvre de Sigmund Freud*, P.U.F., 1958, vol. I, p. 388.
56. *L'Interprétation des rêves*, *op. cit.*, pp. 273-274 et lettre à Fliess du 2 novembre 1896. Voir aussi Didier ANZIEU, *op. cit.*, pp. 233-240.
57. Lettre à Fliess du 12 juin 1897, in *Naissance de la psychanalyse*, *op. cit.*, p. 187.
58. *Le Mot d'esprit et ses rapports avec l'inconscient*, Gallimard, 1930, p. 90.
59. *L'Interprétation des rêves*, *op. cit.*, pp. 172-176; D. ANZIEU, *op. cit.*, pp. 250-288; Marthe ROBERT, *D'Œdipe à Moïse. Freud et la conscience juive*, Calmann-Lévy, 1974, pp. 181-198 et Lydia FLEM, « Freud entre Athènes, Rome et Jérusalem », *op. cit.*, pp. 596-602.
60. « Le Moïse de Michel-Ange », in *L'inquiétante étrangeté et autres essais*, Gallimard, 1985, p. 87.
61. Ses demi-frères Emmanuel et Philippe quittèrent Freiberg pour Manchester où leurs affaires prospérèrent, alors que Jacob Freud emmena sa femme et Sigmund à Vienne. Voir *L'Interprétation des rêves*, *op. cit.*, pp. 125-128 et 373-378.
62. *L'Interprétation des rêves*, *op. cit.*, p. 376. Le 28 septembre 1902, Freud envoya à Theodor Herzl son livre sur *L'Interprétation des rêves*, avec quelques mots pour lui dire sa haute estime pour le « poète » ainsi que pour le « combattant des droits de leur peuple ».
Voir au sujet des rapports de Freud et de Herzl, Ernst SIMON, « Sigmund Freud, the Jew », in *Leo Baeck Institute of Jews from Germany*, Year Book vol. II, Londres, 1957.
63. Lettre à Fliess du 9 février 1898, *op. cit.*, p. 217.

64. *L'Interprétation des rêves*, op. cit, p. 150.

65. Lettre aux membres de l'association B'nai B'rith du 6 mai 1926, in *Correspondance. 1873-1939*, op. cit., p. 398.

C'est le 29 septembre 1897 que Freud devient membre de la loge « Wien » (Vienne) du B'nai B'rith, une association juive qui défend les idées humanistes des Lumières et l'unité du peuple juif. Freud y est particulièrement actif jusqu'en 1907. Il y fait plus de vingt conférences jusqu'en 1917 et, en 1935, il réaffirme son sentiment d'appartenance à cette « fraternité ». Avant la fondation de la Société viennoise de psychanalyse, le B'nai B'rith est pour Freud un lieu accueillant où il peut présenter et discuter ses nouvelles idées.

Voir à ce sujet, Dennis B. KLEIN, *Jewish Origins of the Psychoanalytic Movement*, University of Chicago Press, 1985.

66. Lettre à Fliess du 27 juin 1899, op. cit., p. 252. Voir aussi de Theodor REIK le chapitre « Freud, tradition juive et mot d'esprit » dans son livre *Trente ans avec Freud*, Complexe, Bruxelles, 1975.

67. *Psychopathologie de la vie quotidienne*, Payot, 1976. p. 170.

68. *Ibid.*, pp. 13-19. Voir à ce sujet la très fine analyse de Marc ANGENOT dont je me suis inspirée, « Lecture intertextuelle d'un texte de Freud », in *Poétique*, 56, 1983, pp. 387-396.

69. *Ibid.*, p. 388.

70. Carl E. SCHORSKE, « Politique et parricide dans *L'Interprétation des rêves* de Freud », in *Vienne fin de siècle*, Le Seuil, 1983.

71. « La morale sexuelle "civilisée" et la maladie nerveuse des temps modernes » in *La Vie sexuelle*, P.U.F., 1969, p. 29.

72. *Ibid.*

73. *Psychopathologie de la vie quotidienne*, op. cit. p. 185.

74. Lettre à A.A. Roback du 20 février 1930, in *Correspondance. 1873-1939*, op. cit., p. 431.

75. Joseph WORTIS, *Psychanalyse à Vienne, 1934. Notes sur mon analyse avec Freud*, Denoël, 1974, p. 161.

76. *Ibid.*

77. Martin FREUD, *Freud, mon père*, Denoël, 1975, p. 203.

78. Lettre aux membres du B'nai B'rith du 6 mai 1926, in *Correspondance 1873-1939, op. cit.,* p. 398.
79. « Résistances à la psychanalyse », in *Nouvelle Revue de psychanalyse,* n° 20, 1979, p. 181.
80. Lettre au B'nai B'rith, in *Correspondance. 1873-1939, op. cit.,* p. 398.
81. Préface à l'édition en hébreu de *Totem et tabou,* Gesammelte Werke (G.W.), Londres, Imago Publishing, 1940-1952, XIV, p. 569.
82. Lettre à Barbara Low du 19 avril 1936, in *Correspondance 1873-1939, op. cit.,* p. 466.
83. *L'Homme Moïse et la religion monothéiste,* Gallimard, 1986.
84. *Die Beduntung des Vokalfolge,* (1911), G.W., VIII, p. 348.
85. *Correspondance S. Freud–A. Zweig, 1927-1939,* Gallimard, 1973, lettre du 2 mai 1935, p. 145.
86. *L'Homme Moïse et la religion monothéiste, op. cit.,* 1986.
87. *S. Freud, lieux, visages, objets, op. cit.,* p. 51.
88. Lettre à Ernst Freud du 12 mai 1938, *Correspondance 1873-1939, op. cit.,* p. 484.
89. *L'Homme Moïse et la religion monothéiste, op. cit..*
90. *Ibid.*
91. « Das unheilige Land », lettre du 20 février 1939, à A. Zweig, *op. cit.,* p. 218.
92. Lettre du 25 avril 1926 à Friedrich Thieberger, in Ernst SIMON, *op. cit.,* p. 278.

5
AU BAL DE L'AMOUR

1. Voir *Trois Essais sur la théorie de la sexualité,* (1905), Gallimard, Idées, 1962.
2. Vers du *Faust* de Goethe cités par Freud dans sa lettre à Fliess du 27 octobre 1897, in *Naissance de la psychanalyse,* P.U.F., 1956, p. 200.
3. Dans *Psychologie des foules et analyse du moi,* (1921), p. 150, Freud, a écrit : « Le noyau que nous avons désigné sous ce nom d'amour est formé naturellement par ce qu'on

appelle d'ordinaire amour et que chantent les poètes, l'amour entre les sexes, avec pour but l'union sexuelle. Mais nous n'en dissocions pas ce qui, outre cela, relève du mot amour, ni d'une part l'amour de soi, ni d'autre part l'amour filial et parental, l'amitié et l'amour des hommes en général, ni même l'attachement à des objets concrets et à des idées abstraites [...]. Nous pensons donc que la langue a créé avec le mot " amour ", dans ses multiples acceptions, une synthèse parfaitement justifiée. »

4. Ses *Contributions à la psychologie de la vie amoureuse* comprennent « Un type particulier de choix d'objet chez l'homme », (1910), « Sur le plan général des rabaissements de la vie amoureuse », (1912) et « Le tabou de la virginité », (1918), publiés dans *La Vie sexuelle*, P.U.F., 1969.

5. Voir dans *La Vie sexuelle, op. cit.*, « La morale sexuelle "civilisée" et la maladie nerveuse des temps modernes ».

6. Voir « Le roman familial des névrosés », (1909), in *Névrose, psychose et perversion*, P.U.F., 1973.

7. Voir « Observations sur l'amour de transfert », in *La Technique psychanalytique*, P.U.F., 1967.

8. « Le langage populaire ne connaît pas de terme qui, pour le besoin sexuel, corresponde au mot faim ; le langage scientifique se sert du terme "libido" », *Trois Essais sur la théorie de la sexualité, op. cit.*, p. 17.

9. « L'inquiétante étrangeté », in *L'Inquiétante étrangeté et autres essais*, Gallimard, 1985, p. 252.

10. Lettre à Fliess du 3 octobre 1897, in *Naissance de la psychanalyse*, P.U.F., 1956, p. 194.

11. Martin FREUD, *Freud, mon père*, Denoël, 1975, p. 11.

12. « Un souvenir d'enfance de « Poésie et Vérité » in *L'Inquiétante étrangeté et autres essais*, pp. 206-207.

13. Lettre à Sandor Ferenczi du 16 septembre 1930, in *Correspondance. 1873-1939, op. cit.*, Gallimard, 1979, p. 436.

14. Lettre à Fliess du 15 octobre 1897.

15. *Nouvelles Conférences* d'introduction à la *psychanalyse*, (1932), Gallimard, 1984, p. 179.

16. *Trois Essais sur la théorie de la sexualité, op. cit.*

17. « Sur la sexualité féminine » (1931), in *La Vie sexuelle*, p. 140.

18. Ernest JONES, *La Vie et l'œuvre de Sigmund Freud*, P.U.F., 1958-1969, t. II, p. 445.

NOTES DU CHAPITRE 5

19. *L'Interprétation des rêves*, P.U.F., 1967, p. 216.
20. Lettre à Fliess du 3 octobre 1897, in *Naissance de la psychanalyse, op. cit.*, p. 194.
21. Anna FREUD-BERNAYS, « My brother, S. Freud », *The American Mercury*, 1940, 51, pp. 335-342.
22. *L'Interprétation des rêves, op. cit.*, p. 155.
23. Lettre à Martha du 21 avril 1884, in *Correspondance. 1873-1939, op. cit.*, p. 121.
24. Lettre inédite à Fliess du 27 avril 1898, in *The Complete Letters of Sigmund Freud to Wilhelm Fliess. 1887-1904*, traduit et édité par J. M. Masson, The Belknap Press of Harvard University Press, Cambridge, Londres, 1985, p. 311.
25. Ernest JONES, *op. cit.*, t. III, p. 263.
26. Lettre à Marie Bonaparte du 12 novembre 1938, in *Correspondance. 1873-1939, op. cit.*, p. 497.
27. « Sur les souvenirs-écrans », in *Névrose, psychose et perversion, op. cit.*, p. 123.
28. *Contributions à la psychologie de la vie amoureuse, op. cit.*, p. 64.
29. E. JONES, *op. cit.*, t. I, p. 196.
30. Martin FREUD, *op. cit.*, p. 37.
31. Lettre de Martha Freud à Binswanger du 7 novembre 1939, in Ludwig BINSWANGER, *Analyse existentielle et psychanalyse freudienne*, Gallimard, « Tel », 1970, pp. 365-366.
32. H.M. RUITENBEEK (éd.), *Freud as We knew Him*, 1973, Wayne State University Press, p. 342.
33. Célia BERTIN, *La Dernière Bonaparte*, Perrin, 1982, p. 289.
34. Lettre à Martha du 18 décembre 1885, in *Correspondance. 1873-1939, op. cit.*, p. 203.
35. *Ibid.*, p. 19.
36. *Ibid.*, p. 101.
37. *Ibid.*, p. 82.
38. *Ibid.*, p. 87.
39. *Ibid.*, p. 118.
40. Lydia FLEM, « L'amour de l'amitié ou *Der Freund Freud* », in *Nouvelle Revue de psychanalyse*, XXVIII, automne 1983.
41. « La morale sexuelle "civilisée" et la maladie nerveuse des temps modernes », *op. cit.*, pp. 38-39.

42. Lettre inédite du 20 août 1893, in *The Complete Letters..., op. cit.*, p. 54.
43. Lettre à James Putnam du 8 juillet 1915, in *Correspondance. 1873-1939, op. cit.*, p. 332.
44. Lettre à Emmeline et Minna Bernays du 16 octobre 1887, *ibid.*, pp. 233-234.
45. Ernest JONES, *op. cit.*, t. II, p. 407.
46. Martin FREUD, *op. cit.*, p. 97.
47. Lettre à Mathilde du 26 mars 1908, in *Correspondance. 1873-1939, op. cit.*, pp. 292-293.
48. Lettre inédite à Fliess du 12 août 1896, in *The Complete Letters..., op. cit.*, p. 196.
49. Lettre à Fliess du 4 mai 1896, in *Naissance de la psychanalyse, op. cit.*, p. 144.
50. Lettre à Max Halberstadt du 7 juillet 1912, in *Correspondance. 1873-1939, op. cit.*, p. 311-312.
51. Lettre à Max Halberstadt du 24 juillet 1912, *ibid.*, p. 314.
52. Lettre à Sandor Ferenczi du 4 février 1920, *ibid.*, p. 358.
53. Raconté par sa patiente Hilda Doolittle, in *Visage de Freud*, Denoël, 1977, p. 44.
54. Lettre à Binswanger du 12 avril 1929, in *Correspondance. 1873-1939, op. cit.*, p. 421.
55. Lettre à Abraham du 9 janvier 1908, in *Correspondance S. Freud-K. Abraham*, Gallimard, 1969, p. 28.
56. Freud offrit une intaille grecque à ses disciples les plus proches; chacun la fit monter en chevalière. Voir Ernest JONES, *op. cit.*, t. II, p. 164.
57. Lettre d'Anna Freud à Lou Andreas-Salomé, in Lou ANDREAS-SALOMÉ, *Correspondance avec Sigmund Freud*, Gallimard, 1970, p. 449.
58. Lettre à Lou du 16 mai 1935, *ibid.*, p. 256.
59. Lettre à S. Zweig du 18 mai 1936 et lettre à Ernst du 17 janvier 1938, in *Correspondance. 1873-1939, op. cit.*, p. 468 et p. 482.
60. A. Kardiner, *Mon analyse avec Freud*, Belfond, 1978, p. 115.
61. *Délire et rêves dans la « Gradiva » de Jensen*, Gallimard, « Idées », 1949, p. 10.
62. Lettre à Martha du 24 septembre 1907, in *Correspondance. 1873-1939, op. cit.*, p. 287. Voir aussi Lydia FLEM,

« L'archéologie chez Freud. Destin d'une passion et d'une métaphore », in *Nouvelle Revue de psychanalyse*, XXVI, automne 1982.

63. *Délire et rêves...*, *op. cit.*, p. 239.
64. *Ibid.*, p. 240.
65. *Ibid.*
66. « Observations sur l'amour de transfert », *op. cit.*, p. 127.
67. *Ibid.*, p. 129.
68. « Psychogénèse d'un cas d'homosexualité féminine », in *Névrose, psychose et perversion*, P.U.F., 1973.
69. Lettres à Jung du 7 juin et du 9 mars 1909, in *Correspondance S. Freud-C.G. Jung*, Gallimard, 1975, p. 309 et p. 287.
70. Theodor Reik, *Trente ans avec Freud*, Complexe, 1975, p. 37.
71. Ernest JONES, *op. cit.*, t. I, p. 116.
72. *Ibid.*, p. 182.
73. Voir Ernest JONES, t. II et III, *op. cit.*,
74. *Contributions à la psychologie de la vie amoureuse*, *op. cit.*, p. 64.
75. Lou ANDREAS-SALOMÉ *Correspondance avec S. Freud*, *op. cit.*, p. 285.
76. Ernest JONES, *op. cit.*, t. III, p. 243.
77. Lettre à Lou du 13 mai 1924, in Lou ANDREAS-SALOMÉ, *Correspondance avec S. Freud*, *op. cit.*, p. 170.
78. Lettre du 25 août, *ibid.*, p. 127.
79. Lettre à Lou du 23 mars 1930, *ibid.*, p. 229.
80. Lettre du 14 juin 1917, *ibid.*, p. 76.
81. Lydia FLEM, « L'amour de l'amitié », *op. cit.*
82. Lou ANDREAS-SALOMÉ, *Correspondance avec S. Freud*, *op. cit.*, p. 325.
83. Smiley BLANTON, *Journal de mon analyse avec Freud*, P.U.F., 1973, p. 55.
84. *Les Premiers psychanalystes. Minutes de la Société psychanalytique de Vienne, 1906-1908*, Gallimard, 1976, p. 71.
85. David STEEL, « L'amitié entre Sigmund Freud et Yvette Guilbert », in *La Nouvelle Revue française*, N.R.F., 1er mai 1982, n° 352, pp. 84-92.
86. *Ibid.*
87. Hilda DOOLITTLE, *Visage de Freud*, Denoël, 1977, p. 58.

88. Voir Marie MOSCOVICI, « La déclaration », in *L'Écrit du temps,* n° 1, 1982.
89. « Observations sur l'amour de transfert », *op. cit.,* p. 117.
90. Lettre à Hilda Doolittle, in *Visage de Freud, op. cit.,* p. 250.
91. C'est à une suggestion de Nadine Fresco que ce « bal de l'amour » freudien doit sa forme particulière.

6
VIENNE ENTRE DEUX SÉANCES

1. Lettre à Fliess du 11 mars 1900, in *La Naissance de la psychanalyse,* P.U.F., 1956, p. 277.
2. Lettre à Martha du 19 mars 1886, in *Correspondance. 1873-1939,* Gallimard, 1966, p. 226.
3. Lettre à Fliess du 29 novembre 1895, *op. cit.,* p. 120.
4. Freud avait même rêvé finir ses vieux jours à Rome.
5. Lettre à Fliess du 16 avril 1900. *op. cit.,* p. 282.
6. Lettre à Fliess du 22 septembre 1898, *op. cit.,* p. 235.
7. Lettre à Max Eitingon du 6 juin 1938, in *Correspondance. 1873-1939, op. cit.,* p. 487.
8. L'expression est de Robert Musil dans *L'Homme sans qualités.*
9. Titre d'une tragédie de Karl Kraus.
10. Lettre à Fliess du 11 mars 1900. *op. cit.,* p. 277.
11. Lettre à Fliess du 19 mars 1899, inédite en français, in *The Complete Letters of Sigmund Freud to Wilhelm Fliess. 1887-1904,* édité et traduit par J.M. Masson, The Belknap Press of Harvard Univ. Press, Cambridge, Mass., Londres, 1985, p. 348.
12. Lettre à Arthur Schnitzler du 8 mai 1906, in *Correspondance. 1873-1939, op. cit.,* p. 270.
13. « Le tabou de la virginité », in *La Vie sexuelle,* P.U.F., 1969, p. 78.
14. « L'inquiétante étrangeté », in *L'Inquiétante étrangeté et autres essais,* Gallimard, 1985, p. 261.
15. Lettre à Arthur Schnitzler du 14 mai 1922, in *Correspondance. 1873-1939, op. cit.,* p. 370.

NOTES DU CHAPITRE 6

Freud a peut-être gardé de sa rivalité avec les deux autres prétendants de Martha, un musicien et un peintre, une certaine jalousie : « Je pense qu'une hostilité générale règne entre les artistes et les chercheurs plongés dans les détails d'un travail scientifique. Nous le savons, l'art donne aux premiers une clé leur permettant de pénétrer aisément dans les cœurs féminins, tandis que nous autres demeurons embarrassés devant cette étrange serrure, et sommes obligés de nous torturer l'esprit pour découvrir la clef qui convient. »

16. Giovanni PAPINI, « A Visit to Freud », in H.M. RUITENBEEK (éd.), *Freud as We knew Him*, Wayne State Univ. Press, 1973, pp. 98-102.

17. Voir la lettre à Julie Braun-Vogelstein du 30 octobre 1927, in *Correspondance. 1873-1939, op. cit.*, pp. 411-413.

18. Hermann Bahr, Arthur Schnitzler, Theodor Herzl, Hugo von Hofmannsthal, Leopold von Andrian, Felix Salten et Karl Kraus.

19. Nata MINOR, « Capitales de non-lieu. Vienne, Freud, Schnitzler », in *Critique*, 339-340, 1975, p. 839.

20. C'est dans un article écrit en français et publié le 30 mars 1896 que se trouve pour la première fois le mot « psychanalyse ». La langue de Goethe devra attendre six semaines avant de compter un terme de plus. Voir E. JONES, *La Vie et l'œuvre de S. Freud*, P.U.F., 1958-1969, t. I, p. 270.

21. *Psychopathologie de la vie quotidienne*, Payot, 1976, p. 115, 170, 129, 74, pp. 80-81 et 109-111.

22. *L'Interprétation des rêves*, P.U.F., 1967, p. 400.

23. Dans une lettre du 7 mars 1926 à Jones, Freud écrit : « [...] Répondez calmement que ma conversion à la télépathie est mon affaire personnelle, comme le fait que je sois juif, que je fume avec passion, et bien d'autres choses, et que le thème de la télépathie est, par essence, étranger à la psychanalyse. » (E. JONES, *op. cit.*, t. III, p. 448.)

24. Lou ANDREAS-SALOMÉ, *Correspondance avec Sigmund Freud*, suivie du *Journal d'une année (1912-1913)*, Gallimard, 1970, p. 445 et 314.

25. Hilda DOOLITTLE, *Visage de Freud*, Denoël, 1977, p. 51, 52, 81, 82, 83, 88, 91, 95, 108, 109 et 111.

26. Lou ANDREAS-SALOMÉ, *op. cit.*, p. 301. Elle écrit

aussi : « En fait, Freud et Adler sont aussi différents dans leurs méthodes thérapeutiques que le bistouri et la pommade. »
    27. *Ibid.,* pp. 335.
    28. *Ibid.,* p. 363.
    29. *Ibid.,* p. 395.
    30. Adolf Loos, cité par H. DAMISCH, « L'autre " Ich " ou le désir du vide : pour un tombeau d'Adolf Loos », in *Critique,* n⁰ˢ 339-340, pp. 810-811.
    31. Martin FREUD, *Freud, mon père,* Denoël, 1975, p. 30.
    32. Lettre à Marie Bonaparte du 18 septembre 1931, cité par Max SCHUR, *La Mort dans la vie de Freud,* Gallimard, « Tel », 1975, p. 509.
    33. Lettre à Fliess du 28 mai 1899, in *Naissance de la psychanalyse,* p. 250. Et à propos de Freud et la cocaïne, voir Robert BYCK, *Sigmund Freud. De la cocaïne,* Complexe, 1976.
    34. Sur les relations de Freud avec le B'nai B'rith, voir Dennis B. KLEIN, *Jewish Origins of the Psychoanalytic Movement,* University of Chicago Press, 1985. Pour le rêve, voir la lettre à Fliess du 25 avril 1900, in *The Complete Letters..., op. cit.,* p. 410.
    35. Martin FREUD, *op. cit.,* p. 255.
    36. E. JONES, *op. cit.,* t. III, p. 208.
    37. Cité dans Celia BERTIN, *La Dernière Bonaparte,* Perrin, 1982, p. 307.
    38. E. JONES, *op. cit.,* p. 209.
    39. Hilda DOOLITTLE, *op. cit.,* p. 176.
    40. Cité par S. BLANTON, *Journal de mon analyse avec Freud,* P.U.F., 1973, p. 117.
    41. Lettre du 8 juin 1938 à Marie Bonaparte, citée par Max SCHUR, *op. cit.,* p. 594.
    42. E. JONES, *op. cit.,* t. III, p. 260.

7
CHAMPIGNONS, GARDÉNIA ET FRAISES DES BOIS

    1. Voir la note 23 du chapitre « Vienne entre deux séances ».

NOTES DU CHAPITRE 7

2. Lettre à Stefan Zweig du 7 février 1931, in *Correspondance. 1873-1939*, Gallimard, 1966, p. 440.
3. « Photographier Gesicht », voir Martin FREUD, *Freud, mon père*, Denoël, 1975, p. 237.
4. Voir le chapitre IV, « Un Juif viennois ».
5. « Contribution à la psychologie du lycéen », in *Sigmund Freud. Lieux, visages, objets*, Gallimard/Complexe, 1979, p. 61.
6. Lettre à Fliess du 12 juin 1897, in *Naissance de la psychanalyse*, P.U.F., 1956, p. 186.
7. Lettre à Fliess du 7 mai 1900, *ibid.*, p. 283.
8. Martin FREUD, *op. cit.*, p. 69.
9. Lou ANDREAS-SALOMÉ, *Correspondance avec S. Freud*, Gallimard, 1970, pp. 446-447.
10. Martin FREUD, *op. cit.*, p. 69.
11. *Ibid.*, p. 70.
12. Lettre à Fliess du 6 août 1899, *op. cit.*, p. 258.
13. Voir le chapitre IV, « Un Juif viennois ».
14. Lou ANDREAS-SALOMÉ, *op. cit.*, p. 447.
15. Les lettres de Freud à Emil Fluss sont publiées dans la *Nouvelle Revue de psychanalyse*, I, 1970, pp. 169-184.
16. *Ibid.*, p. 171.
17. Lettre citée par Théo PFRIMMER, *Freud, lecteur de la Bible*, P.U.F., 1982, p. 74.
18. Lettre citée par Max SCHUR, *La Mort dans la vie de Freud*, Gallimard, « Tel », 1975, p. 116.
19. Ernst BLUM, « The Human Image of Sigmund Freud », in H.M. RUITENBEEK, (éd.), *Freud as We knew Him*, Wayne State Univ. Press, 1973, p. 296.
20. *Correspondance. 1873-1939*, *op. cit.*, p. 20.
21. Lettre à Martha du 16 juillet 1882, *ibid.*, p. 27.
22. Lettre à Martha du 14 février 1884, *ibid.*, p. 111.
23. Lettre à Fliess du 24 novembre 1887, in *Naissance de la psychanalyse*, *op. cit.*, p. 47.
24. Lettre à Fliess du 13 mars 1895, in *The Complete Letters of S. Freud to W. Fliess, 1887-1904*, The Belknap Press of Harvard Univ. Press, Cambridge, Londres 1985, p. 120.
25. *Ibid.*, p. 233.
26. *Ibid.*, p. 333.
27. *Ibid.*, p. 158.
28. *Correspondance. 1873-1939*, *op. cit.*, pp. 264-265.

29. *Ibid.*, p. 297.
30. *Ibid.*, p. 303.
31. *Ibid.*, p. 316.
32. *Ibid.*, p. 317.
33. Cité in Ludwig BINSWANGER, *Analyse existentielle et psychanalyse freudienne*, Gallimard, Coll. « Tel », 1970, p. 313.
34. *Correspondance Sigmund Freud-Karl Abraham*, Gallimard, 1969, p. 190.
35. *Ibid.*, p. 194.
36. Ludwig BINSWANGER, *op. cit.*, p. 325.
37. *L'Introduction de la psychanalyse aux États-Unis. Autour de James Jackson Putnam*, Gallimard, 1978, p. 219.
38. Lou ANDREAS-SALOMÉ, *op. cit.*, p. 43.
39. *Correspondance S. Freud-K. Abraham*, *op. cit.*, p. 277.
40. *Ibid.*, p. 280.
41. Cité par Ronald W. CLARK, *Sigmund Freud*, S. Fischer Verlag, 1981, p. 445.
42. Martin FREUD, *op. cit.*, pp. 74-75.
43. *The Complete Letters...*, *op. cit.*, p. 355.
44. *Correspondance S. Freud-Lou Andreas-Salomé*, *op. cit.*, p. 156.
45. *Correspondance S. Freud-K. Abraham*, pp. 347-348.
46. Lettre citée par Max SCHUR, *op. cit.*, pp. 453-454.
47. *Ibid.*, p. 505.
48. Lettre du 21 juillet 1925 à Karl Abraham, *op. cit.*, p. 396.
49. Martin FREUD, *op. cit.*, p. 236.
50. *Correspondance S. Freud-Lou Andreas-Salomé*, suivie du *Journal d'une année*, *op. cit.*, pp. 324-325.
51. *Malaise dans la civilisation*, P.U.F., 1971, p. 35.
52. Martin FREUD, *op. cit.*, p. 45.
53. Marcel PROUST, *Le côté des Guermantes*.
54. Martin FREUD, *op. cit.* p. 163.
55. Lettre du 8 février 1930, in *Correspondance. 1873-1939*, *op. cit.*, pp. 429-430.
56. Lettre du 8 mai 1929, in *Correspondance. 1873-1939*, *op. cit.*, pp. 422-423.
57. Lettre du 28 avril 1885, in *Correspondance. 1873-1939*, *op. cit.*, p. 152.

BIBLIOGRAPHIE GÉNÉRALE

Cette bibliographie n'est pas exhaustive; elle ne comprend que les ouvrages consultés concernant Freud et ses patients.

ADATTO (Carl), « Freud's eighteen-to-twenty-four-year-old patients », *Journal of Philadelphia Association for Psychoanalysis,* 1978, 5, n° 1/2.
ANDERSSON (Ola), *Studies in the Prehistory of Psycho-Analysis,* Svenska Bokförlaget/Norstedts, Stockholm, 1962.
ANGENOT (Marc), « Lecture intertextuelle d'un texte de Freud », *Poétique,* 56, novembre 1983, pp. 387-396.
ANZIEU (Didier), « Freud et la mythologie », *Nouvelle Revue de psychanalyse,* I, 1970.
– *L'Auto-Analyse de Freud et la découverte de la psychanalyse,* P.U.F., Paris, 1975.
ARMANDO (A.), « Freud e la solitudine », *Psiche,* anno VII, n° 1, 1970.
ARON (Willy), « Notes on Sigmund Freud's Ancestry and Jewish Contacts », *YIVO Annual of Jewish Social Sciences,* vol. XI, 1956-1957, pp. 286-295.
ASH (Patrick), « Egarement », *Confrontation,* n° 6, 1981.
ASSEO (R.), CZERMAK (M.), NEYRAUT (Th.), « Chronique d'un détail secondaire chez Freud. A propos du ' Moïse de Michel-Ange ' », *Topique,* 9/10, 1972.
ASSOUN (Paul-Laurent), *Freud et la femme,* Calmann-Lévy, 1983.
BAKAN (David), *Freud et la tradition mystique juive,* Payot, 1977.

BALMARY (Marie), *L'Homme aux statues. Freud et la faute du père*, Grasset, 1979.
BARUK (H.), « Freud et le judaïsme », *Revue d'histoire de la médecine hébraïque*, n° 43, mars 1959.
BAUDRY (Jean-Louis), *Proust, Freud et l'Autre*, Minuit, 1984.
BERES (David), « Psychoanalysis, Science and Romantism, » *Drives, Affects and Behaviors* (ed. Max Schur), Intern. Univ. Press., New York, 1965.
BERNAYS (Anna Freud), « My Brother, Sigmund Freud », *American Mercury*, vol. LI, 1940, pp. 335-342.
BERNFELD (Siegfried), « An Unknown autobiographical Fragment by Freud », *American Imago*, vol. IV, n° 1, 1946, pp. 3-19.
— « Freud's Scientific Beginnings », *American Imago*, vol. VI, n° 3, 1949, pp. 163-196.
BERNFELD (Suzanne), « Freud and Archaeology », *American Imago*, vol. VIII, 1951, pp. 107-128.
BERTIN (Célia), *La Dernière Bonaparte*, Perrin, 1982.
BESANÇON (Alain), *L'Histoire psychanalytique*, Mouton, 1974.
BETTELHEIM (Bruno), *Freud et l'âme humaine. De la traduction à la trahison*, Laffont, 1984.
BINSWANGER (Ludwig), *Analyse existentielle et psychanalyse freudienne. Discours, parcours, et Freud*, Gallimard. coll. « Tel », 1970.
BLANTON (Smiley), *Journal de mon analyse avec Freud*, P.U.F., 1973.
BRÈS (Yvon), « Ragots sur les parents de Freud ? », *Psychanalyse à l'Université*, t. VI, n° 21, 1980.
BROME (Vincent), *Les Premiers Disciples de Freud*, P.U.F., 1978.
BRÜCKNER (Peter), *Sigmund Freuds Privatlektüre*, Verlag Neue Kritik, 1975.
BUCCHINI-GIAMARCHI (Martine), « Freud et les jeunes filles », *Adolescence*, automne 1984.
BUXBAUM (Edith), « Freud's Dream Interpretation in the Light of his Letters to Fliess », *Bulletin of the Menninger Clinic*, XV, 1951, pp. 197-212.
BYCK (Robert), (éd.), *Sigmund Freud. De la cocaïne*, Complexe, 1976.
CERTEAU (Michel de), *L'Écriture de l'histoire*, Gallimard, 1975.

CLARK (Ronald W.), *Freud, the Man and the Cause,* Jonathan Cape, Weidenfeld & Nicolson, 1980.

La Psychanalyse est-elle une histoire juive ?, Colloque de Montpellier, Seuil, 1981.

COVELLO (Lucio), « Vacances en Italie : Freud », *Évolution psychiatrique,* 1974, XXXIX, fasc. II.

CUDDIHY (John Murray), *The Ordeal of civility. Freud, Marx & Lévi-Strauss and the Jewish struggle with modernity,* New York Basic Books, XVI, 1975.

DADOUN (Roger), *Freud,* Belfond, 1982.

DALMA (Juan), « La Catarsis en Aristoteles, Bernays y Freud », *Revista de Psiquiatria y Psicologia medical,* 1963, 6, pp. 253-269.

DAYAN (Maurice), « Freud en Cacanie : de quelques prémices historiques de la psychanalyse », in *Psychanalyse à l'Université,* n° 6, 1977.

DECKER (Hannah S.), « The Choice of a name ' Dora ' and Freud's relationship with Breuer », *Journal of the American Psychoanalytic Association,* vol. XXX, n° 1, 1982.

DEPUYDT-BERTE (R.), « De Moïse à Saturne – un mythe de la période Freud-Jung (1906-1914) », *Revue de psychologie et des sciences de l'éducation,* Louvain, n° 10, 1975.

DERRIDA (Jacques), « Freud et la scène de l'écriture », *L'Écriture et la différence,* Seuil, 1967.

DEUTSCH (Félix), « Apostille au ' fragment de l'analyse d'un cas d'hystérie ' de Freud », *Revue française de psychanalyse,* t. XXXVII, 3, 1973.

DOOLITTLE (Hilda), *Visage de Freud,* Denoël, 1977.

DUFRESNE (Roger), *Bibliographie des écrits de Freud,* Payot, 1973.

ELLENBERGER (Henri), *A la découverte de l'inconscient,* Villeurbanne, Simep-Éditions, 1974.

ENGELMAN (Edmund), *La maison de Freud. Berggasse 19, Vienne,* Seuil, 1979.

FLEM (Lydia), « L'archéologie chez Freud. Destin d'une passion et d'une métaphore », *Nouvelle Revue de psychanalyse,* 26, 1982.

– « Freud entre Athènes, Rome et Jérusalem. La géographie d'un regard », *Revue française de psychanalyse,* 2, 1983.

– « L'amour de l'amitié ou *der Freund Freud* », *Nouvelle Revue de psychanalyse,* 28, 1983.

– « L'atlas intérieur de Freud : Athènes, Rome et Jérusa-

lem », *Encyclopaedia Universalis,* Universalia 1985, pp. 445-446.
- « Freud et la Bible de Philippson », *Psychoanalyse,* n° 3, 1985.
FRAENKEL (Ernest), « La doctrine de S. Freud et le judaïsme », *Revue d'histoire de la médecine hébraïque,* vol. 44, 1959, pp. 79-97.
FREUD (Esti), « Freud intime », *Revue d'histoire de la médecine hébraïque,* vol. 44, 1959, pp. 69-74.
FREUD (Martin), *Freud, mon père,* Denoël, 1975.
Sigmund Freud. Lieux, visages, objets, Gallimard/Complexe, 1979.
Sigmund Freud-Haus Katalog, Wien, Berggasse 19, Löcker & Wögenstein, 1975.
FRIEDMAN (Laurence), « From Gradiva to Death Instinct », *Psychoanalytic Forum,* 1, 1966, pp. 46-53.
FROMM (Erich), *La Mission de S. Freud. Une analyse de sa personnalité et de son influence,* Complexe, 1975.
GARDINER (Muriel), *L'Homme aux loups par ses analystes et par lui-même,* Gallimard, 1981.
GEDO (John E.) & WOLF (E. S.), « The 'Ich' Letters », *Psychoanalytical Issues. Freud : The Fusion of Science and Humanism : The Intellectual History of Psycho-Analysis,* vol. IX, n° 2/3, Monographie 34/35, Intern. Univ. Press, New York, 1976.
GICKLHORN (Renée), « La famille Freud à Freiberg », *Études freudiennes,* n° 11-12, 1976.
- *Sigmund Freud und der Onkeltraum. Dichtung und Wahrheit,* Ferdinand Berger, Horn, 1976.
GILMANN (S. L.), « Freud and the Prostitute : Male stereotypes of female sexuality in fin-de-siècle Vienna », *Journal of the American Academy of Psychoanalysis,* IX, 3, 1981.
GLOVER (Edward), *Freud ou Jung,* P.U.F., 1954.
GOETZ (Bruno), « Souvenirs sur Sigmund Freud », *Freud, jugements, témoignages* (éd. R. Jaccard), P.U.F., 1976.
GOLDHAMMER (Leo), « Herzl and Freud », *Herzl Year Book,* vol. I, New York, 1958.
GOLDMAN (Emma), *Épopée d'une anarchiste,* Hachette, 1979 ; Complexe, 1984.
GOMBRICH (E. H.), « L'esthétique de Freud », *Preuves,* avril 1969, n° 217.

GOUX (Jean-Joseph), *Les Iconoclastes,* Seuil, 1978.
GRAF (Max), « Réminiscences sur le Professeur S. Freud », *Tel Quel,* été 1981, n° 88.
GRANOFF (Wladimir), *Filiations,* Minuit, 1975.
– *La Pensée et le féminin,* Minuit, 1976.
GREEN (André), « Le mythe : un objet transitionnel collectif » *Le Temps de la réflexion,* Gallimard, 1980.
GRIBINSKI (Michel), « Freud, les préfaces », *L'Écrit du temps,* n° 1, 1982.
GRIGG (Kenneth), « All Roads lead to Rome. The Role of the Nursemaid in Freud's Dreams », *Journal of the American Psychiatric Association,* 1973, 21, n° 1.
GRINSTEIN (Alexander), *On Sigmund Freud's Dreams,* Wayne State Univ. Press, Detroit, 1968.
– « Un rêve de Freud : Les 3 Parques », *Nouvelle Revue de psychanalyse,* 5, 1972.
– *The Index of Psychoanalytic writings,* Intern. Univ. Press, New York.
GROLLMAN (Earl), *Judaism in S. Freud's World,* Bloch Publ., New York, 1966.
HADDAD (Gérard), *L'Enfant illégitime. Sources talmudiques de la psychanalyse,* Hachette, 1981.
HAIK-TRIVAUSS (Hélène), « Semence freudienne : une difficulté légitime », *Confrontation,* 6, 1981.
HELLER (Judith Bernays), « Freud's Mother and Father », *Commentary,* vol. XXI, n° 5, 1956.
HILLMAN (James) & BOER (Charles), *Freud's own cookbook,* Harper & Row, New York, 1985. (trad. fr. Payot 1985).
HOLLAND (Norman), « Freud et H. D. », *Études freudiennes,* 3-4, 1970.
JACCARD (Roland), (éd.), *Freud, jugements et témoignages,* P.U.F., 1976.
– (éd.), *Histoire de la psychanalyse,* Hachette, 1982.
– *Freud,* P.U.F., coll. « Que sais-je ? », 1983.
JOBST (Helga), « Freud and archaeology », *Sigmund Freud House Bulletin,* vol. II, n° 1, 1978.
JOHNSTON (William M.), *Vienne Impériale, 1815-1914,* F. Nathan, 1982.
– *L'Esprit viennois. Une histoire intellectuelle et sociale 1848-1938,* P.U.F., 1985.
JONES (Ernest), *La Vie et l'œuvre de Sigmund Freud,* 3 tomes, P.U.F., 1958-1969.

KANZLER (Mark), « Sigmund and Alexander Freud on the Acropolis », *American Imago,* 26, 1969.
KARDINER (Abram), *Mon analyse avec Freud,* Belfond, 1978.
KLEIN (Dennis B.), *Jewish Origins of the Psychoanalytic Movement,* Univ. of Chicago Press, 1985.
KNOEPFMACHER (Hugo), « S. Freud and the B'nai B'rith », *Journal of the American Psychoanalytic Association,* vol. 27, n° 2, 1979.
KOHN (Max), *Freud et le yiddish, le préanalytique,* Ch. Bourgeois, 1982.
KRULL (Marianne), *Sigmund, fils de Jacob,* Gallimard, 1983.
LACOSTE (Patrick), *Il écrit (Une mise en scène de Freud),* Galilée, 1981.
LECLAIRE (Serge), « Un fantasme de Freud : note sur la transgression », *L'inconscient,* n° 1, janvier-mars 1967.
LÉGER (Claude), « Un souvenir d'enfance de Léonard de Vinci : un roman freudien », *Ornicar?,* n° 19, 1979.
LEHMANN (H.), « A conversation between Freud and Rilke », *Psychoa. Quart.,* 35, 1966.
LEWIS (N.) & LANDIS (C.), « Freud's Library », *The Psychoanalytic Review,* 44, 1957.
LOEWENBERG (Peter), « A hidden Zionist theme in Freud's ' My son, the Myops... ' Dream », *Journal of the History of Ideas,* XXXI, 1970.
MANNONI (Octave), « Analyse originelle de Freud avec Fliess », *Les Temps modernes,* n° 253, juin 1967.
— *Freud,* Seuil, 1968.
— « L'athéisme de Freud », *Ornicar?,* n° 6, 1975.
MASSON (Jeffrey Moussaieff), *Le Réel escamoté. Le renoncement de Freud à la théorie de la séduction,* Aubier, 1984.
MEITLIS (Jacob), « Les derniers jours de Freud », *L'Écrit du temps,* n° 3, 1983.
MIJOLLA (Alain de), « Fantasmes d'identification : Jakob Freud et Goethe », *Études freudiennes,* n° 9/10, 1975.
— « Mein Onckel Joseph », *Études freudiennes,* n° 15/16, 1979.
— *Les Visiteurs du moi,* Les Belles Lettres, 1981.
— « Aux origines de la pratique psychanalytique », *Histoire de la psychanalyse,* Hachette, 1982.
— « Débuts de psychanalyses au temps de Freud », *Histoire de la psychanalyse,* Hachette, 1982.

— *Les mots de Freud*, Hachette, 1982.
MINOR (Nata), « Capitales de non-lieu : Vienne, Freud, Schnitzler », *Critique*, août-sept. 1975.
MOSCOVICI (Marie), « La Déclaration », *L'Ecrit du temps*, n° 1, 1982.
— « Mise en pièce du père dans la pensée freudienne », *Confrontation*, n° 1, 1979.
MUSCHG (Walter), « Freud écrivain », *Freud, jugements et témoignages*, P.U.F., 1976.
NASSIF (Jacques), *Freud, l'inconscient*, Galilée, 1977.
NEYRAUT-SUTTERMAN (Thérèse), « Le 'Portrait-de-l'ami' de Freud », *Revue française de psychanalyse*, n°ˢ 5-6, 1972.
NOVELLETTO (A.), « Freud e l'Italia », *Psiche, bollettino dell' Istituto di Psicanalisi di Roma*, 1969.
NUNBERG (H.) & FEDERN (E.) (éd.), , *Les Premiers Psychanalystes. Minutes de la Société psychanalytique de Vienne (1906-1918)*, 4 volumes, Gallimard.
NYSENBAUM (Sylvie), « L'Offense », *L'Écrit du temps*, n° 3, 1983.
OEHLSCHLEGEL, « A propos du Moïse de Freud », *The Psychoanalytic Review*, XXX, 1943.
PASCHE (Francis), « Freud et l'orthodoxie judéo-chrétienne », *Revue française de psychanalyse*, XXV, n° 1, 1961.
PFRIMMER (Théo), *Freud, lecteur de la Bible*, P.U.F., 1982.
PHILIPP (Elliot), « Souvenirs de rencontres avec Freud », *L'Ecrit du temps*, n° 6, 1984.
PLE (A.), *Freud et la religion*, Cerf, 1968.
POLLAK (Michael), *Vienne 1900. Une identité blessée*, Gallimard, coll. « Archives », 1984.
PONTALIS (J.-B.), « Le séjour de Freud à Paris », *Nouvelle Revue de psychanalyse*, n° 8, 1973.
— « Les vases communicants (Freud et Breton) », *Nouvelle Revue française*, n° 302, mars 1978.
PONTALIS (J.-B.) & LAPLANCHE (J.), *Fantasme originaire, fantasme des origines, origines du fantasme*, Hachette, coll. « Textes du XXe siècle », 1985.
RAMNOUX (Clémence), « Analyse de Moïse et le monothéisme », *La Psychanalyse*, n° 3.
RAINEY (R. M.), *Freud as Student of Religion : Perspectives on the Background and Development of his Thought*, Univ. Press of Montana, 1975.

REIK (Théodor), *Trente ans avec Freud (suivi des lettres inédites de Freud à Reik)*, Complexe, 1975.
REY (Jean-Michel), *Parcours de Freud*, Galilée, 1974.
— *Des mots à l'œuvre*, Aubier Montaigne, 1979.
— « Freud et l'écriture de l'histoire », *L'Ecrit du temps*, n° 6, 1984.
RIBEIRO HAWELKA (Elza), Introduction à l'édition critique de S. Freud, *L'Homme aux rats. Journal d'une analyse*, PUF, 1974.
ROAZEN (Paul), *La Pensée politique et sociale de Freud*, Complexe, 1976.
ROBACK (Abram Aaron), *Freudiana*, Sci-Art Publishers, Cambridge, 1957.
ROBERT (Marthe), « Pourquoi Freud ? », *L'Arc*, n° 34, 1967.
— *D'Œdipe à Moïse. Freud et la conscience juive*, Calmann-Lévy, 1974.
— *La Révolution psychanalytique. La vie et l'œuvre de Freud*, Payot, 2 volumes, 1979.
ROBINSON (I. E.) & CLUNE (F. J.), « Sexual symbolism and archaeology », *The Psychoanalytic Review*, vol. 56, n° 3, 1969.
ROGOW (Arnold A.), « Dora's brother », *Inter. Rev. Psych.*, 6, 1979.
ROUDINESCO (Elisabeth), *La Bataille de cent ans. Histoire de la psychanalyse en France*, Ramsay, 1982.
RUITENBEEK (Hendrik), *Freud as We knew Him*, Wayne State Univ. Press, Detroit, 1973.
ROSOLATO (Guy), *Essais sur le symbolique*, Gallimard, coll. « Tel », 1969.
— *La Relation d'inconnu*, Gallimard, 1978.
SACHS (Hanns), *Freud, mon maître et mon ami*, Denoël, 1977.
SAJNER (Josef), « Les Rapports de S. Freud avec sa ville natale Freiberg et avec la Moravie », *Lettres de l'École freudienne*, n° 26, 1979.
SARTRE (Jean-Paul), *Le Scénario Freud*, Gallimard, 1984.
SCHORSKE (C. E.), *Vienne fin de siècle*, Seuil, 1983.
SCHLESIER (Renate), « Recherches et angoissses d'un très jeune mythologue. A propos du ' petit Hans ' », *Le Genre humain*, 10, 1984.
SCHNEIDER (Monique), *Freud et le plaisir*, Denoël, 1980.

SCHORR (Joël), « Une source de la psychanalyse », *Le Coq Héron*, n° 18.
SCHUR (Max), *La Mort dans la vie de Freud*, Gallimard, 1975.
— (éd.), *Drives, Affects, Behavior*, Inter. Univ. Press, New York, 1965.
SIMON (Ernst), « Sigmund Freud, the Jew », Leo Baeck Institute, *Yearbook*, II, 1957, pp. 270-305.
SLOCHOWER (Harry), « Freud's Gradiva : Mater Nuda Rediviva. A wish-fulfilment of the 'memory' on the Acropolis », *Psychoanalytic Quarterly*, XL, 1971.
SMIRNOFF (Victor), « De Vienne à Paris », *Nouvelle Revue de psychanalyse*, 20, 1979.
SPECTOR (Jack), « Freud, collectionneur d'art », *Freud, jugements et témoignages*, P.U.F., 1976.
STAROBINSKI (Jean), « Hamlet et Freud », préface à E. Jones, *Hamlet et Œdipe*, Gallimard, coll. « Tel », 1967.
STEADMAN (Ralph), *Sigmund Freud*, Aubier Montaigne, 1980.
STEELE (R.) & JACOBSEN (P.), « From Present to Past : freudian Archaeology », *Inter. Rev. Psych.*, 6, 1979.
STEIN (Conrad), « Notes sur la mort d'Œdipe », *Revue française de psychanalyse*, XXIII, n° 6, 1959.
— « Rome imaginaire », *L'Inconscient*, n° 1, 1967.
— « Le père mortel et le père immortel », *L'Inconscient*, n° 5, 1968.
— « L'identification à Freud dans l'auto-analyse », *L'Inconscient*, n° 7, 1, 1968.
— « Œdipe superman », *Études freudiennes*, n°ˢ 15-16, 1979.
— « 'Œdipe Roi' selon Freud », introduction à M. DELCOURT, *Œdipe ou la légende du conquérant*, Les Belles Lettres, 1981.
SULLOWAY (Frank), *Freud, biologiste de l'esprit*, Fayard, 1981.
SYLWAN (Barbro), « C'est pour mieux t'écouter, mon enfant ou l'analyse du petit Hans », *Études freudiennes*, n°ˢ 7-8, 1973.
— « Le ferd-ikt », *Études freudiennes*, n°ˢ 13-14, 1978.
SZAFRAN (A. W.), « Aspects socio-culturels judaïques de la pensée de Freud », *Évolution psychiatrique*, vol. 35, 1, 1971.

TESTENOIRE (Marie-Louise), « Freud et Vienne en 1900 », *Critique*, août-sept., 1975.
TICHO (Ernst A.) & TICHO (G. R.), « Freud and the Viennese », *Inter. J. Psych.* 53, 1972.
TOROK (Marie), « L'Os de la fin », *Confrontation*, n° 1, 1979.
TRILLING (J.), « Freud, Abraham et le pharaon », *Études freudiennes*, n°ˢ 1-2, 1969.
TROSMAN (Harry) & SIMMONS (Roger), « The Freud Library », *Journal of the American Psychoanalytic Association*, vol. 21, n° 3, 1973.
URTUBEY (Luisa de), *Freud et le diable*, P.U.F., 1983.
VESZY-WAGNER (L.), « Un rêve de dissection de Freud et le ' songe de l'idole aux pieds d'argile ' », *Revue française de psychanalyse*, 36, n° 2, 1972.
VICHYN (Bertrand), « 1904, dernier échange épistolaire entre Freud et Fliess » in *Psychanalyse à l'université*, sept. 1981, 24, pp. 705-733.
WEISS (Edoardo), *Lettres sur la pratique psychanalytique*, Privat, 1975.
WOLF (Ernest), « Saxa Loquuntur Artistic Aspects of Freud's ' The Aetiology of Hysteria ' », *Psychological Issues*, IX, n° 2-3, 1976.
WORTIS (Joseph), *Psychanalyse à Vienne, 1934. Notes sur mon analyse avec Freud*, Denoël, 1974.

CHRONOLOGIE DES ŒUVRES DE FREUD TRADUITES EN FRANÇAIS

Les œuvres complètes de Freud en français sont en préparation. Se trouvent présentés ici, dans l'ordre chronologique, les principaux textes psychanalytiques tels qu'ils sont actuellement édités en France. Afin de rendre plus lisible cette bibliographie, des abréviations ont été choisies pour les principaux recueils d'articles. La liste des cinquante-cinq personnes qui ont contribué à la traduction des œuvres et de la correspondance de Freud en français est proposée par ordre alphabétique.

ABRÉVIATIONS :

RIP I : *Résultats, idées, problèmes. 1890-1920*, P.U.F., 1984.
RIP II : *Résultats, idées, problèmes. 1921-1938*, P.U.F., 1985.
NPP : *Névrose, psychose et perversion*, P.U.F., 1973.
TECH : *La Technique psychanalytique*, P.U.F., 1953.
SEX : *La Vie sexuelle*, P.U.F., 1969.
CINQ : *Cinq psychanalyses*, P.U.F., 1954.
EP : *Essais de psychanalyse*, Payot, 1981.

TRADUCTEURS :

J. Altounian, P. L. Assoun, A. Balseinte, D. Berger, A. Berman, J. Bissery, M. Bonaparte, M. Borch-Jakobsen, A. et

O. Bourguignon, P. Bruno, F. Cambon, B. Chabot, A. Cherki, P. Cotet, J.-G. Delarbre, J. Dor, C. Doucet, B. Féron, R. Fivaz-Silbermann, O. Garet, G. Goran, J.-P. Grossein, D. Guerineau, D. Hartmann, P. Hawelka, C. Heim, U. Huber, S. Jankélévitch, L. Jumel, P. Koeppel, J. Laplanche, H. Legros, Y. Le Lay, R. Lewinter, R. M. Loewenstein, E. Marty, I. Meyerson, M. Nathan, Ch. et J. Odier, F. Oppenot, J.-B. Pontalis, A. Rauzy, B. Reverchon-Jouve, E. Ribeiro-Hawelka, M. Robert, R. Rochlitz, F. Scherrer, J. Sédat, M. Tadié, M. Tort, Cl. Van Reeth, L. Weibel, R.-M. Zeitlin.

1888-1889	«Hypnotisme et suggestion », in *L'Écrit du temps*, 6, 1984, pp. 87-98.
1889	« Compte rendu du livre de Forel : l'hypnotisme, sa signification et son emploi », in *L'Écrit du temps*, 3, 1983, pp. 205-218.
1890	« Traitement psychique », in *RIP I*.
1891	« Hypnose », in *L'Écrit du temps*, 3, 1983, pp. 101-109.
1891	*Contribution à la conception des aphasies*, P.U.F., 1983.
1893	« Pour une théorie de l'attaque hystérique », in *RIP I*.
1893	« Notice " III " », in *RIP I*.
1892-1893	« Un cas de guérison hypnotique avec des remarques sur l'apparition de symptômes hystériques par la " contre-volonté " », in *RIP I*.
1893	« Quelques considérations pour une étude comparative des paralysies motrices organiques et hystériques », in *RIP I*.
1893	« Charcot », in *RIP I*.
1894	« Les psychonévroses de défense », in *NPP*.
1895	« Esquisse d'une psychologie scientifique », in *Naissance de la psychanalyse*, P.U.F., 1956, pp. 315-396.
1895	*Études sur l'hystérie*, P.U.F., 1956.
1895	« Qu'il est justifié de séparer de la neurasthénie un certain complexe symptomatique sous le nom de " névrose d'angoisse " », in *NPP*.

1895	« Obsessions et phobies », in *NPP*.
1896	« L'hérédité et l'étiologie des névroses », in *NPP*.
1896	« Nouvelles remarques sur les psychonévroses de défense », in *NPP*.
1896	« L'étiologie de l'hystérie », in *NPP*.
1898	« La sexualité dans l'étiologie des névroses », in *RIP I*.
1898	« Sur le mécanisme psychique de l'oubli », in *RIP I*.
1899	« Sur les souvenirs-écrans », in *NPP*.
1900	*L'Interprétation des rêves*, P.U.F., 1967.
1900	« Une prémonition onirique accomplie », in *RIP I*.
1901	*Le Rêve et son interprétation*, Gallimard, 1925.
1901	*Psychopathologie de la vie quotidienne*, Payot, 1976.
1904	« La Méthode psychanalytique de Freud », in *TECH*.
1905 (1901)	« Fragment d'une analyse d'hystérie » (Dora), in *CINQ*.
1905	*Trois essais sur la théorie de la sexualité*, Gallimard, 1962.
1905	« De la psychothérapie », in *TECH*.
1905	*Le Mot d'esprit et ses rapports avec l'inconscient*, Gallimard, 1930.
1905-1906	« Personnages psychopathiques à la scène », in *RIP I*.
1906	« Mes vues sur le rôle de la sexualité dans l'étiologie des névroses, in *RIP I*.
1906	« L'établissement des faits par voie diagnostique et la psychanalyse », in *L'Inquiétante étrangeté et autres essais*, Gallimard, 1985.
1907	*Délire et rêves dans la " Gradiva " de Jensen*, Gallimard, 1949.
1907	« Actions compulsionnelles et exercices religieux », in *NPP*.
1907	« Les explications sexuelles données aux enfants », in *SEX*.
1908	« Le créateur littéraire et la fantaisie », in *L'Inquiétante étrangeté et autres essais*, Gallimard, 1985.

1908	« Caractère et érotisme anal », in *NPP*.
1908	« Les fantasmes hystériques et leur relation à la bisexualité », in *NPP*.
1908	« Les théories sexuelles infantiles », in *SEX*.
1908	« La morale sexuelle " civilisée " et la maladie nerveuse des temps modernes », in *SEX*.
1909	« Le Roman familial des névrosés », in *NPP*.
1909	« Considérations générales sur l'attaque hystérique », in *NPP*.
1909	« Analyse d'une phobie chez un petit garçon de cinq ans » (Le petit Hans), in *CINQ*.
1909	« Remarques sur un cas de névrose obsessionnelle » (L'Homme aux rats), in *CINQ*.
1910	*Cinq leçons sur la psychanalyse*, Payot, 1975.
1910	*Un souvenir d'enfance de Léonard de Vinci*, Gallimard, 1986.
1910	« Perspectives d'avenir de la thérapeutique analytique », in *TECH*.
1910	« A propos de la psychanalyse dite " sauvage " », in *TECH*.
1910	« Sur le sens opposé des mots originaires », in *L'Inquiétante étrangeté et autres essais*, Gallimard, 1985.
1910	« Un type particulier de choix d'objet chez l'homme » (Contributions à la psychologie de la vie amoureuse I), in *SEX*.
1910	« Le trouble psychogène de la vision dans la conception psychanalytique », in *NPP*.
1910	« Pour introduire la discussion sur le suicide. Conclusion de la discussion sur le suicide », in *RIP I*.
1910	« Exemples révélateurs de fantasmes pathogènes chez des névrosés », in *RIP I*.
1911	« Remarques psychanalytiques sur l'autobiographie d'un cas de paranoïa (Le Président Schreber), in *CINQ*.
1911	« Formulations sur les deux principes du cours des événements psychiques », in *RIP I*.
1911	« Rêves dans le folklore », in *RIP I*.
1911	« La signification de l'ordre des voyelles », in *RIP I*.
1911	« Grande est la Diane des Ephésiens », in *RIP I*.

CHRONOLOGIE DES ŒUVRES DE FREUD

1912	« Le maniement de l'interprétation des rêves en psychanalyse », in *TECH*.
1912	« La dynamique du transfert », in *TECH*.
1912	« Conseils aux médecins sur le traitement analytique », in *TECH*.
1912	« Sur le plus général des rabaissements de la vie amoureuse » (Contributions à la psychologie de la vie amoureuse II), in *SEX*.
1912	« Pour introduire la discussion sur l'onanisme. Conclusion de la discussion sur l'onanisme », in *RIP I*.
1912	« Sur les types d'entrée dans la névrose », in *NPP*.
1913	« L'intérêt de la psychanalyse », in *RIP I*.
1913	« Matériaux des contes dans les rêves », in *RIP I*.
1913	« Expériences et exemples tirés de la pratique analytique », in *RIP I*.
1913	« De la fausse reconnaissance (déjà raconté) au cours du traitement psychanalytique », in *TECH*.
1913	« Le début du traitement », in *TECH*.
1913	« Le motif du choix des coffrets », in *L'Inquiétante étrangeté et autres essais*, Gallimard, 1985.
1913	« Deux mensonges d'enfants », in *NPP*.
1913	« La disposition à la névrose obsessionnelle. Une contribution au problème du choix de la névrose », in *NPP*.
1913	« Un rêve utilisé comme preuve », in *NPP*.
1913	*Totem et tabou*, Payot, 1980.
1914	« Le Moïse de Michel-Ange », in *L'Inquiétante étrangeté et autres essais*, Gallimard, 1985.
1914	« Sur la psychologie du lycéen », in *RIP I*.
1914	« Contribution à l'histoire du mouvement psychanalytique », in *Cinq leçons sur la psychanalyse*, Payot, 1975.
1914	« Pour introduire le narcissisme », in *SEX*.
1914	« Remémoration, répétition et élaboration », in *TECH*.
1915	*Métapsychologie*, Gallimard, 1968.

1915	« Observations sur l'amour de transfert », in *TECH*.
1915	« Éphémère destinée », in *RIP I*.
1915	« Une relation entre un symbole et un symptôme », in *RIP I*.
1915	« Communication d'un cas de paranoïa en contradiction avec la théorie psychanalytique », in *NPP*.
1915	« Considérations actuelles sur la guerre et sur la mort », in *EP*.
1915-1916	« Quelques types de caractère dégagés par le travail psychanalytique », in *L'Inquiétante étrangeté et autres essais*, Gallimard, 1985.
1916	« Parallèle mythologique à une représentation obsessionnelle plastique », in *L'Inquiétante étrangeté et autres essais*, Gallimard, 1985.
1916-1917	*Introduction à la psychanalyse*, Payot.
1917	« Sur les transpositions de pulsions plus particulièrement dans l'érotisme anal », in *SEX*.
1917	« Une difficulté de la psychanalyse », in *L'Inquiétante étrangeté et autres essais*, Gallimard, 1985.
1917	« Un souvenir d'enfance de " Poésie et Vérité " », in *L'Inquiétante étrangeté et autres essais*, Gallimard, 1985.
1918	« Extrait de l'histoire d'une névrose infantile » (L'Homme aux loups) in *CINQ*.
1918	« Le Tabou de la virginité » (Contributions à la psychologie de la vie amoureuse III), in *SEX*.
1918	« Les voies nouvelles de la thérapeutique psychanalytique », in *TECH*.
1919	« Doit-on enseigner la psychanalyse à l'Université ? », in *RIP I*.
1919	« Introduction à " La Psychanalyse des névroses de guerre " », in *RIP I*.
1919	« Un enfant est battu. Contribution à la connaissance de la genèse des perversions », in *NPP*.
1919	« L'Inquiétante étrangeté », in *L'Inquiétante étrangeté et autres essais*, Gallimard, 1985.

1920	« Rapport d'expert sur le traitement électrique des névrosés de guerre », in *RIP I*.
1920	« Sur la préhistoire de la technique analytique », in *RIP I*.
1920	« Association d'idées d'une enfant de quatre ans », in *RIP I*.
1920	« Sur la psychogenèse d'un cas d'homosexualité féminine », in *NPP*.
1920	« Au-delà du principe de plaisir », in *EP*.
1921	« Psychologie des foules et analyse du moi », in *EP*.
1921	« Psychanalyse et télépathie », in *RIP II*.
1922	« Rêve et télépathie », in *RIP II*.
1922	« La tête de Méduse », in *RIP II*.
1922	« " Psychanalyse " et " Théorie de la libido " », in *RIP II*.
1922	« Sur quelques mécanismes névrotiques dans la jalousie, la paranoïa et l'homosexualité », in *NPP*.
1923	« Le Moi et le Ça », in *EP*.
1923	« Une névrose démoniaque au XVIIe siècle », in *L'Inquiétante étrangeté et autres essais*, Gallimard, 1985.
1923	« Remarques sur la théorie et la pratique de l'interprétation du rêve », in *RIP II*
1923	« Josef Popper-Lynkeus et la théorie du rêve », in *RIP II*.
1923	« L'Organisation génitale infantile », in *SEX*.
1924	« Névrose et psychose », in *NPP*.
1924	« Le problème économique du masochisme », in *NPP*.
1924	« La disparition du complexe d'Œdipe », in *SEX*.
1924	« La perte de la réalité dans la névrose et dans la psychose », in *NPP*.
1924	« Petit abrégé de psychanalyse », in *RIP II*.
1924	« Note sur le " Bloc-notes magique " », in *RIP II*.
1925	« Résistances à la psychanalyse », in *RIP II*.
1925	« La négation », in *RIP II*.
1925	« Quelques additifs à l'ensemble de l'interprétation des rêves », in *RIP II*.

1925	« Quelques conséquences psychiques de la différence anatomique entre les sexes », in *SEX*.
1925	*Sigmund Freud présenté par lui-même*, Gallimard, 1984.
1926	*Inhibition, symptôme et angoisse*, P.U.F., 1951.
1926	*La question de l'analyse profane*, Gallimard, 1985.
1926	« Psycho-Analysis », in *RIP II*.
1927	*L'Avenir d'une illusion*, P.U.F., 1971.
1927	« Le Fétichisme », in *SEX*.
1927	« L'Humour », in *L'Inquiétante étrangeté et autres essais*, Gallimard, 1985.
1928	« Un événement de la vie religieuse », in *L'Avenir d'une illusion*.
1928	« Dostoïevski et le parricide », in *RIP II*.
1929	*Malaise dans la civilisation*, P.U.F., 1971.
1929	« Lettre à Maxime Leroy sur quelques rêves de Descartes », in *Revue Française de psychanalyse*, XLV, 1, 1981, pp. 5-7.
1930	« Prix Goethe 1930. Allocution prononcée à la Maison de Goethe à Francfort », in *RIP II*.
1931	« Sur la sexualité féminine », in *SEX*.
1931	« Des types libidinaux », in *SEX*.
1926-1931	« L'expertise de la Faculté au procès Halsmann », in *RIP II*.
1932	« Sur la prise de possession du feu », in *RIP II*.
1932	« Ma rencontre avec Josef Popper-Lynkeus », in *RIP II*.
1933	*Nouvelles Conférences d'introduction à la psychanalyse*, Gallimard, 1984.
1933	« Pourquoi la guerre ? », in *RIP II*.
1935	« La finesse d'un acte manqué », in *RIP II*.
1936	« Un trouble de mémoire sur l'Acropole », in *RIP II*.
1937	« L'analyse avec fin et l'analyse sans fin », in *RIP II*.
1937	« Constructions dans l'analyse », in *RIP II*.
1937-1938	« Résultats, idées, problèmes », in *RIP II*.
1930-1938	*Le Président T. W. Wilson. Portrait psycholo-*

	gique, en collaboration avec W. C. Bullitt, Albin Michel, 1967.
1938	« Le clivage du moi dans le processus de défense », in *RIP II*.
1938	« Some elementary lessons in psycho-analysis », in *RIP II*.
1934-1938	*L'Homme Moïse et la religion monothéiste*, Gallimard, 1986.
1938	*Abrégé de psychanalyse*, P.U.F., 1949.

A cette liste, il faut ajouter un texte inédit de 1915 récemment découvert à Londres par Ilse Grubrich-Simitis : *Übersicht der Übertragungsneurosen*, S. Fischer, 1985.

CORRESPONDANCES

« Lettres de Freud adolescent » (à Emil Fluss), in *Nouvelle Revue de psychanalyse*, 1, 1970.

« Young Freud's Letters to his Rumanian Friend Silberstein », in STANESCU (H.), *The Israel Annals of Psychiatry and Related Disciplines*, vol. IX, n° 3, 1971. Quelques extraits de ces lettres à Édouard Silberstein, in PFRIMMER (Théo), *Freud, lecteur de la Bible*, P.U.F., 1982

Correspondance. 1873-1939, Gallimard, 1966.

The Complete Letters of Sigmund Freud to Wilhelm Fliess. 1887-1904, Belknap Press of Harvard University Press, Cambridge (Mass.) - Londres, 1985.

La Naissance de la psychanalyse. Lettres à Wilhelm Fliess, P.U.F., 1956.

Correspondance Freud-Jung. 1906-1909, Gallimard, 1975.

Correspondance Freud-Jung. 1910-1914, Gallimard, 1975.

Correspondance Freud-Abraham. 1907-1926, Gallimard, 1969.

FREUD ET SES PATIENTS

Correspondance de Freud avec le pasteur Pfister. 1909-1939, Gallimard, 1966.

Correspondance Lou Andreas-Salomé-Sigmund-Freud. 1912-1936, Gallimard, 1970.

Lettres Sigmund-Freud-Sabina Spielrein, in *Sabina Spielrein entre Freud et Jung*, Aubier Montaigne, 1981.

Lettres Freud-Binswanger (1908-1938), in L. BINSWANGER, *Analyse existentielle et psychanalyse freudienne. Discours, parcours et Freud*, Gallimard, Coll. « Tel », 1970.

Lettres Freud-Putnam (1909-1916), in *L'Introduction de la psychanalyse aux États-Unis. Autour de James Jackson Putnam*, Gallimard, 1978.

Lettres Sigmund Freud-Georg Groddeck (1917-1934), in G. GRODDECK, *Ça et moi*, Gallimard, 1977.

« La correspondance entre Freud et Laforgue. 1923-1937 », in *Nouvelle Revue de psychanalyse*, 15, 1977.

Extraits de lettres Sigmund Freud-Marie Bonaparte, in C. BERTIN, *La Dernière Bonaparte*, Perrin, 1982 et E. JONES, *La Vie et l'œuvre de Sigmund Freud*, P.U.F., 1961-1969.

Lettres Sigmund Freud-Reik (1911-1938), in Th. REIK, *Trente Ans avec Freud*, Complexe, 1975.

Lettres Sigmund Freud, Edoardo Weiss (1919-1936), in S. FREUD-E. WEISS, *Lettres sur la pratique psychanalytique*, Privat, 1975.

Correspondance Sigmund Freud-Arnold Zweig. 1927-1939, Gallimard, 1973.

Lettres Freud-Hilda Doolittle, in Hilda DOOLITTLE, *Visage de Freud*, Denoël, 1977.

Lettre de Freud à Kardiner, in A. KARDINER, *Mon analyse avec Freud*, Belfond, 1978.

TABLEAU GÉNÉALOGIQUE

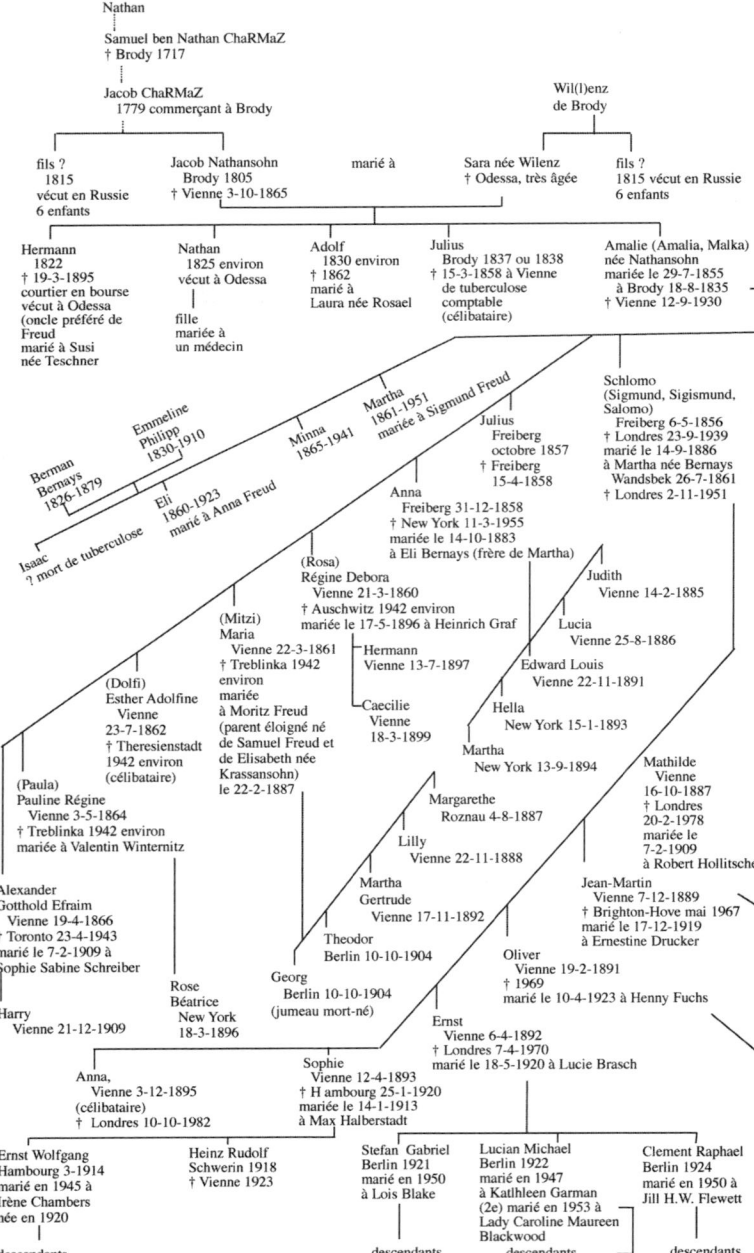

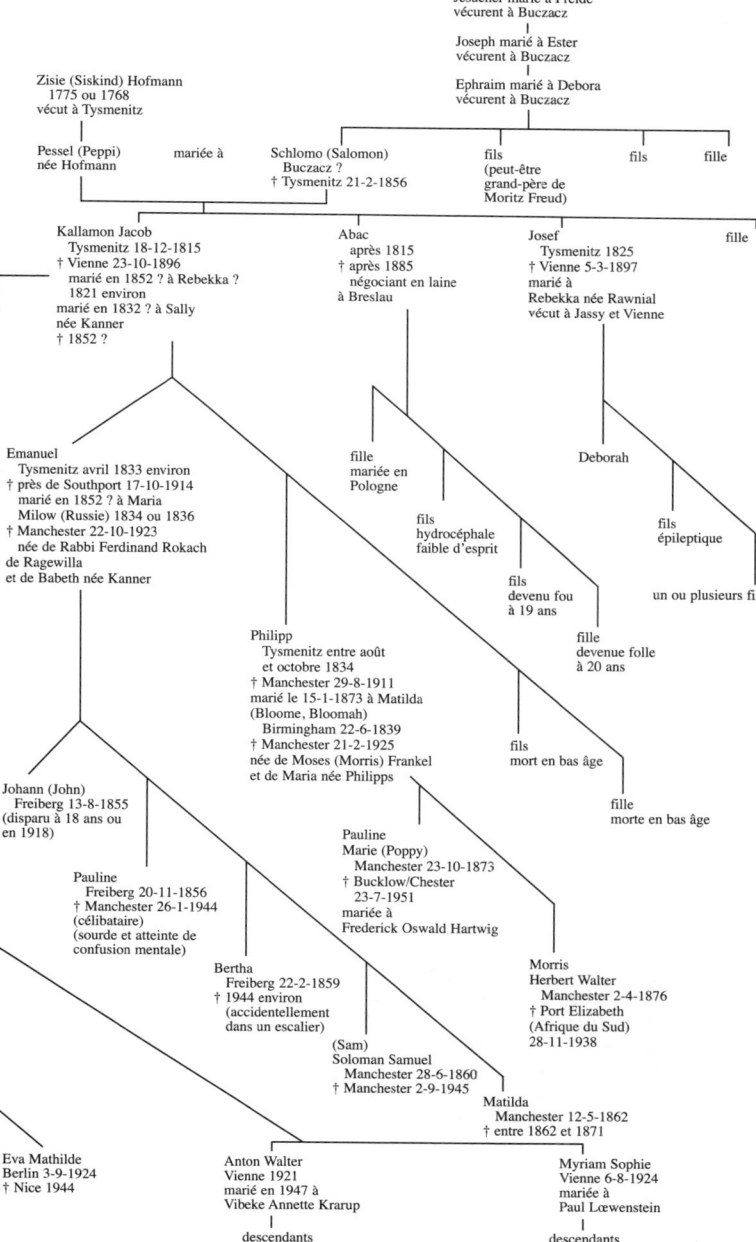

Ce tableau généalogique a été établi à partir des ouvrages de Marianne KRULL, *Sigmund, fils de Jacob*, Gallimard, 1983 et de Ronald W. CLARK, *Freud, the Man and the Cause*, Jonathan CAPE, Weidenfeld and Nicolson, 1980, ainsi que la lettre du 9 novembre 1899 de Sigmund Freud à Wilhelm Fliess, in *The Complete Letters of Sigmund Freud to Wilhelm Fliess, 1887-1904*, The Belknap Press of Harvard Univ. Press, Cambridge, Londres, 1985, p. 385.

LES PATIENTS DE FREUD QUELQUES REPÈRES CHRONOLOGIQUES

1886	Ouverture du cabinet le 25 avril, un dimanche de Pâques.
1889	Emmy von N. [*Études sur l'hystérie*],...
1891	Frau Cäcilie [*Et.*],...
1892	Miss Lucy R., Élisabeth von R., Katharina [*Et.*], deux cantatrices,...
1894	M.K., M.v.F., Dr Z., M.D.,...
1895	Madame P.J., Emma Eckstein, Anna Hammerschlag alias Irma [*Interprétation des rêves*],...
1896	Sept cas dont un lieutenant,...
1897	N.N., un banquier, Madame F.,...
1899	Heinrich Gomperz, Fraulein G., Madame A.,...
1900	Dora [*Cinq psychanalyses*], Élise Gomperz, H. Swoboda, Olga Hönig, une fillette de treize ans.
1901	Madame D.,...
1906	Une hystérique, une paranoïa exquise, des patients d'Europe orientale,...
1907	L'Homme aux rats [*Cinq psychanalyses*], un garçon de Görlitz, la patiente « à la tasse de thé », une jeune fille hystérique,...
1908	Le petit Hans [*Cinq psychanalyses*],...
1909	Affluence de patients.
1910	L'Homme aux loups [*Cinq psychanalyses*], Gustav Mahler, Albert Hirst, un fétichiste,...
1911	Dr Bjerre (Sabina Spielrein participe aux activités de la Société freudienne).
1912	Loe Kann (Lou Andreas-Salomé participe aux activités de la Société freudienne).

1913	Eugénie Sokolnicka, parmi onze patients par jour.
1914	Ludwig Jekels,...
1915	Sandor Ferenczi, un cas de mélancolie,...
1918	Max Eitingon, le peintre Schmutzer, Hélène Deutsch, Anton von Freund,...
1919	Dr David Forsyth, un dentiste américain [Jones],...
1920	Un Anglais, des « didacticiens » d'Angleterre et des U.S.A., Raymond de Saussure, un cas d'homosexualité féminine [in *Névrose, psychose et perversion*],...
1921	James et Alix Strachey, John Rickman, Polon, Blumgart, Clarence Oberndorf, Monroe Meyer, Abram Kardiner,...
1922	H.W. Frink, Joan Rivière, Ernst Blum,...
1924	Six patients dont Maryse Choisy et un Américain,...
1925	La princesse Marie Bonaparte, le professeur Tansley, le comte Kayserling, Mc Cord, Ruth Mack,...
1926	Trois patients par jour, deux pendant les vacances puis cinq par jour.
1927	Trois patients par jour plutôt que cinq.
1929	Smiley Blanton,...
1930	Eva Rosenfeld (la nièce d'Yvette Guilbert) en été, le docteur Edith Jackson,...
1931	Cinq patients par jour en été.
1933	Hilda Doolittle, le « Hollandais volant », une doctoresse américaine, madame Burlingham, Roy Grinker,...
1934	Joseph Wortis,...
1937	Eugénie Bonaparte,...
1938-1939	Quatre patients par jour.

Ainsi que Hans Herzl, le fils du fondateur du sionisme, Bruno Walter, le chef d'orchestre, Henri Flournoy, Putnam, John Dorsey, Philip Sarasin, Pryns Hopkins et la baronne Marie Ferstel,... à des dates imprécises.

INDEX

ABRAHAM, Karl, 91, 133, 230, 236, 238, 241, 242.
Abou Simbel, 94.
ADLER, Alfred, 65, 66.
ADLER, Friedrich, 205, 206.
ADLER, Victor, 132, 135, 160, 205, 206, 207.
Albertine, 49.
Allemagne, 136, 176, 222.
Amérique (voir *États-Unis*), 239, 242.
ANDREAS-SALOMÉ, Lou, 50, 76, 85, 89, 102, 187, 190, 193-194, 203, 214, 228, 230, 237, 240, 243.
Angleterre, 81, 93, 125, 153, 223.
ANNA O. (Bertha Pappenheim), 27, 63, 189, 218.
Anubis, 93.
Artémidore, 148.
Athéna, 93, 104, 223.
Athènes, 126, 129, 133, 155, 165, 167.
Augustin, saint, 157.
Auschwitz, 176, 222, 227.
Aussee, 239.
Autriche, 22, 36, 59, 71, 92, 140, 160, 166, 167.

BACH, David, 64.
Bad Gastein, 193.
BAHR, Hermann, 135, 206.

BAKER, Joséphine, 81.
BAUER, Ida (voir Dora).
BAUER, Otto, 59, 60, 61, 62, 200.
BAUER, Philippe, 62.
BAUMGÄRTNER, 125.
BEER-HOFMANN, Richard, 214.
BEETHOVEN, 213.
Bellevue, 147.
Berchtesgaden, 87, 229, 239, 242.
BERG, Alban, 65.
Berggasse, 15, 32, 44, 45, 49, 67, 76-78, 81-83, 85-87, 89, 91, 93, 96, 100, 105, 109, 140, 141, 175, 191, 201, 205, 212, 214-216, 220-222, 238, 243, 251.
Berlin, 92, 199, 211, 233, 246, 249.
BERNAYS, Edward L., 188.
BERNAYS, Eli, 174.
BERNAYS, Emmeline, 143.
BERNAYS, Isaac, 139.
BERNAYS, Martha, 29, 30, 44, 86-88, 101, 136-142, 144, 146-148, 162, 174, 175, 178-183, 189, 192, 197, 199.
BERNAYS, Minna, 191-193, 235, 241.
BERNFELD, Siegfried, 188.
BERNHARDT, Sarah, 178.

BERNHEIM, 202.
Bethlehem, 100.
Bible, 99, 112, 117, 121, 125-128, 138, 140, 144, 150, 165.
BINSWANGER, Ludwig, 179, 186.
BIZET, 51.
BJERRE, 89.
BLANTON, Smiley, 77, 83, 85, 87, 88, 101, 104, 107.
BLOCH, Aloïs, 141.
BLUM, Ernst, 231.
BLUM, Léon, 61.
BLUMGART, 90.
B'nai B'rith, 26, 86, 150, 154, 164, 219, 220.
BÖCKLIN, 207.
Bohême, 68, 122.
BOLTZMANN, Ludwig, 200, 206.
BONAPARTE, Marie, 77, 82, 84, 91, 92, 102, 172, 176, 180, 187, 190, 197, 213, 222, 223, 242.
BONDY, Ida (Mme Fliess), 37, 220.
BONDY, Mélanie, 220.
BRAHMS, Johannes, 68, 201.
BRAUN, Heinrich, 205.
BRENTANO, 206.
BREUER, Dora, 63.
BREUER, Joseph, 23, 24, 26, 27, 29, 38, 64, 65, 128, 130, 148, 189, 206, 220.
BREUER, Leopold, 128, 130.
BREUER, Mathilde, 26, 29, 30, 63.
Brody, 112, 122, 170.
BRÜCKE, 142, 232.
BRUCKNER, Anton, 54, 68, 201, 206.
Buczacz, 117.
Budapest, 57, 239.
BUSCH, Wilhelm, 94.

Cafés *Alserhof* 76, 210.
  Bauer, 209.
  Central, 210.
  Griensteidl, 215.
  Landtmann, 210.
  Museum, 201.
  Riedl, 209, 210.
  Ronacher, 76.
  Victoria, 211.
CALVERTON, 97.
Carthage, 158.
Cassel, 128.
Cernowitz, 113, 134.
CERVANTÈS, 124, 131, 156, 169.
CÉSAR, 133.
CHAGALL, Marc, 70.
CHAMBERLAIN, H.S., 25.
CHAMPOLLION, 32.
CHARCOT, J.-M., 38, 96, 142, 196, 197, 208, 240.
Charlus, 49.
CHARMATZ, 122, 127.
Chine, 72, 81, 225.
CHOISY, Maryse, 91.
CHRISTIE, Agatha, 81.
CROMWELL, 107, 142.

DALI, Salvador, 50, 51.
DANTE, 21, 128, 156.
Danube, 122, 123, 216.
Dame au coq de Bruyère (voir Emmy von N.).
DEUTSCH, Félix, 60.
DEUTSCH, Hélène, 72, 172.
Didon, 158, 159.
Dionysos, 167.
Dniepr, 71.
Don Giovanni, 51, 67, 155, 219, 229, 242.
DOOLITTLE, Hilda (H.D.), 16, 50, 77, 82, 84, 86, 97, 98, 99, 100-104, 190, 195, 197-198, 210, 222.
DORA (Ida Bauer), 16, 27, 40, 49, 59-64, 79, 89, 189, 190.

INDEX

Doré, Gustave, 99.
Douvres, 223.
Dostoïevski, 54, 66.
Doyle, Conan, 218.
Dreyfus, 153.
Dürer, 97.

Eckstein, Albert, 54.
Eckstein, Emma, 16, 49, 52-55, 63, 72, 79, 89, 114, 147, 148, 189.
Eckstein, Friedrich, 54.
Eckstein, Gustav, 54, 55.
Eckstein, Thérèse, 54.
Égypte, 72, 96, 99.
Einstein, 97, 163.
Eisenbach, 72.
Eitingon, Max, 90, 97, 188, 239, 241, 242.
Ekaterinoslav, 75.
Elisabeth von R., 19, 38, 39, 89.
Ellis, Havelock, 97.
Emmy von N. (Fanny Sulzer-Wart), 16, 21, 24, 27, 35, 89.
Énée, 158, 159.
Éros, 169, 190.
États-Unis, 56, 58, 60, 81, 97, 100, 239.

Faust, 27, 82, 155.
Federn, Paul, 55.
Ferenczi, Sandor, 72, 90, 97, 184, 235, 236, 239, 240.
Ferstel, 207, 210.
Fichtl, Paula (voir Paula).
Fleischl, 94, 148.
Fliess, Wilhelm, 36, 37, 45, 52, 53, 63-65, 73, 92, 114, 137, 147-149, 152, 153, 160, 171, 181, 182, 185, 192, 199, 220, 226, 227, 230, 231, 233, 234, 240.
Fliess, Robert, 221.
Fluss, Emil, 22, 124, 133, 230, 231.
Fluss, Gisela, 176-177.
Forsyth, D, 90.
France, 61, 77, 81, 199, 240.
France, Anatole, 220.
François-Joseph, 21, 22, 215.
Frankel, 85, 86.
Frankl, Samson, 113.
Freiberg, 22, 45, 109, 111, 113, 114, 118, 120, 122-124, 133, 148, 174, 176, 199, 230, 231, 245.
Freud, Alexander Gotthold Efraïm, 123, 162, 170, 174, 217.
Freud, Amalia Malka, 111, 112, 113, 116, 122, 143, 170-172, 173, 175, 217.
Freud-Bernays, Anna, 123, 124, 170, 173-176.
Freud, Dolfi (Esther Adolphine), 123, 170, 175, 176.
Freud, Emmanuel, 112, 113, 245.
Freud, Ephraïm, 112, 117, 127.
Freud, Ernst, 141, 142, 166, 179, 187.
Freud, Jacob (Kalman), 62, 111, 112, 116, 117, 119-121, 123, 130, 132, 138, 141, 142, 144, 145, 146, 148, 149, 151, 161.
Freud, John, 114.
Freud, Julius, 123, 137, 170.
Freud, Maria, 114.
Freud, Martha (voir Bernays, Martha), 218, 230, 231-233, 235, 239, 241, 249.
Freud, Martin, 44, 141, 142, 143, 144, 163, 179, 217, 220, 227, 228, 242, 245.
Freud, Mathilde, 141, 142, 162, 179, 183-184.
Freud, Mitzi (Maria), 123, 170, 175, 176.
Freud, Moritz, 175.

FREUD, Olivier, 141, 142, 179, 187.
FREUD, Paula (Pauline, Régine), 123, 170, 220.
FREUD, Pauline, 176, 177.
FREUD, Philippe, 112, 113, 127, 173, 245.
FREUD, Rosa (Régine, Deborah), 45, 63, 123, 170, 175, 176, 185.
FREUD, Schlomo, 112, 117, 127.
FREUD, Selig, 123.
FREUD, Sophie, 141, 179, 184-186.
FRIEDJUNG, Joseph, 66.
FRINK, H.W., 83, 90.
FURTMÜLLER, Carl, 66.

Galicie, 112, 116, 118, 120, 122, 124, 134, 160, 166, 170.
GELBHAUS, 162.
Genève, 70.
GIDE, André, 77.
Gisela (voir FLUSS, Gisela).
GOETHE, 20, 21, 50, 124, 128, 156, 169, 202, 204.
GOETZ, Bruno, 72, 79.
GOLDMAN, Emma, 56.
Gomorrhe, 169.
GOMPERZ, Heinrich, 57, 58, 79.
GOMPERZ, Theodor, 57, 58.
Görlitz, 72.
Göttingen, 193.
Gradiva, 93-95, 188-191.
GRAF, Heinrich, 175.
GRAF, Herbert (voir Hans).
GRAF, Max, 50, 65, 67-69.
Grèce, 72, 91, 93.
GRILLPARZER, Franz, 66.
Grinzing, 87.
Guermantes, 49, 114.
Guilbert, Yvette, 50, 196-197, 219, 223.
GUILLAUME LE CONQUÉRANT, 223.

HABSBOURG, 25, 113, 184, 199.
HALBERSTADT, Sophie (voir Sophie Freud).
Hambourg, 138, 139, 178, 232.
Hamlet, 162, 220.
HAMMERSCHLAG-LICHTHEIM, Anna (Irma), 49, 54, 148, 186, 189, 218.
HAMMERSCHLAG, Samuel, 26, 54, 127, 128, 185, 220.
HANNIBAL, 126, 129, 131, 132, 151, 158, 159, 162.
Petit Hans (Herbert Graf), 16, 49, 50, 64, 68, 69, 74, 79.
HEINE, 21, 128, 159, 160, 169.
HELLER, Hugo, 51, 216.
HERZL, Theodor, 36, 58, 74, 132, 135, 153, 160, 200, 201, 207.
HILFERDING, Margarete, 66.
HINDEMITH, 65.
HIRST, Albert, 72.
HITCHCOCK, Alfred, 81.
HITLER, 87, 88, 92,
HOFFMANN, Abraham Siskind, 118-120.
HOFMANN STHAL, Hugo von, 36, 200, 201.
Hollandais volant (voir Van der Leeuw), 101, 102.
Hollande, 66, 72.
HOLLITSCHER, Robert, 162.
HOMÈRE, 156.
HOLZ, A., 246.
Hongrie, 39, 66, 122, 160, 240.
HÖNIG, Olga, 64, 68.
HOROWITZ, Lippa, 113.
Horus, 93.
Hôtels *Bristol*, 50, 85, 196, 213.
Régina, 77, 86.
Sacher, 85.
Zita, 85.

Indes, 73.
INGRES, 94.

INDEX

Irma (voir Anna Hammerschlag-Lichtheim).
Ischl, 171.
Italie, 25, 50, 157.

JACKSON, E., 85, 101.
Jacob, 148, 152, 166.
JANKÉLÉVITCH, S. 157.
JEAN-PAUL, 66.
JEKELS, L., 90.
JENSEN, 94, 188, 190.
Jérusalem, 20, 133, 137, 155, 165-167, 248, 249.
Jocaste, 169.
Jofi, 98, 211, 242.
JONES, Ernest, 72, 90, 92, 171.
Joseph, 116, 148, 162.
Joseph K., 49.
Josué, 74, 162, 234.
JUNG, C.G., 65, 66, 73, 74, 76, 77, 114, 142, 162, 164, 189, 190, 198, 226, 230, 234, 236, 237.

KAFKA, 49.
KAHANE, Max, 65.
KANN, Loe, 72.
KAPRAWSKY, Max, 141.
KARDINER, Abram, 77, 83, 85, 90, 97, 101-103, 106, 188, 195, 213, 214.
KARLSBAD, 236.
KATAN, Anny, 221.
Katharina, 19, 21, 46, 47, 48.
KAUTSKY, Karl, 54.
KAYSERLING, comte, 91.
Kiev, 56.
KLEIN, Mélanie, 172.
KLEIST, H. von, 66.
KLIMT, Gustav, 50, 200.
KOKOSCHKA, 70.
KÖNIGSTEIN, Leopold, 25, 141, 217.
KORNMEHL, S. 96.
KRAUS, Karl, 66, 132, 201, 207.

KRIS, Marianne, 221.
LAFORGUE, René, 180.
Laïos, 169.
LALIQUE, 81.
LAMPL, Hans, 188.
LAMPL de GROOT, Jeanne, 171, 172.
Lavarone, 187, 246.
LAWRENCE, D.H., 50, 81, 84.
LEHRS, Franz (voir l'Homme aux rats).
Leipzig, 122, 125.
LEONARD DE VINCI, 20, 50, 202, 213.
Leopoldstadt, 122, 123, 127, 129, 148, 150, 161.
Leyde, 72.
LIPPMAN, 85.
Londres, 72, 93, 105, 133, 166, 179, 183, 186, 191, 195, 197, 200, 220.
LOOS, Adolf, 51, 201, 215.

Homme aux loups (S.C. Pankejeff), 49, 70, 79, 82, 96.
LÖWY, Emmanuel, 218.
Lubina, 111.
Lucy R., 21, 32, 34, 35, 39, 40, 41-43, 89.
LUEGER, Karl, 68, 135, 158.
LUTHER, 163.

MAHLER, Gustav, 50, 51, 65, 72, 132, 135, 200, 207.
MALINOWSKI, 97.
Manchester, 239.
MANN, Thomas, 50, 179.
MANNHEIMER, Isaac Noah, 122.
MASOCH, Sacher, 169.
MENDELSSOHN, Moïse, 121.
Méphistophélès, 28, 82, 155, 187.
Méran, 192.
MEYER, K.F., 66.
MEYER 90.

MEYNERT, 202.
MICHEL-ANGE, 138, 152, 162.
Moïse, 21, 74, 99, 123, 124, 138, 142, 146, 151, 162, 165-167, 233.
Moravie, 113, 118, 122, 124, 134, 149, 174.
MOZART, 51, 70, 213.
MUSIL, Robert, 59, 200.

Nancy, 202.
Nannie (Monika Zajik), 115, 137, 172-173, 229.
NAPOLÉON, 92.
NARCISSE, 169, 204.
NATHANSOHN, Amalia (voir Amalia Freud).
NATHANSOHN, Jacob, 126.
Neith, 93, 95.
Neue Freie Presse, 30, 36, 201, 207.
Neu Titschein, 113.
New York, 61, 70, 72, 90, 92, 174.
NIETZSCHE, 50, 66.
Nil, 99.
NUNBERG, Hermann, 221.

OBERNDORF, CL., 90.
Odessa, 56, 71, 112.
Œdipe, 69, 82, 93, 94, 130, 134, 162, 165, 167, 169, 171.
Orient-Express, 81, 223.
Osiris, 93, 96.

Padoue, 246.
Palerme, 235.
Palestine, 90, 163.
Pan, 93.
PANETH, Joseph, 25.
PANKEJEFF, S. C. (voir l'Homme aux loups).
PAPINI, G., 204.

Paris, 25, 30, 61, 77, 91, 92, 93, 178, 196, 197, 199, 213, 223, 240.
PARMÉNIDE, 58.
Paula, 77, 97, 100, 195.
Pevensey, 223.
PFISTER, 90.
PICHLER, 91.
PICHON, 77.
PHILIPPSON, Ludwig, 121, 125-128, 146, 150.
Pologne, 77.
POLON, 90.
Pompéi, 94, 96, 126, 189.
POUND, Ezra, 50, 84.
Prague, 66, 139.
Prater, 56, 122, 129, 136, 243.
PROUST, Marcel, 49, 245.
PUTNAM, James, 182, 237.

Rachel, 138.
Rats (L'Homme aux), 70, 82, 96.
RAMSÈS II, 94.
REIK, Theodor, 191, 207.
REINHARDT, Max, 210.
REITLER, Rudolf, 65.
Restaurant *Die Alte Elster,* 76, 85.
RICKMAN, John, 90, 103.
RIE, Oscar, 25, 141, 148, 217, 220, 221, 240.
Riga, 73.
RILKE, 50.
RIVIÈRE, Joan, 91, 103.
RODOLPHE (prince), 25.
ROLLAND, R., 50.
Rome, 51, 95, 116, 126, 131, 133, 137, 138, 150-153, 155, 158, 160, 162, 165, 167, 187, 192, 199, 218, 226, 236.
Romulus, 165.
Rosalie, H., 19.
ROSANÈS, 218.
ROSENBERG, Ludwig, 25, 148, 220, 221.

INDEX

ROSENFELD, Eva, 196.
Rostov-sur-le-Don, 75.
ROTHSCHILD, 92, 150.
Russie, 56, 66, 71.

SACHS, Hans, 97.
SADE, 169.
SAKKAI, Jochanan ben, 166.
Salzbourg, 70, 219, 229.
SAMUELI, Samuel, 113.
SARDOU, Victorien, 178.
SAUSSURE, R., de, 103.
SCHEFTEL, Paul, 74.
SCHIELE, Egon, 50, 200.
SCHLIEMANN, 21, 95, 218.
SCHILLER, Friedrich, 54.
SCHILLER, Max, 196, 197.
SCHILLER-MARMORECK, Hilda, 61.
SCHMUTZER, 90.
SCHNITZLER, Arthur, 36, 50, 132, 200-205-207, 214.
SCHNITZLER, Julius, 203.
SCHÖNBERG, 51, 160, 200, 201.
SCHÖNBERG, Ignar, 192.
SCHREIBER, Sophie Sabine, 162.
SCHROSTER, Leopold von, 73.
SCHUBERT, 213.
SCHUR, Max, 93.
SCHWAB, Sophie, 185.
SCIPION, 131.
SHAKESPEARE, 21, 36, 50, 104, 128, 156, 169.
SHERLOCK HOLMES, 79, 82, 157, 218.
Sicile, 95.
SIGNORELLI, 156.
SILBERSTEIN-(BERGANZA), Eduard, 131, 134, 230.
SIMON DE TRENTE, 157.
SMOLKA, C., 111.
SOCRATE, 58.
SODOME, 169.

SOKOLNICKA-KUTNER, Eugénie, 76, 90.
SOPHOCLE, 21, 128, 156.
SPIELREIN, Sabina, 49, 73-76, 79, 114, 189, 190.
STALINE, 76.
STAHL, 92.
STEKEL, Wilhelm, 65.
STRACHEY, Alix, 90.
STRACHEY, James, 90, 103.
STRAUSS, Johan, 213.
STRAUSS, Richard, 201, 213.
STRAVINSKI, 65.
Suisse, 66, 81.
Swann, 49.
SWOBODA, H., 64, 207.

Tang, 93.
TANSLEY, 91.
TAUSK, V., 90, 214, 215.
TELEKY, Dora, 63.
Tivoli, 240.
TITIEN, 50.
TOSCANINI, 70.
TOULOUSE-LAUTREC, 50, 196.
TOURETTE (Gilles de la), 136.
TOUTANKHAMON, 99.
Trieste, 66.
Troie, 95.
TWAIN, Marc, 219.
Tyrol, 66, 233.
Tysmenitz, 112, 116, 117, 166.

VAN DER LEEUW (« Le Hollandais volant »), 101, 102.
Venise, 27, 63, 114, 155.
Verdurin, 49.
Vienne, 16, 19, 22, 23, 25, 30, 36, 37, 40, 45, 46, 49, 51, 54, 55, 56, 58, 60, 65, 66, 68, 73, 74, 76, 77, 82, 83, 84, 85, 86, 87, 90, 92, 93, 97, 107, 108, 109, 111, 112, 121-124, 128, 130, 133, 136, 141, 147, 153, 158, 162, 166, 167, 170, 171, 176, 183, 184, 186, 195, 196,

199, 200, 201, 202, 205, 206, 208, 210-213, 215, 216, 218, 221, 222, 223, 231, 237, 247, 251.
VIRGILE, 21, 134, 156, 157.
Vishnou, 104.
VÖLKL, Marie, 141.

WAGNER, 51, 213.
WAGNER-JAUREGG, 213.
WANDSBEK, 138, 140, 178.
WASSERMANN, 214.
WECHZLER, 248.
WEDEKIND, 214.
WEHLE, Amalia, 54.

WEINGARTNER, 213.
WEININGER, Otto, 64, 200, 207.
WINCKELMANN, 95.
WITTGENSTEIN, Ludwig, 207.
WOLF, Hugo, 54.
WORTIS, Joseph, 77, 88, 97, 163, 195.

ZAJIC, 45, 111, 115.
ZAJIC, Monika (voir Nannie).
ZOLA, 128, 153.
Zürich, 70, 73, 76.
ZWEIG, Arnold, 165.
ZWEIG, Stefan, 36, 50, 51, 187, 225, 230.

TABLE DES MATIÈRES

Introduction 15

Chapitre premier : Un docteur invraisemblable 19
« La dame au coq de bruyère ». – La gouvernante, le directeur et l'entremets brûlé. – Le bouilli, la vierge et les Alpes orientales. ....

Chapitre 2 : Portraits freudiens 49
Emma Eckstein. – Emma Goldman. – Heinrich Gomperz. – Dora alias Ida Bauer. – Olga Hönig. – Premiers disciples. – Le petit Hans. – L'Homme aux loups. – Gustav Mahler. – Bruno Goetz. – Sabina Spielrein. – Eugénie Sokolnicka. ....

Chapitre 3 : Sur le divan du professeur freud 81
Le voyage à Vienne. – Les visiteurs de la Berggasse. – Dans le cabinet du docteur Freud. – Séances d'analyse. – Interrupteur, jeu d'échecs et départ en train. ....

Chapitre 4 : Un Juif viennois **111**
L'enfant heureux de Moravie. – Un Juif errant galicien. – Les Juifs viennois. – La singulière Bible de Philippson. – La promenade au Prater. – La science et l'amour. – Au fil des générations. – Le temps des rêves. – Lapsus, erreurs et oublis de tous les jours. – Vaisselle brisée et morale sexuelle « civilisée ». – Une fidélité mystérieuse et capitale. ....

Chapitre 5 : Au bal de l'amour **169**
Amalia. – Nannie. – Anna. – Gisela. – Sarah. – Martha. – Mathilde. – Sophie. – Annerl. – Gradiva. – Minna. – Lou. – Paula. – Yvette. – H.D. ....

Chapitre 6 : Vienne entre deux séances **199**
Masques et soupçons. – Arthur Schnitzler, son double. – Première visite à la Berggasse. – Un Viennois parmi les Viennois. – Cafés viennois. – Journal d'analyse. – Opéra, bal et cinéma. – Promenades. – Week-ends et loisirs du docteur Freud. – Avec ses frères du B'nai B'rith. – Généalogie psychanalytique. – « Finis Austriae ». ....

Chapitre 7 : Champignons, gardenia et fraises des bois **225**
Les mystères de la nature. – Une si longue lettre. – Les joies et les jours. – Les plaisirs de la table (« *Tafelfreuden* »). – Perle, Soberanos, Reina-Cabana et les chiens. – La chatte sur un divan brûlant. – Sigmund Freud, numéro de l'abonné : A-18-170. – Expertise graphologique d'un autographe freudien. ....

TABLE DES MATIÈRES

Notes 253

Bibliographie générale 275

Chronologie des œuvres de Freud traduites en français 285

Tableau généalogique 296-297

Les patients de Freud : quelques repères chronologiques 299

Index 301
Plans 10-12

COLLECTION « PLURIEL »

Philosophie

KOSTAS AXELOS
Métamorphoses

JACQUES BOUVERESSE
Le philosophe et le réel

FRANÇOIS CHÂTELET
Histoire de la philosophie. (8 vol.)

BENJAMIN CONSTANT
Principes de politique

SYLVIE COURTINE-DENAMY
Hannah Arendt

MARCEL DETIENNE
Dyonisos à ciel ouvert

RENÉ GIRARD
La Violence et le Sacré

ANDRÉ GLUCKSMANN
Le Bien et le Mal

JÜRGEN HABERMAS
Après Marx

CLAUDE HABIB
Le consentement amoureux

BERTRAND de JOUVENEL
Du pouvoir

LA ROCHEFOUCAULD
Maximes, réflexions, lettres

KARL LÖWITH
Nietzsche

PIERRE MANENT
Histoire intellectuelle du libéralisme

OLIVIER MONGIN
Face au scepticisme

FRIEDRICH NIETZSCHE
Humain, trop humain
Aurore
Le Gai Savoir
Par-delà le bien et le mal

PASCAL ORY
(sous la direction de)
Nouvelle Histoire des idées politiques

MARC RICHIR
La naissance des dieux

PAUL RICŒUR
La critique et la conviction

JACQUELINE de ROMILLY
La Douceur dans la pensée grecque

JEAN-JACQUES ROUSSEAU
Du contrat social

RAYMOND RUYER
La Gnose de Princeton

GERSHOM SCHOLEM
Walter Benjamin, histoire d'une amitié

MICHEL SERRES
Les Cinq sens
Le parasite
Rome

JEAN-FRANÇOIS SIRINELLI
Sartre et Aron, deux intellectuels dans le siècle

PETER SLOTERDIJK
L'heure du crime au temps de l'œuvre d'art, suivi de *Essai d'intoxication volontaire*

TZVETAN TODOROV
Les Morales de l'Histoire

SUN-TZU
L'art de la guerre

Sciences

CLAUDE ALLÈGRE
L'Ecume de la terre

WALTER ALVAREZ
La fin tragique des dinosaures

JOHN BARROW
Les Origines de l'Univers

JEAN BERNARD
De la Biologie à l'éthique

MICHEL CAZENAVE
(sous la direction de)
Aux frontières de la science

JEAN-PIERRE CHANGEUX
L'Homme neuronal

GILLES COHEN-TANNOUDJI
Les Constantes universelles

BORIS CYRULNIK
La Naissance du sens
Mémoire de singe et paroles d'homme
Sous le signe du lien

FERNAND DAFFOS
La Vie avant la vie

PAUL DAVIES
L'Esprit de Dieu

RICHARD DAWKINS
Qu'est-ce que l'Evolution ?

JEAN DIEUDONNÉ
Pour l'honneur de l'esprit humain

TIMOTHY FERRIS
Histoire du Cosmos de l'Antiquité au Big Bang

HELEN FISCHER
Histoire naturelle de l'amour

THIERRY GINESTE
Victor de l'Aveyron

SHELDON GLASHOW
Le Charme de la physique

ROBERT KANDEL
L'Incertitude des climats

LOUISE L. LAMBRICHS
La Vérité médicale

PIERRE LASZLO
Chemins et savoirs du sel

RICHARD LEAKEY
L'Origine de l'humanité

LAURENT NOTTALE
La relativité dans tous ses états

JEAN-PIERRE PETIT
On a perdu la moitié de l'Univers

LAURENT SCHWARTZ
Métastases

SIMON SINGH
Le Dernier Théorème de Fermat

JOHN STEWART
La Nature et les nombres

JAMES D. WATSON
La Double Hélice

Histoire

MAURICE AGULHON
La République 1880 à nos jours.
(2 vol.)
De Gaulle, histoire, mémoire, mythe

GUILLEMETTE ANDREU
Les Egyptiens au temps des pharaons

MICHEL ANTOINE
Louis XV

PIERRE AUBÉ
Le Roi lépreux, Baudouin IV de Jérusalem
Les Empires normands d'Orient

GÉNÉRAL BEAUFFRE
Introduction à la stratégie

GÉRARD BÉAUR (présenté par)
La Terre et les hommes, Angleterre et France aux XVIIe et XVIIIe siècles

GUY BECHTEL
La Chair, le diable et le confesseur
BARTOLOMÉ BENNASSAR
L'Inquisition espagnole, XVe-XIXe siècles
B. BENASSAR et B. VINCENT
Le temps de l'Espagne
YVES-MARIE BERCÉ
Fête et révolte
ANDRÉ BERNAND
Alexandrie la grande
Sorciers grecs
JEAN-PIERRE BIONDI
et GILLES MORIN
Les Anticolonialistes (1881-1962)
FRANÇOIS BLUCHE
Le Despotisme éclairé
Louis XIV
HENRY BOGDAN
Histoire des pays de l'Est, des origines à nos jours
Histoire des peuples de l'ex-URSS, du IXe siècle à nos jours
JEAN-CLAUDE BOLOGNE
Histoire de la pudeur
Histoire du mariage en Occident
JEAN BOTTÉRO
Babylone et la Bible
JEAN BOTTÉRO,
CLARISSE HERRENSCHMIDT
et JEAN-PIERRE VERNANT
L'Orient ancien et nous
ALAIN BROSSAT
Les Tondues
ZBIGNIEW BRZEZINSKI
Le Grand Echiquier
EDMUND BURKE
Réflexions sur la Révolution en France
CLAUDE CAHEN
L'Islam, des origines au début de l'empire ottoman
PIERO CAMPORESI
Les Baumes de l'amour
HÉLÈNE CARRÈRE D'ENCAUSSE
Nicolas II, la transition interrompue
Lénine

PIERRE CHAUNU
Le Temps des réformes
3 Millions d'années,
80 milliards de destins
GUY CHAUSSINAND-NOGARET,
JEAN-MARIE CONSTANT,
CATHERINE DURANDIN
et ARLETTE JOUANNA
Histoire des élites en France,
du XVIe au XXe siècles
JEAN CHÉLINI
Histoire religieuse de l'Occident médiéval
JEAN CHÉLINI
et HENRY BRANTHOMME
Les Chemins de Dieu
Histoire des pèlerinages non-chrétiens
VITALI CHENTALINSKY
La Parole ressuscitée
JEAN-CLAUDE CHESNAIS
Histoire de la violence
LOUIS CHEVALIER
Classes laborieuses et classes dangereuses
ANDRÉ CHOURAQUI
Jérusalem, une ville sanctuaire
EUGEN CIZEK
Mentalités et institutions politiques romaines
ROBERT et MARIANNE CORNEVIN
La France et les Français outre-mer
MAURICE DAUMAS
La Tendresse amoureuse
JEAN DELUMEAU
La Peur en Occident
Rome au XVIe siècle
GEORGES DUBY
Le Chevalier, la femme et le prêtre
Le Moyen Age (987-1460)
ALAIN DUCELLIER
Le Drame de Byzance
PIERRE DUCREY
Guerre et guerriers dans la Grèce antique
JACQUES DUPAQUIER et DENIS KESSLER
La Société française au XIXe siècle

JEAN-BAPTISTE DUROSELLE
L'Europe, histoire de ses peuples

GEORGES EISEN
Les Enfants pendant l'holocauste

SIMON EPSTEIN
Histoire du peuple juif au XXe siècle

ESPRIT
Ecrire contre la guerre d'Algérie (1947-1962)

PAUL FAURE
Parfums et aromates dans l'Antiquité

JEAN FAVIER
De l'or et des épices

MARC FERRO
Pétain
Nazisme et communisme

ALFRED FIERRO-DOMENECH
Le Pré carré

MOSES I. FINLEY
On a perdu la guerre de Troie

JEAN FOURASTIÉ
Les Trente glorieuses

CHIARA FRUGONI
Saint François d'Assise

FRANÇOIS FURET
La Révolution (2 vol.)
La gauche et la Révolution au XIXe siècle

FRANÇOIS FURET
et DENIS RICHET
La Révolution française

FRANÇOIS FURET,
JACQUES JULLIARD
et PIERRE ROSANVALLON
La République du centre

FRANÇOIS FURET
et ERNST NOLTE
Fascisme et Communisme

EUGENIO GARIN
L'Education de l'homme moderne (1400-1600)

LOUIS GIRARD
Napoléon III

RAOUL GIRARDET
Histoire de l'idée coloniale en France

PIERRE GOUBERT
L'Avènement du Roi-Soleil
Initiation à l'histoire de France
Louis XIV et vingt millions de Français

FRITZ GRAF
La Magie dans l'Antiquité gréco-romaine

ALEXANDRE GRANDAZZI
La Fondation de Rome

MICHEL GRAS,
PIERRE ROUILLARD
et XAVIER TEIXIDOR
L'Univers phénicien

PIERRE GRIMAL
Les Erreurs de la liberté

JACQUES GUILLERMAZ
Une vie pour la Chine

JEAN-PIERRE GUTTON
La Sociabilité villageoise dans la France d'Ancien Régime

DANIEL HALÉVY
La Fin des notables, la République des ducs

PAUL HAZARD
La Pensée européenne au XVIIIe siècle

JACQUES HEERS
Fêtes des fous et carnavals
Esclaves et domestiques au Moyen Age
La Ville au Moyen Age en Occident

ERIC J. HOBSBAWM
L'Ere des empires
L'ère du capital

ERIK HORNUNG
L'Esprit du temps des pharaons

HUGH JOHNSON
Une histoire mondiale du vin

ANTOINE-HENRI de JOMINI
Les Guerres de la Révolution (1792-1797)

MAURICE KRIEGEL
Les Juifs à la fin du Moyen Age dans l'Europe méditerranéenne

JACQUES LACARRIÈRE
En Cheminant avec Hérodote

DENIS LACORNE
L'Invention de la République

LUCIEN LAZARE
Le Livre des Justes

FRANÇOIS LEBRUN
Histoire des catholiques en France

JACQUES LE GOFF
La Bourse et la vie

EMMANUEL LE ROY LADURIE
L'Ancien Régime
L'Etat royal (2 vol.)

EVELYNE LEVER
Louis XVIII

MALET-ISAAC
L'histoire (4 vol.)

ROBERT MANDROU
Possession et sorcellerie au XVIIe siècle

PHILIPPE MASSON
Histoire de l'armée allemande

CLAIRE MAUSS-COPEAUX
Appelés en Algérie

SABINE MELCHIOR-BONNET
Histoire du miroir

HENRI MICHEL
Jean Moulin

DANIEL MILO
Trahir le temps

ROBERT MUCHEMBLED
L'Invention de l'homme moderne

HUGUES NEVEUX
Les Révoltes paysannes en Europe
(XIVe-XVIIe siècles)

CLAUDE NICOLET
L'Inventaire du monde

GÉRARD NOIRIEL
Réfugiés et sans-papiers

ERNST NOLTE
Les Mouvements fascistes

JAROSLAV PELIKAN
Jésus au fil de l'histoire

JULIAN PITT-RIVERS
Anthropologie de l'honneur

RENÉ POMEAU
L'Europe des Lumières

YVES POURCHER
Les Jours de guerre

EDGAR QUINET
L'enseignement du peuple suivi de *La Révolution religieuse au XIXe siècle*

JACQUES RANCIÈRE
La Nuit des prolétaires

JACQUES REVEL (présenté par)
Fernand Braudel et l'Histoire

STÉPHANE RIALS
La Déclaration des droits de l'homme et du citoyen

PIERRE RICHÉ
Les Carolingiens

RÉMY RIEFFEL
Les Intellectuels sous la Ve République
(3 vol.)

JEAN-NOËL ROBERT
Eros romain

FRANÇOIS ROTH
La Guerre de 70

YVES ROUMAJON
Enfants perdus, enfants punis

DAVID ROUSSET
Les Jours de notre mort (2 vol.)
L'Univers concentrationnaire

JEAN-PAUL ROUX
Les Explorateurs au Moyen Age

WILLIAM SHIRER
La Chute de la IIIe République

CLAUDE SINGER
Vichy, l'Université et les Juifs

STEPHEN SMITH
Oufkir, un destin marocain

ANTHONY SNODGRASS
La Grèce archaïque

JACQUES SOLÉ
L'Age d'or de la prostitution, de 1870 à nos jours

ÉTIENNE TROCMÉ
L'Enfance du christianisme

JEAN TULARD
Napoléon

PIERRE VALLAUD
(sous la direction de)
Atlas historique du XXe siècle

JEAN VERDON
Le Plaisir au Moyen Age
La Nuit au Moyen Age

JEAN-PIERRE VERNANT
La Mort dans les yeux

PAUL VEYNE
et CATHERINE DARBO-PESCHANSKY
Le Quotidien et l'Intéressant

PIERRE VIANSSON-PONTÉ
Histoire de la République gaullienne
(2 vol.)

B. VINCENT
B. BENASSAR
Le temps de l'Espagne
XVIe-XVIIe siècles

EUGEN WEBER
L'Action française

ANNETTE WIEVIORKA
Déportation et génocide
L'ère du témoin

ALAIN WOODROW
Les Jésuites

CHARLES ZORGBIBE
Histoire des relations internationales

Art, Musique, Critique littéraire

FRANÇOISE CACHIN
Gauguin

KENNETH CLARK
Le Nu (2 vol.)

JEAN-LOUIS FERRIER
De Picasso à Guernica
Brève histoire de l'art

RENÉ GIRARD
Mensonge romantique
et vérité romanesque

ROBERT GRAVES
Les Mythes grecs (2 vol.)

FRANCIS HASKELL
et NICHOLAS PENNY
Pour l'amour de l'antique

PIERRE-ANTOINE HURÉ
et CLAUDE KNEPPER
Liszt en son temps

LOUIS JANOVER
La Révolution surréaliste

GEORGES LIÉBERT
L'Art du chef d'orchestre

HERBERT LOTTMAN
Flaubert

PIERRE PACHET
Les baromètres de l'âme

JOHN REWALD
Le Post-impressionnisme (2 vol.)

VICTOR L. TAPIÉ
Baroque et classicisme

DORA VALLIER
L'Art abstrait

JEAN-NOËL VON DER WEID
La Musique du XXe siècle

Imprimé en France, par l'imprimerie Hérissey à Évreux (Eure) - N° 92229
HACHETTE LITTÉRATURES - 43, quai de Grenelle - 75015 - Paris
Collection n° 26 - Édition n° 01
Dépôt légal : mai 2002
ISBN : 2.01.279079.8